D1720490

DIE ÖKUMENISCHEN HUNDE
Rosinen aus dem Pfarrarchiv

VERENA G. †
IN DANKBARKEIT

Herzlichen Dank sage ich neben dem Verleger Josef Bauer, seiner Gattin Elisabeth, ihrem Sohn Thomas und der Künstlerin Isabella Kurić auch Frau Brigitte Arnu, Herrn Prof. Dr. Michael Steindl und Herrn Manfred Schmitt für ihre wertvolle Hilfe beim Entstehen dieses Buches.

Ähnlichkeit mit lebenden oder verstorbenen Personen ist beabsichtigt.

Impressum

Zeichnungen:	Isabella Kurić
Fotos:	Foto Forstmeyer, Andreas Greil, Werner Hacker, privat
Druck:	Finidr, s.r.o., Tschechien
Verlag:	BAUER-VERLAG Gennachstraße 1, 87677 Thalhofen Tel: 0 83 45/ 16 01
ISBN	978-3-941013-01-8

ZUM GELEIT

„Dieses Buch ist eine Liebeserklärung an die Kirche,
aber es ist möglich, dass die Kirche es nicht merkt."

Frei nach Heinrich Spoerl

Hansjörg Kindler, weit bekannt als Zauberkünstler Trixini, Puppen-spieler und Esperantolehrer, der von der römischkatholischen Kir-che mit Gerichtsurteil suspendiert und exkommuniziert wurde, weil er den Zölibat nicht mehr anerkannte, zur alt-katholischen Kirche übertrat und, was ungewöhnlich ist, „wegen seines hohen Bekannt-heitsgrades als Künstler und *Europapfarrer*", blickt in diesem Buch zurück auf die Jahre seiner priesterlichen Tätigkeit. Er lässt den Leser teilnehmen an den täglichen heiteren und ernsten Geschehnissen in einer Pfarrei, kritisch aber liebevoll und mit viel Verständnis für menschliche Schwächen. Denn Lachen ist unbedingt eine wichtige christliche Tugend, meint der Autor, obwohl wir wissen, dass es den Himmel auf Erden nicht gibt.

Lieder zur Erstkommunion, zwei Bücher über die hl. Crescentia, die Neubearbeitung von Charles Dickens „Das Leben unseres Herrn Jesus Christus", die Gebetesammlung „Ich rede mit Gott", das Leib-speisenkochbuch der Deutschen Bischöfe sowie zahlreiche Kochbü-cher zur Renovierung diverser Orgeln: Das waren unsere bisherigen Publikationen im kirchlichen Bereich. Nach „Zündfunken" haben wir mit Trixinis „Die ökumenischen Hunde" ein zweites Buch verlegt, das durchaus Anstöße zu kontroversen Diskussionen geben wird.

Thalhofen, August 2008
Josef Bauer, Verleger

I N H A L T

Das Münster Unserer Lieben Frau in Villingen

Familie
Horst und Brigitte
Eichler
mit besten Grüßen,

[Unterschrift]

12.09.011

VOM INTERNAT IN DEN KASTEN

Hansjörg Kindler hatte trotz des Krieges eine glückliche Kindheit in der tausendjährigen Zähringertadt Villingen im Schwarzwald, deren wechselhafte und ruhmreiche Geschichte er später mit Begeisterung lernte. Die Heldentaten des Riesen Romäus, des unsterblichen Rebellen z.B. oder die Wasserbelagerung der Schweden. Als er sein Kommen in diese Welt anmeldete, dachte seine Mutter zuerst an Blähungen, aber dann war es doch der Erstgeborene. Nur die jüngste Tante war schwer beleidigt, denn ausgerechnet an ihrem Geburtstag lieferte ihre ältere Schwester den Neffen, und dieser stand in den kommenden Jahren zu diesem Datum im Mittelpunkt, vor allem bei der Oma, die ihm ihre berühmte Linzertorte buk. Die Schule und die Kirche waren in ein paar Minuten zu Fuß zu erreichen. Das elterliche Geschäft lag unter der Wohnung, es gab nette Kindermädchen, die allerdings immer wieder weggeheiratet wurden, vor allem von den Handwerkern, die ins Haus kamen. Die eine vom Maler, die andere vom Ofensetzer. Doch Vater und Mutter waren ja immer erreichbar. Mit Freunden durfte man in der Wohnung spielen, aber auch auf der Straße, am Fluss Brigach und im Germanswald, schwimmen, schlitten- und skifahren.

Dann an Hansjörgs 6. Geburtstag der Beginn des 2. Weltkriegs mit der Kriegserklärung Frankreichs und Englands. Das Modehaus wird geschlossen, der Vater wird eingezogen und kommt als Filmberichter an viele Kriegsschauplätze. Krim, Stalingrad, Montecassino, fremde bedrohliche Namen. Ein Jahr noch im Jungvolk, Vorstufe der Hitlerjugend. „Führerschulung" für einen Zehnjährigen. Auch an der Schule weht die Hakenkreuzflagge, und die Kinder müssen das Deutschland- und Horst-Wessel-Lied singen. Mancher Lehrer kommt in SA-Uniform in die Klasse und muss mit ausgestrecktem Arm begrüßt werden. Aber auch Erstkommunion und Knabenchor. Während des Kindergottesdienstes versucht der Fanfarenzug seine Störmanöver mit Trommelwirbel. Dann auch Bombenalarm und Hunger. Ein großes Gefangenenlager in der Stadt, das 1945 befreit wird. Jetzt sind dies die Bewacher. Befehle und Anordnungen des Militärgouverneurs. Viele wollen nie Nazis gewesen sein, und manchen sieht man wieder in der Kirche, der noch vor kurzem dem „Führer" ewige Treue geschworen hatte. Der Ernst des Lebens wird jetzt spürbar. Doch das nahegelegene Hotel der Großmutter und der Tanten ist stets wieder warme Zuflucht. Die geliebte ein Jahr jüngere Schwester Christine ist immer mit von der Partie, auch beim Indianerspielen und bei vielen lustigen Streichen.

Das Hotel von Hansjörgs Großmutter wurde nach dem Krieg von Franzosen besetzt. Aber da sie und ihre Töchter Französisch sprachen, durften sie im Haus bleiben. Auch in die Wohnung von Mutter Kindler über dem Modegeschäft zogen französische Militärpolizisten ein, und sie konnte mit ihren Kindern nur zur Oma ziehen. Der Vater wurde dann später aus dem Internierungslager entlassen. Der Junge machte seine Schularbeiten - er ging mittlerweile ins Gymnasium - kniend vor einer Holzkiste im ehemaligen Bügelzimmer. Da hörte er seinen Englischlehrer, der einige Jahre in der Privatschule Schloss Salem am Bodensee unterrichtet hatte, von diesem „Schülerstaat" erzählen und war begeistert. Seine Lieblingsfächer waren Deutsch und Sprachen; mit Mathematik tat er sich sehr schwer. Und der Mathe- und Klassenlehrer hatte nicht viel Verständnis für die einseitige Begabung eines Schülers.

Wenn Hansjörg heute hört, dass der polnische Priester und Kosmologe Michael Melier Träger des mit mehr als einer Million Euro dotierten Templeton-Preises wurde, weil der Wissenschaftler „bereits vor 40 Jahren originale Konzepte zur Entstehung des Universums" entwickelt habe und unter anderem ausführte, dass die mathematische Natur der Welt einen Beweis für die Existenz Gottes liefere, dann bewundert er das zwar, doch die Mathematik blieb zeitlebens für ihn ein Buch mit sieben Siegeln. Und er musste für sich andere Gottesbeweise suchen.

Er dachte, dass in einem so berühmten Internat - es wurde nach dem 1. Weltkrieg von einem großen Pädagogen gegründet - mehr Möglichkeiten bestünden, mit den Fächern, in denen er etwas leisten konnte ,und mit künstlerischen Aktivitäten einen Ausgleich zu schaffen. So besprach er sich mit seinen Eltern und setzte mit deren Einverständnis ein Bewerbungsschreiben an die Internatsleitung auf. Der Schulleiter war ein königlicher Prinz, aber es stellte sich heraus, dass er auch ein sehr sympathischer Mensch war. Da Hansjörg schon in die Untersekunda ging, wurde er gebeten, sich persönlich zu der Schulordnung zu äußern, die ihm zugeschickt wurde. Er antwortete so, wie es ihm ums Herz war, und schon einen Tag darauf kam ein Telegramm „Sofortiger Eintritt Ihres Sohnes möglich. Drahtet Eintreffen!"

Hansjörg war glücklich, und ein Jahr später kam auch Christine zu ihrem Bruder, denn in Salem gab es Koedukation. Allerdings musste er am Anfang einigen Spott von den meist norddeutschen und reicheren Mitschülern erdulden, weil er die alten Anzüge seines Vaters auftrug- bis er den Schulanzug bekam, und weil er Alemannisch sprach. Er bemühte sich um gutes Hochdeutsch, auch in den Ferien daheim. Das kam dort nicht so gut an. Später schämte er sich dafür und ist heute stolz darauf, dass er noch immer seinen Heimatdialekt beherrscht. Bruder und Schwester brachten es im Schülerstaat zu hohen Ämtern, erhielten auch ein Teilstipendium, und es waren schöne Jahre, weil dort eben nicht nur die Schularbeiten wichtig waren. Die Mathelehrerin, eine Deutschrussin, stöhnte zwar, weil sie in Hansjörgs Arbeitsheft zu viel rote Tinte verbrauchte, aber da sie wusste, dass er der Beste in Deutsch war und die Französischlehrerin ihr sagte, er habe die beste französische Aussprache der ganzen Schule, „ich möchte glitzern mit ihm im Abitur", da meinte sie aufmunternd: „Junge, du wirst es schaffen, und dann musst du bald etwas mit deinen Puppen machen!" Denn die Holzköpfe und die Zauberei, seine beiden geliebten Steckenpferde, kamen auch nicht zu kurz.

Zur Schule, einem ehemaligen Kloster, gehörte auch eine große Kirche. Da die Katholiken in der Schülerschaft eine Minderheit darstellten, gab es das Amt des „Oberkatholiken", das Hansjörg auch ein Jahr lang ausübte. Er musste dafür sorgen, dass den katholischen Schülern kein Nachteil daraus erwuchs, wenn sie ihren religiösen Pflichten nachkamen, dass sie noch Frühstück bekamen, wenn sie in der Messe waren oder schulfrei hatten an katholischen Feiertagen.

So schaffte er das Abitur. Neben dem Schulzeugnis erhielten die Eltern ein Charakterzeugnis ihres Sohnes und ihrer Tochter. Darin wurde beurteilt:

Gemeinsinn, Gerechtigkeitsgefühl, Fähigkeiten zur präzisen Tatbestandsaufnahme, Fähigkeit, das als Recht Erkannte durchzusetzen gegen Unbequemlichkeiten, gegen Strapazen, gegen Gefahren, gegen Hohn der Umwelt, gegen Langeweile, gegen Skepsis, gegen Eingebungen des Augenblicks, Fähigkeiten des Planens, Fähigkeiten des Organisierens, Einteilung von Arbeiten, Leitung von Jüngeren, Fähigkeit, sich in unerwarteten Situationen zu bewähren, geistige Konzentrationsfähigkeit bei Arbeiten aus dem eigenen Interessenkreis, bei Arbeiten außerhalb des eigenen Interessenkreises, Sorgfalt im täglichen Leben, bei der Erfüllung besonderer Pflichten, Handgeschicklichkeit, äußere Lebensgewohnheiten, Leistungen im Unterricht, praktische Arbeiten, künstlerische Leistungen, Leibesübungen, Kampfkraft, Zähigkeit , Reaktionsgeschwindigkeit.

Hansjörg konnte mit beiden Zeugnissen zufrieden sein, und es ist wohl einsichtig, dass eine solche Erziehung eine gute Voraussetzung ist sowohl für die Leitung einer Pfarrei als auch eines Einmann-Puppen- und Zaubertheaters.

Es gab auch ungeschriebene Gesetze in Salem, die Hansjörg voll akzeptierte und einzuhalten versuchte:

Schutz der Schwachen, Sauberkeit im Reden und Handeln, unbedingte Wahrheitsliebe in jeder Situation. Es wurde erwartet, dass diejenigen, die gegen die Gesetze verstießen, sich öffentlich dazu bekannten, wenn es verlangt wurde. In den Klassenarbeiten wurde nicht abgeschrieben. Der Lehrer gab die Arbeit aus und überließ die Klasse sich selbst. Die Durchführung gewisser Strafen wurde nicht kontrolliert. Es wurde weder geraucht noch Alkohol getrunken, auch nicht in den Ferien. Man sah eben ein, dass man andernfalls im Sport nicht durchhalten konnte.

Da Hansjörg im Laufe der Schulzeit mehrere Ämter ausübte und damit auch Mitglied des Schülerparlamentes war, wo man seine Meinung vor Mitschülern und Erwachsenen vertreten musste, war dies eine gute Rednerschulung und half ihm später sehr als Prediger auf der Kanzel und als Künstler auf der Bühne.

So war er den Mentoren und Lehrern von Salem lebenslang dankbar. Ein Eintrag im Charakterzeugnis soll hier nicht verschwiegen werden:

„Er vermag sich in seine Interessen so zu vertiefen, dass er zu hervorragenden Leistungen befähigt ist. Auf künstlerischem Gebiet, darstellerisch, literarisch, liegt seine stärkste Begabung. Trotz vielseitiger Begabung reicht seine Konzentrationsfähigkeit auf Gebieten, die außerhalb seines Interessenkreises liegen, nicht aus. Den Naturwissenschaften gegenüber ist er nicht genügend aufgeschlossen."

Wenn Hansjörg auch nichts von Horoskopen hält, las er doch mit Vergnügen den Text über sein Sternzeichen Jungfrau eine Woche vor dem Abi: „Sie können die Dinge beruhigt auf sich zukommen lassen. Der Erfolg ist Ihnen jetzt so gut wie sicher. Ihre Kalkulation war richtig.

Gönnen Sie sich wieder mehr Zeit für wirklichen Kunstgenuss und für Vergnügungen."

Hansjörg hatte nun beschlossen, Puppenspieler zu werden. Die Eltern waren einverstanden, nachdem sie das Theater der Hohnsteiner, über das in einem anderen Kapitel geschrieben wird, erlebt hatten. Er reiste mit der Hamburger Bühne, die ihm aber riet, zuerst ein Studium „Germanistik und Theaterwissenschaft" zu beginnen, denn in Deutschland hieß es noch: „Frieda häng die Wäsche weg, die Puppenspieler kommen!" In den östlichen Ländern bestand das Puppentheater schon längst gleichberechtigt neben dem großen Theater. Der Bühnenleiter Friedrich Arndt versprach ihm, dass sein Platz im

Spielerteam freigehalten würde. Er ließ sich in Erlangen einschreiben und konnte bei einer Tante wohnen, die in dem benachbarten Fürth den Gasthof Schwarzes Kreuz betrieb. In der Studentengemeinschaft „Christophorus" fand er Freunde, und im Saal der Gaststätte Gelegenheit, mit Zaubern und Puppenspiel sein Studiengeld zu verdienen.

Nachdem er zwei Semester lang studiert hatte, welche Liebschaft den Geheimrat Johann Wolfgang von Goethe zu welchem Gedicht inspiriert hatte, beschloss er nach langem Nachdenken, Beten und Ringen, Theologie zu studieren und Priester zu werden. Fast keiner verstand ihn, und der Vater, der nicht religiös war und es auch durch schlimme Kriegserlebnisse nicht geworden war, der Mutter auch vorwarf, sie habe den Sohn „bigottisch" erzogen, obwohl er doch stolz war auf den erfolgreichen Salem-Schüler, verweigerte ihm jede weitere Unterstützung und verbot ihm sogar, nach Hause zu kommen, bis er seinen Entschluss wieder ändere.

Doch Hansjörg blieb dabei. Nur gab es zuerst ein großes Problem. Er hatte ja ein neusprachliches Abitur mit Französisch und Englisch gemacht. Als Theologe brauchte er aber Latein, Griechisch und Hebräisch. Ein Vorkurs in einer katholischen Internatsschule hatte schon seit einem Trimester begonnen, auch sein Landsmann Alfons W. war dort eingetreten. Das hieß für Hansjörg, in den Ferien bei einem Privatlehrer den Anschluss zu finden. Die Organisation der Schule befremdete ihn zwar sehr, denn er war von Schloss Salem gewohnt, dass fast alles die Schüler selbst machten. Hier stellten Priester Fußballpläne auf und überwachten die Bestuhlung des Festsaals für einen Vortrag. Auch das Benehmen der Schüler ließ zu wünschen übrig, vielleicht weil es hier keine Mädchen gab. Eines störte ihn auch sehr. Wenn so ein Steppke sich meldete und sagte, er wolle einmal Theologie studieren und Andachten besuchte, erhielt er besondere Privilegien.

Bei jedem Wetter fuhr Hansjörg nun von dem Bauernhof im Nachbardorf, in dem er ein Zimmer gemietet hatte, mit dem Fahrrad zum Sprachkurs. Alfons wohnte direkt neben der Schule, und sie konnten zusammen lernen. Die alten Sprachen fielen Hansjörg etwas schwerer als die modernen, aber es blieb ja auch nicht viel Zeit.

In der Nachbarschaft wohnten in einem Hochhaus französische Familien mit vielen Kindern. Wenn die beiden Freunde nach dem Unterricht um die Ecke bogen, hörten sie freudige Rufe: „Alfonse, des images! Jean-Georges, fais des choses!" „Alfons, Bilder! Hansjörg, mach Sachen!" Denn Alfons verteilte Kalenderblätter, und Hansjörg musste natürlich ein wenig zaubern und mit seinem Handpuppen-äffchen spielen.

So verging das Jahr, die Prüfung wurde recht und schlecht bestanden, und Hansjörg hoffte, dass nun seine rudimentären Kenntnisse der antiken Sprachen fürs Studium ausreichen würden.

Der Einzug in den „Kasten", ins erzbischöfliche Konvikt Freiburg, konnte stattfinden. Von dort ging es jeden Morgen an die Uni, wo die Geheimnisse der Weisheits- und Gotteslehre auf ihre Adepten warteten.

Die Hausordnung zu beachten, fiel Hansjörg nicht schwer, denn auch in Salem gab es ja feste Regeln, wenn sie hier auch erheblich strenger waren. Jeder Student hatte ein Einzelzimmer, aber abends durfte man sich nicht mehr besuchen, vielleicht auch, um das Entstehen homoerotischer Freundschaften zu verhindern. Wenn es in Schloss Salem hieß:

„Guten Morgen, bitte aufsteh'n, Dauerlauf!", gab es hier Betrachtungspunkte und die Frühmesse für alle.

Die Leitung bestand aus dem Direktor, zwei Repetitoren und dem Spiritual. Das Priesterseminar für den letzten Kurs, den Weihekurs, befand sich nicht in der Bischofsstadt sondern hoch oben im Schwarzwald, in Sankt Peter. Bald führte man die Neulinge auf den „heiligen Berg", sie sollten „vom Ziel her sehen". Der Direktor, der als Sanitäter im Krieg ein Bein verloren hatte, weil er einen verwundeten Kameraden aus dem Stacheldraht geholt hatte und dabei angeschossen wurde, war ein Mann, der zuhören konnte. Als Moraltheologe hatte er manchmal Probleme. Einmal fragten ihn die Studenten, ob sie wohl in den Ferien tanzen gehen dürften, solange sie noch nicht „den Kragen umgedreht hätten". „Ja wissetse, Tanze an sich isch ja nit schlecht!" Doch die frechen Buben meinten: „Aber tanzen Sie mal an sich!"

Auch dieser Ausspruch wurde ihm in den Mund gelegt: „Wenn Sie eine Frau sehen, dann schlagen Sie sie nieder – die Augen, und denken Sie: auch ein Geschöpf Gottes, aber nicht für mich."

Er wurde später Generalvikar.

Die Repetitoren wechselten oft, Sie wurden dann Assistenten von Professoren oder selbst Ordinarien. Oder sie bekamen einen Posten in der kirchlichen Verwaltung.

Vor den Semesterferien musste sich jeder einzelne Alumnus von allen Vorstehern verabschieden, die sich dann nach seinen Studienergebnissen und seinem Allgemeinbefinden erkundigten.

Dr. G., der ein wenig durch die Nase sprach, fragte Hansjörg: „So, helfen Sie Ihren Eltern in den Ferien ein wenig im Geschäft?" Hansjörg meinte: „Ich weiß nicht, ob das jetzt noch so gut geht." „Wieso, was führen Sie denn?" „Damenunterwäsche, Damenstrümpfe." Dr. G. leicht errötend: „Nein, ich glaube, das geht nimmer so gut!" Ein Freund aus der Heimatpfarrei, der schon geweiht war, hatte Hansjörg und Alfons gewarnt: „Beichtet nicht beim Sprit!" Das war ein Jesuitenpater, der „Hauptbeichtvater" der Theologen. Man konnte aber auch einen andern wählen. Die Studenten lästerten, er hieße Buhmann, damit man wüsste, dass er ein Mann ist. Es ging das Gerücht, wenn einer bekannte, er habe schon einmal ein Mädchen geküsst, zweifelte der Sohn des heiligen Ignatius an dessen Berufung und riet ihm, wieder zu gehen.

Es ist sicher keine Verleumdung, wenn Hansjörg behauptet, dass wegen dieses „geistlichen Beraters" manche das Seminar verlassen haben, die wahrscheinlich sehr gute Priester geworden wären. Seine Vorträge waren oft nicht auszuhalten, denn seine salbungsvolle Sprache war unerträglich. Ein Beispiel gefällig? „Und so ging unser milder Herr Jesus hinaus in die Wüste, fiel auf die Knie, betete inbrünstig zu seinem geliebten Vater, und der Tau der Morgenfrühe tropfte in sein göttliches Haupthaar."

Am Tag der Priesterweihe pflegte er nur denen zu gratulieren, die seine Beichtkinder gewesen waren.

Hansjörg und Alfons fragten den Direktor offen, ob er es verantworten könne, dass wegen dieses Jesuiten eine ganze Reihe Kursgenossen das Haus wieder verließen. „Ich weiß", war die Antwort, „aber ich kann nichts machen. Er ist der Beichtvater des Erzbischofs."

Als Pater Buhmann endlich versetzt wurde, aber wieder in das Priesterseminar der größten bayerischen Diözese, fuhren Hansjörg und Alfons während des Eucharistischen Kongresses extra dorthin und beteten für die armen Mitbrüder, die ihn zukünftig ertragen mussten.

Auch Feste wurden im Konvikt gefeiert, Nikolaus und Fasnacht z. B., da gab es tolle Ideen und viel Kreativität. Es wurde meist herzlich gelacht. Hansjörg konnte mit manchem Gedicht zum Gelingen beitragen. Frauen waren natürlich keine dabei, wenn auch einmal über dem Eingang zur Schwesternküche ein Schild mit der Aufschrift „Harem" befestigt wurde.

Ein Kursgenosse Hansjörgs stand einmal versonnen an einem Fenster, aus dem man in den Hof eines Seminars für evangelische Studentinnen hinabsehen konnte. Bunte Gruppen der Evastöchter tummelten sich in der Sonne. Als Hansjörg ihn schmunzelnd fragte, was er da mache, sagte er: „Ich führe einen gynäkologischen Gottesbeweis."

Es gab auch katholische Theologiestudentinnen. Mit Hansjörg saßen zwei im Hörsaal. Wirklich wahr: die eine hieß Herrgott und die andere Heiland.

Im dritten Jahr durften die Theologen auswärts studieren. Hansjörg hatte die fränkische Universitätsstadt Würzburg gewählt, bestand eine Menge Prüfungen, hatte aber auch viel Erfolg mit seinen Künsten und konnte sich sogar ein kleines Auto leisten. Das war hier in der Externitas möglich. Später nicht mehr, wie wir noch sehen werden. Als er sich nach einem Jahr mit einer großen Zauberschau verabschiedete, vier Tage vorher war der Saal ausverkauft, und über 200 Leute mussten weggeschickt werden, überreichte ihm der Oberbürgermeister einen Bildband der Stadt mit der Widmung: „Möge Ihnen Würzburg so gut gefallen haben wie den Würzburgern Ihre Kunst!"

Das Jahr vor der Weihe im wunderbaren alten Kloster auf der Schwarzwaldhöhe war wahrscheinlich das schönste während des Studiums und der Vorbereitung auf den geistlichen Beruf. Viele sehnten sich später bestimmt dorthin zurück, wenn die tägliche Last in der Pfarrei mit Bau- und Verwaltungssorgen, mit Schulstress, mit Predigtvorbereitung und Krankenbesuchen und den hunderterlei anderen Verpflichtungen sie zu erdrücken drohten.

Als Hansjörg nach zehn Jahren zu einem vierwöchigen Aufbaukurs dorthin zurückdurfte, las er wieder ein passendes kleines Horoskop:

„Vielleicht können Sie ein paar Tage ausspannen, denn Sie sind gesundheitlich nicht ganz auf der Höhe. Sie sollten sich auf alle Fälle etwas schonen. Beruflich liegen die Dinge zufriedenstellend. Es können hier auch erfreuliche Nachrichten eintreffen."

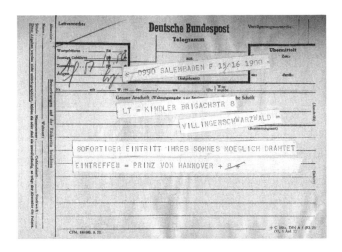

Schule Schloss Salem, das ehemalige Zisterzienserkloster, das heute dem Marktgrafen von Baden gehört und zum Leidwesen der ganzen Region und der ehemaligen Schüler verkauft werden soll.

Salem. Schloß

HOCHWÜRDIGE UND
MERKWÜRDIGE

Ein Bischof sagte einmal: „Unser Herrgott hat einen großen Tiergarten." Er meinte damit vor allem diejenigen, die in der Kirche ein Amt bekleiden, die Bischöfe nicht ausgenommen. Zunächst einmal bekam es Hansjörg neben den Vorstehern des Konvikts mit den Professoren der theologischen Fakultät zu tun. Da gab es Hochschullehrer, die begeisterten, wie den Alttestamentler, dem man stundenlang zuhören konnte und bei dem man begriff, dass es keinen Graben zwischen der Offenbarung und der Naturwissenschaft gibt. Wie es auch Max Planck formulierte: „Zwischen Religion und Wissenschaft finden wir nirgends einen Widerspruch. Gott steht für den Gläubigen am Anfang, für den Physiker am Ende des Denkens." Bei ihm begriff man auch den Unterschied zwischen dem semitischen Denken des „Sowohl als auch" und dem westlichen „Entweder - oder" . Er brachte den Hörern die Schönheit der Psalmen nahe, und sie erkannten ihren „Sitz im Leben".

Allerdings gab es Probleme mit den sogenannten Fluchpsalmen. Gerade Menschen unserer Zeit kommen mit dem Gott des Alten Testamentes nicht mehr zurecht, wenn dieser Jahwe, der Herr der Heerscharen, fordert, die Köpfe der Säuglinge am Felsen zu zerschmettern und ganze Völker auszurotten. Diese archaischen Vorstellungen bringen manchen dazu, seine Abkehr vom Glauben damit zu begründen. Es ist ja nicht so, dass Gott alles, was in der Bibel steht, Wort für Wort dem Schreiber eingegeben hat. Viel Menschliches ist da mit eingeflossen. Da gibt es nur eines: Wie Wasser aus einem See gefiltert werden muss, um es trinken zu können, so müssen auch diese Texte gefiltert werden, und dieser „Filter" ist Jesus. Wenn der Apostel Philippus zum Herrn sagt: „Zeige uns den Vater!", dann gibt Jesus die seltsame Antwort: „So lange Zeit bin ich unter euch- und du hast mich nicht erkannt. Wer mich gesehen hat, hat den Vater gesehen" (Joh 14,8-9). Das ist das wahre Gottesbild!

Zu dieser Zeit lehrte auch ein großer Philosoph an der Uni, Bernhard Welte, der weltweites Ansehen genoss ,aber nicht leicht zu verstehen war.

Auch der Neutestamentler war ein kompetenter Mann. Da aber Hansjörg absolut kein „Prüfungsmensch" war, konnte er sich nicht recht konzentrieren, wenn der kleine Professor eine Zigarette nach der andern ansteckte, seine Jacke dauernd auf- und zuknöpfte und wie ein Tiger im Käfig in seinem Seminar hin- und her rannte und dabei hundertmal „nicht wahr, nicht" sagte. Er war Militärdekan gewesen und konnte im Hörsaal auch einmal energisch ausrufen: „Meine Damen und Herren, machen Sie mir doch den Hund in der Pfanne nicht verrückt!" Vor einem Sturmangriff, von dem viele nicht zurückkamen, soll er auf einem Panzer die heilige Messe gefeiert und dann gesagt haben : „Kameraden , jetzt haben wir den Heiland im Herzen, jetzt kann uns der Teufel am Arsch lecken!"

Er versuchte, den künftigen Priestern und Diplomtheologen den Unterschied zwischen dem historischen Jesus und dem verkündeten Christus klarzumachen und stöhnte, weil er einfach nicht dazu kam, sein geplantes großes Werk über dieses Thema fertig zu schreiben: „Seit Jahren liegt der historische Jesus auf meinem Schreibtisch." Es war für einen Neuling in der theologischen Wissenschaft nicht ganz leicht zu unterscheiden, was wirkliches Herrenwort war oder aber nachösterliche Verkündigung der Apostel und Evangelisten. Langsam lernte Hansjörg, sich hineinzudenken. Auch bei einem Universitätsstudium kann man nicht alles erfassen, dazu reichen auch zehn Semester nicht. Aber man muss lernen, wie man mit der Wissenschaft umgeht und wissen, wo man es nachher in den Büchern findet.

Manche Professoren dozierten stinklangweilig oder verwiesen dauernd auf die Werke ihrer Lehrer und Vorgänger auf dem Lehrstuhl oder auf ihre eigenen. Hansjörg hatte dann kein schlechtes Gewissen, wenn er die Vorlesung schwänzte und sich gleich mit einem Buch oder dem Manuskript eines älteren Semesters beschäftigte. Es konnte allerdings geschehen, wenn er zur Semesterprüfung bei dem betreffenden Herrn erschien, dass der ihn aufmerksam durch seine Brille betrachtete und meinte: „Ihr Gesicht ist mir gar nicht geläufig." Über vierzig Prüfungen wurden insgesamt abgelegt. Bei manchen half auch das Glück ein wenig nach. Grundfalsch war es sicher, diese professoralen Verhöre bis nach den Ferien zu verschieben, denn das verdarb einem die sonnigsten Urlaubstage, weil man immer daran denken musste ,außerdem den Stoß mitgenommener Lehrbücher nicht übersehen konnte, die dann doch nur selten aufgeschlagen wurden.

Der wissenschaftliche Assistent eines Ordinarius, der später selber einen Lehrstuhl erhielt, bekannte Hansjörg einmal scherzhaft, er würde Yoga betreiben und jeden Morgen eine Stunde lang auf dem Kopf stehen, um die innere Gelassenheit zu behalten, damit er seinen Dogmatiker - Chef, der ihn ständig piesacke, nicht umbringe .

Hansjörg hatte sich mit seinem Vater im Laufe der Jahre wieder versöhnt, durfte auch wieder nach Hause kommen, und als der einen neuen Wagen bekam, schenkte er dem Sohn seinen zehn Jahre alten Opel Olympia. „Du kannst ihn in Freiburg verkaufen und das Geld für dich behalten". Hansjörg stellte also den Wagen vor dem Konvikt ab. Zwei Tage darauf war Buß- und Bettag, damals der einzige Feiertag, an dem die Katholiken frei hatten und ohne Verpflichtungen waren. Er beschloss, mit ein paar Freunden nochmals in die Heimatstadt zu fahren, bei Oma gut zu essen und einiges zu besorgen.

Als er vor dem Portal des Collegium Borromaeum gerade ins Auto einstieg, kam der neue Direktor heraus - der alte war nun zum Generalvikar aufgestiegen -, schaute kurz zu dem schwarzen Oldie hin und erwiderte den Gruß Hansjörgs und seiner Mitfahrer.

Am nächsten Morgen, die Ausflügler waren natürlich abends zurückgefahren, hieß es beim Frühstück: „Herr Kindler, bitte zum Herrn Direktor kommen!" Nachdem er hinter der doppelt gepolsterten Tür vor dem Schreibtisch des Gestrengen Platz genommen hatte, stellte der mit empörter Stimme fest: „Herr Alumnus, Sie haben ein Auto!!!" Hansjörg erklärte nun den Sachverhalt und dass er in den nächsten Tagen einen Händler aufsuchen werde, um es zu verkaufen. „Ja so etwas geht doch nicht! Sie haben ein Auto!" „Nein, Herr Direktor, ich habe kein Auto, das ist schon so gut wie weg." „Wenn Sie solche Sachen machen, dann muss ich mir gründlich überlegen, ob ich Sie ins Priesterseminar lasse, ob Sie geweiht werden können." „Herr Direktor, ich habe, wie Sie wissen, Mitbrüder, deren Familien in dieser Stadt leben. Wenn die nun am freien Nachmittag heimgehen, der Vater leiht ihnen seinen Wagen und sie fahren damit herum, was ist dann?" „Da kann ich nichts machen. Aber verstehen Sie, ein Gesetz muss seine Grenzen haben." Ehrlich, das verstand Hansjörg nicht ganz. Das Auto wurde wie geplant verkauft, und der Vorgang bildete später doch kein Weihehindernis.

Nun nahte das Abschlussexamen, und Hansjörg musste sich ein Thema für seine Diplomarbeit suchen. Der Professor gab ihm die Aufgabe „Definition der Kirche". Er sollte die Literatur der letzten hundert Jahre, auch die Zeitschriften, nach dem Kirchenbegriff durchsuchen und am Ende selbst zu definieren versuchen „Was ist Kirche?" Natürlich in mehreren Sprachen, auch in Spanisch. Als Hansjörg einwendete, er könne kein Spanisch, wurde ihm gesagt: „Dann lernen Sie's!"

Der Professor starb aber , bevor Hansjörg seine Arbeit beginnen konnte, und ein anderer gab ihm das Thema „Maria, Urbild der Kirche".

Die größte Erkenntnis, die Hansjörg dabei gewann, als er die Kirchenväter und andere theologische Schriftsteller zu Rate zog, war, dass „Jungfräulichkeit" nicht unbedingt „unverletztes Hymen" bedeutet, sondern in erster Linie eine Haltung der Offenheit und Hingabe an Gottes Willen. So dass Maria Mutter und Jungfrau genannt werden kann wie auch die symbolische erste Frau der Weltgeschichte, Eva, „die Mutter aller Lebendigenund dann auch die Ecclesia, die Mutter Kirche selbst, „die Braut des Lammes".

Die Lehre von der Jungfräulichkeit Mariens gehört sicher nicht zum Wesentlichsten des christlichen Glaubens - auch andere Religionen kennen übrigens die jungfräuliche Geburt eines Gottes – und es ist ein Ärgernis, wenn deswegen ein langer Streit unter Theologen entsteht und mancher Bannfluch ausgesprochen wird und wurde.

Der Tag der Priesterweihe kam heran und dann die Primiz, die erste Messe des Neugeweihten, in seiner Heimatgemeinde. Die ganze Stadt feierte das Fest mit, und viele Verwandte und Freunde waren gekommen, sogar die Mathematiklehrerin von Schloss Salem. Ein Professor, den Hansjörg während seiner Externitas, dem freien Studienjahr, kennengelernt hatte und den er sehr verehrte, hielt eine einprägsame Predigt.

Er fragte: „Was ist das Eigentliche eines solchen Primiztages? Nichts anderes als dieses, dass da einer von den Menschen herausgenommen und für diese Menschen wieder bestellt worden ist. So wenig wie man König oder Vater oder Bräutigam für sich allein sein kann, so wenig ist das Priestertum eine Privatangelegenheit".

Und er fuhr fort: „Er ist von den Menschen genommen und ist ein ganzer Mensch, und es ist offenbar so, dass Gott aus der grossen Zahl seiner Gläubigen nicht einmal die Besten, die menschlich Bedeutsamsten, die Liebenswertesten oder wenigstens die religiös Begabtesten nimmt. Er nimmt genau die, die Er will."

Dessen war sich auch Hansjörg bewusst. Und er war dankbar, dass sein Primizprediger auch weiter zu seinem Schüler hielt, als dieser später sein Amt verlassen hatte. Wir werden noch einen Brief von ihm lesen.

Bei der abendlichen Dankandacht am Primiztag hielt Hansjörg diese Ansprache:

Im Namen des Vaters und des Sohnes und des Heiligen Geistes, Amen. Meine lieben Brüder und Schwestern in Christus.

„Und der Herr sprach zu Moses: Aaron soll zur ständigen Erinnerung des Herrn die Namen der Israeliten auf dem Brustschild der Gottesentscheidungen auf seinem Herzen tragen, sooft er in das Heiligtum hinein geht. So trage Aaron die Gottesentscheidungen für die Israeliten beständig vor den Herrn auf seinem Herzen."

Liebe gläubige Christen. Der Priester des Alten Bundes meißelte die Namen der Stämme Israels auf seinem Brustschild ein. So trug er alle Menschen des auserwählten Volkes vor den Herrn, wenn er zum Opfer schritt.

Heute sind wir zusammengekommen, um das Priestertum des Neuen Bundes zu feiern.

37 junge Männer aus unserer Heimat wurden von Christus berufen, Sein Kreuzesopfer auf unseren Altären gegenwärtig zu setzen. Sie dürfen Ihm, dem einzigen und ewigen Hohepriester Hand, Mund und Herz leihen. Durch sie hindurch will Er zu den Menschen kommen im Wort und Sakrament.

Und ich durfte einer dieser 37 sein, denen der Nachfolger der Apostel die Hände auflegte. Im Glück und in der Freude dieser Stunde, da Sie, meine Freunde, zum ersten Mal das heilige Opfer mit mir darbrachten, will ich danken. Danken dem allmächtigen Gott, weil er so gut ist und so Großes an mir getan hat. Und danken Ihnen allen, die Sie an meinem Weg zum Altar standen mit Ihrer Fürbitte, Ihrer Hilfe und Ihrer Liebe. Und allen auch, die heute dazu beitrugen, daß dieser Tag ein so wunderbarer Festtag wurde. Ich nenne keine Namen. Sie wissen es alle, die Sie gemeint sind. Und seien Sie versichert, Ihre Namen sind in meinem Herzen eingegraben wie die der Israeliten in Aarons Brustschild. Ich habe sie heute morgen auf die Patene gelegt beim heiligen Opfer, die Namen der Lebenden und Verstorbenen. Der gütige Gott, der ins Verborgene sieht, wird es Ihnen vergelten, was Sie mir getan haben. Ja, vergelte es Ihnen Gott, weil ich es nicht kann.

Doch beten wir weiter füreinander. Der Priester braucht heute das Gebet der Gläubigen mehr denn je. Denn die Welt, in die er gesandt ist, will ihn und seine Botschaft nicht annehmen. Einer unserer geistlichen Lehrer sagte uns schon zu Anfang unseres Studiums, wir sollten oft das Gebet sprechen: „Herr strafe mich nicht mit apostolischer Unfruchtbarkeit!" Da wird es immer eine große Hilfe sein für einen Priester in den Stunden da er verzagen will: ich weiß, die Freunde beten.

Aber auch Sie sollen wissen, daß die Priester nicht Herren Ihres Glaubens sind, sondern Mitarbeiter an Ihrer Freude. Sie sind Ihre Brüder, die Ihre Sache vor Gott vertreten. Vertrauen Sie sich deshalb immer wieder dem Gebet und Opfer dieses Ihres Bruders an mit allen Ihren Sorgen und Anliegen. Die Mutter Kirche gibt ja ihren Dienern das Stundengebet in die Hand und bestellt sie zu „amtlichen Betern" für alle Gläubigen.

Als ich erst wenige Wochen die Tonsur empfangen hatte, erwartete ich einmal auf einem Bahnhof die Ankunft des Zuges. Da trat eine Dame auf mich zu, die den Mann im geistlichen Kleid für einen Priester hielt und fragte:

„Darf ich Sie um Ihr Gebet bitten? Ich habe eine weite Reise vor mir."

Diese Bitte machte mich sehr glücklich, und natürlich habe ich gerne für diese Frau gebetet. Sehen Sie, dieses Vertrauen sollte zwischen Priester und Gläubigen bestehen. Glieder sind wir eines Leibes, dessen Haupt Christus ist. Wir alle haben Anteil an Seinem Priestertum, auf verschiedenen Stufen, durch die Taufe, durch die Firmung und durch die Priesterweihe.

Wenn also heute einer zu diesem Fest gekommen wäre, um nur einem Menschen die Ehre zu geben, dann muss ihm gesagt werden: Christus ist's den wir feiern, Christus, den Stein, den die Bauleute verworfen und der zum Eckstein geworden ist, Christus den Herrn der Welt, den König der Ewigkeit.

Durch Ihn und mit Ihm und in Ihm ist alles. Ihm allein sei Ehre und Lob und Dank!

Aber wo Christus ist, da ist auch Maria

Mit dem Dank an die Gottesmutter wollen wir diesen Tag auch beenden. Und uns alle ihrem besonderen Schutz empfehlen. In unserem lieben Villinger Münster, das ihr geweiht ist, durfte ich ja so viele Gnaden empfangen. Hier ging ich zur ersten heiligen. Kommunion, hier wurde ich gefirmt, und hier durfte ich nun mein erstes Messopfer feiern, nachdem ich in ihrem Dom zum Priester geweiht wurde. Sie hat auch sonst meinen Weg in besonderer Weise begleitet, gerade auch während meiner Krankheit. Deshalb rufe ich es Ihnen mit den Worten des Herrn zu:

Siehe da ‚deine Mutter. Unsere Mutter. Fassen wir ihre Hand, und wir werden nicht in die Irre gehen.

Meine Brüder und Schwestern. Nun will ich Sie noch einmal segnen im Namen des Dreifaltigen Gottes. Und mein ganz herzlicher Dank soll in diesem Segen beschlossen sein.

Unsere Hilfe ist im Namen des Herrn, der Himmel und Erde erschaffen hat.

Durch die Ausbreitung meiner Hände und durch die Anrufung der allerseligsten Jungfrau Maria, des heiligen Johannes Don Bosco und aller Heiligen segne Euch mit der Segensfülle des Himmels und der Erde der allmächtige Gottder Vater, der Sohn und der Heilige Geist. Amen

Hansjörg Kindler sprach diese Worte damals ehrlichen Herzens. Und wenn er später auch wieder einen andern Weg ging, er war gerne Pfarrer, und diese Jahre waren nicht verloren. Sein Glaube wurde tiefer, auch wenn er immer wieder von Zweifeln heimgesucht wurde, seine Menschenkenntnis nahm zu. Er erkannte, dass die Kirche die „semper reformanda" ist, die sich immer wieder erneuern muss; er war ja ein Teil von ihr und musste deshalb immer wieder neu beginnen.

Die Kirche lehrt, dass das Weihesakrament nicht zurückgenommen werden kann, dass demjenigen, dem der Nachfolger der Apostel die Hände auflegte und seine Hände salbte, ein unauslöschliches Siegel eingeprägt wurde und er nun „sacerdos in aeternum" bleibt, Priester auf Ewigkeit. Auch wenn er sein Amt verlassen hat und laisiert ist, darf er doch in Notfällen bei Todesgefahr seine priesterlichen Rechte wieder ausüben, die Sakramente spenden und die Absolution erteilen.

Frühere Theorien, die auch Hansjörg in manchen Büchern noch gelesen hat, waren gefährlich für das Denken und Verhalten des Klerus. Da hieß es, dass der Priester durch seine Weihe „Macht über den Leib Christi erhalten habe", dass er durch die Wandlungsworte den Sohn Gottes vom Throne des Vaters „herabzwingen" könne auf den Altar. So sagte der Heilige Franziskus, falls er einem Engel und einem Priester begegnete, würde er zuerst den Priester grüßen - aus dem eben erwähnten Grund.

Zwar wurde schon vor Jahren ein Buch mit dem Titel „Abschied von Hochwürden" geschrieben, aber manche scheinen dieses Denken weiter zu pflegen. Kurze Zeit nachdem Hansjörg sein schwarzes Gewand bekommen hatte, machte ein italienischer Gastarbeiter eine Kniebeuge vor ihm und küsste ihm die Hände. Und während eines Studiensemesters in der französischen Schweiz wurde er mit „mon père - mein Vater" angesprochen, obwohl er noch nicht einmal geweiht war.

Warum werden so viele Bibelstellen wörtlich genommen, über die Ehescheidung zum Beispiel? Aber wenn Jesus sagt: „Sie lassen sich gerne auf den öffentlichen Plätzen grüßen und von den Leuten mit ‚Meister' anreden. Ihr aber, lasst euch nicht ‚Meister' nennen: einer ist euer Meister, ihr alle aber seid Brüder. Auch ‚Vater' nennet keinen auf Erden: denn einer ist euer Vater, der himmlische, noch ‚Lehrer' lasset euch nicht nennen: denn einer ist euer Lehrer, Christus. Der Größte aber von euch sei euer Diener! Wer sich selbst erhöht, wird erniedrigt und wer sich selbst erniedrigt, wird erhöht werden (Matth 23,7-12). Oder noch gewichtiger: „Ich sage euch, dass ihr überhaupt keinen Eid leisten sollt, um glaubwürdiger zu sein. Wenn ihr wollt, dass man euch glaubt, dann sagt ja oder nein. Alles weitere dient dem Bösen, es dient der Lüge und kommt von ihr". (Matth 5,34/37).

Wieviele Eide aber muss ein Priester leisten, wenn er auf der Karriereleiter der Amtskirche emporklettern will! Da nimmt man es lieber nicht so genau. Dann gibt es vom Heiligen Vater abwärts die Eminenzen und Exzellenzen, weiße und andere Väter en masse, aber auch Päpstliche Geheimkämmerer, Geistliche Räte ehrenhalber, Ehrendomherren , Monsignori und viele andere. Auch Hansjörg musste vor den Weihen den „Antimodernisteneid" ablegen.

Ein Bischof bemerkte einmal, wenn er den Titel „Geistlicher Rat honoris causa" verlieh: „Mich kostet es nichts, und die Kerle haben eine Freude".

Die beliebtesten „klerikalen Krankheiten", sagt man, seien „Gürtelrose" und „Knopflochentzündung" - wenn es da überall rot blitzt. „Das Volk wünscht es", heißt dann oft die Begründung.

In einer Dekanatskonferenz, die Hansjörg besuchte, wurde einmal stundenlang über den Titel „Stadtpfarrer" diskutiert. Man sage ja auch nicht „Herr Landpfarrer". (Den Roman von Georges Bernanos „Tagebuch eine Landpfarrers" hatte Hansjörg gelesen, aber der französische confrère wurde ja nicht so angesprochen). So einer habe oft ein größeres Seelsorgegebiet. Das Ende vom Lied war, dass einer feststellte: „Ich bleibe beim Stadtpfarrer, denn das steht auf allen meinen Briefbögen ."

Ja, „Patriarch des Abendlandes" oder „Statthalter Gottes auf Erden" klingt eben auch eindrucksvoller als „Servus servorum Dei Knecht der Knechte Gottes". Früher verbrannte ein Kapuzinermönch dreimal ein Büschel Werg auf dem Weg zur Papstkrönung, (die es nicht mehr gibt), und ermahnte den neuen Pontifex „sic transit gloria mundi - so vergeht die Herrlichkeit der Welt!".

Als Hansjörg in seine Pfarrei kam, verbat er sich gleich die Anrede Hochwürden und Stadtpfarrer, und keiner hat es mehr gesagt.

Eine gute Erinnerung hatte Hansjörg an einige Kapläne in seiner Heimatpfarrei, die der Jugend ein Vorbild sein konnten und ihr etwas zu sagen hatten bei der Predigt, in der Gruppenstunde und im Religionsunterricht. Auch von seinen beiden Chefs konnte er manches lernen, wenn er auch so frei war, Kritik zu äußern, falls er es für notwendig hielt. Doch immer so, dass er nicht verletzte und in einem solchen Ton, wie er selbst wünschte, behandelt zu werden. Er schätzte es sehr, dass beim ersten Chef alles gemeinsam besprochen und die Arbeit rechtzeitig eingeteilt wurde. Als das beim zweiten nicht der Fall war, führte er es ein.

Der erste war im Krieg Militärdekan in Norwegen gewesen, und viele Predigten fingen an: „Als wir nördlich von Tromsö lagen." Einen geistlichen Studienrat lernte Hansjörg kennen, der das gleiche Amt in Jugoslawien innehatte, von Titos Partisanen zweimal zum Tode verurteilt wurde aber davonkam und später Auswanderer auf dem Schiff begleitete. Seine Predigten begannen oft mit: „Als ich jüngst in Kanada war."

Es ist wohl menschlich verständlich, dass die skurrilen Typen besser im Gedächtnis bleiben, so wie jener Pfarrer, der zwar kein Telefon hatte aber das ganze Haus voll alter Schwarzwalduhren, die er „meine Hühner" nannte und auch selbst reparierte. Die Werkbank stand neben seinem Bett. Liturgische Neuerungen lehnte er konsequent ab.

Nicht nur Politiker, Militärs und Wirtschaftsbosse lieben Titel, auch die Geistlichkeit ist nicht vor der Sucht gefeit. Darum Hansjörg Kindlers folgende Überlegung:

ENTTHRONT?

Vor dem Konzil da war er wer,
da nannt' man ihn Hochwürden.
Sein Image hat gelitten schwer,
statt Würden kriegt er Bürden.

Der „Pfarrherr" war sehr schnell entthront,
den Jungen hat's gefallen,
sie wollen sein, und sehr betont,
wie Paulus alles allen.

Doch geht das gar nicht mehr so leicht,
da mancher Hirt der Seelen,
wenn er das Pfarramt dann erreicht',
gewohnt war zu befehlen.

Doch mischen nun die Laien mit
und wollen nicht nur hören.
Der Schäfchen gleichen Schritt und Tritt
die „Progressiven" stören.

Erwähnenswert ist auch jener Pfarrer, der höchstens einmal im Jahr zum Treffen der Mitbrüder erschien und sich ansonsten in seinem Haus verschanzte. Bei einem Einkehrtag der Geistlichen stöhnte einer nach der Meditation und der gemeinsamen Vesper: „Jetzt waren wir fast eine Stunde in der Kirche!" Hansjörg fragte sich, wie dessen sonstiges Gebetsleben wohl aussehen mochte.

Als die Pfarrer für den Dekan einen Fragebogen ausfüllen sollten, was sie in ihrer Gemeinde für die Kinder, die Jugend, die Frauen, die Männer, die Familien, die Kranken und die Alten geboten hatten, saß neben Hansjörg ein „Stadtpfarrer", der bei „Frauen" das ganze Blatt durchstrich. Nichts passiert! Oder: was ist da passiert?

Hansjörg liebte es, manchmal zu provozieren. So erschien er bei einer Pfarrerkonferenz voller tiefschwarz gekleideter Herren im grauen Anzug mit Silberkreuz am Revers. Man begrüßte ihn mit: „Oh, der neue Mesner von Sankt Martin!" Als er einmal absichtlich auf einer Tagung von Jugendseelsorgern, die meist rote und gelbe Pullover trugen, mit Kollar und Römerkragen aufkreuzte, scholl ihm ein spöttischer Ruf entgegen: „Huch, einer mit Kalkleiste!"

Was las er oft in den Poesiealben seiner kleinen Schülerinnen, die ihn baten, auch etwas hineinzuschreiben? „Schätze nie den Wert des Menschen schon nach einer ersten Stunde! Oben sind bewegte Wellen, doch die Perle liegt am Grunde."

Wie oft beurteilen wir einen Menschen nur nach seinem Äußeren. Das kann schiefgehen. Nun noch ein Wort zu den Bischöfen.

Wir kennen die Apostelgeschichte, die uns schildert, wie statt des Judas, der sich nach seinem Verrat erhängte, einer von den Jüngern zu den Elfen hinzugewählt werden soll.

Petrus sprach: „Darum soll einer von den Männern, die in all der Zeit, während Jesus, der Herr, bei uns ein- und ausging, zu unserem Kreise gehörten, angefangen von der Johannestaufe bis zum Tage, da er aus unserer Mitte emporgehoben wurde - mit uns Zeuge seiner Auferstehung sein."

Sie stellten zwei solche auf: Josef, genannt Barsabbas mit dem Beinamen Justus, und Matthias, und beteten also: „Du, Herr ‚kennst alle Herzen, bezeichne denjenigen, den Du von diesen beiden erwählt hast, damit er die Stelle dieses Dienstes erhalte, des Apostelamtes, aus welchem Judas ausgeschieden ist, um an seinen Ort zu gehen." Darauf warfen sie das Los für die beiden. Es fiel auf Matthias, und so wurde er zu den elf Aposteln hinzugezählt (Apg 1,21-26).

Sicher gibt es viele Bischöfe und Kardinäle weltweit, bei denen man schon vermuten kann, dass bei ihrer Wahl oder Ernennung der Heilige Geist mitgewirkt hat. Aber bei manchen sind doch Zweifel angebracht, obwohl auch für sie gilt, was Hansjörgs Primizprediger allgemein von den Priestern sagte.

Drei Apostelnachfolger haben einen ganz besonderen Eindruck auf Hansjörg Kindler gemacht.

Zuerst einmal Oscar Romero, Erzbischof in El Salvador. Mit Nachdruck setzte er sich für Gerechtigkeit ein ohne Rücksicht auf die Gefahr, der er sich aussetzte, weil er den Mächtigen unbequem wurde. Er sah das Elend der armen und unterdrückten Bevölkerung, kämpfte für soziale und politische Reformen und gegen die Verbrechen der Militärdiktatur. Während einer Eucharistiefeier wurde er von einem staatlich beauftragten Heckenschützen ermordet.

Dann Dom Helder Camara, Erzbischof von Olinda und Recife in Brasilien. Er initiierte die Kampagne Sankt Sebastian in Rio de Janeiro, bestimmt für die Lösung der Probleme der Elendsviertelbewohner und gründete Basisgemeinden und eine Vorsorgebank. Er gehörte zu den profiliertesten Vertretern der Befreiungstheologie und hatte auch großen Einfluss auf das Zweite Vatikanum, besonders an den Stellen der Pastoralkonstitution „Über die Kirche in der Welt von heute".

Dem dritten von ihm verehrten Bischof ist Hansjörg selbst begegnet, und sein Schicksal machte ihn deshalb besonders betroffen. Es ist Jacques Gaillot, ehemals Bischof von Evreux in Frankreich. Nach einem harten Konflikt mit dem Vatikan wurde er seines Amtes enthoben, angeblich auf Druck des damaligen französischen Innenministers, und zum Titularbischof von Partenia ernannt, einer im 5. Jahrhundert untergegangenen Diözese in der algerischen Hochebene. Diese ließ er als „Diözese ohne Grenzen" im Internet wieder aufleben. Mit Hilfe der modernen Kommunikationsmittel ist er von seiner Klosterzelle in Paris aus über das Internet mit Menschen in aller Welt verbunden.

Er stimmte anders als der französische Episkopat gegen nukleare Abschreckung, setzte sich für die Priesterweihe verheirateter Männer ein, unterstützte einen jungen Kriegsdienstverweigerer, lehnte den Golfkrieg und die Wirtschaftsblockade gegen den Irak ab, kritisierte scharf die französischen Einwanderungsgesetze und arbeitet in Paris für Ausländer, die keine gültigen Aufenthaltspapiere besitzen, sorgt für obdachlose Familien und junge Arbeitslose. Er schrieb unter anderem das Buch „Offener Brief an diejenigen, die den Krieg predigen, diesen aber andere führen lassen."

Die in mehreren Sprachen verfasste Website partenia.org, zentrale Anlaufstelle für das virtuelle Bistum, wird monatlich von bis zu 65000 Menschen besucht.

Noch zwei kuriose Geschichtchen aus der Mission.

Zu einer Niederlassung der Kleinen Schwestern von Charles de Foucauld im brasilianischen Urwald kam einmal im Jahr der Bischof per Flugzeug, um eine heilige Messe zu feiern. Die Indios waren noch keine Christen und gingen alle nackt. Aber der Häuptling wollte den hohen Besuch ehren und zog ein Hemd an, das ihm aber nur bis zum Bauchnabel reichte. Während des Gottesdienstes saß er schweigend vor dem Altar und rauchte seine Pfeife, Danach zog er das Hemd wieder aus. „Ein echter Indio geht nackt."

Es war bei einem Eingeborenenstamm in Indonesien. Dort gab es schon Christen, aber auch sie gingen nackt. Nicht nur beim Bischofsbesuch sondern jeden Sonntag kamen die schönen stolzen Frauen zur Kirche, vor der ein Kiosk stand, an dem Slips ausgegeben wurden. Die Evas liehen sich ein Höschen, gingen schamhaft hinter einen Baum, zogen es an, feierten so die Messe mit, danach stellten sie sich wieder hinter einen Baum, zogen das Höschen aus und schritten so wie Gott sie erschaffen hatte zurück in ihr Dorf.

Diese Berichte erhielt Hansjörg aus erster Hand.

Ein Bischof soll am Tag seiner Weihe gesagt haben: „Heute habe ich zum letzten Mal die Wahrheit gehört." Die Geistlichen Räte bis hinauf zu den „Ministern" des Papstes handeln und beraten wohl nicht immer ganz uneigennützig.

Der Erzbischof, der Hansjörg weihte, schien vielen zu streng und pedantisch zu sein. So sagte er einmal, als in einigen Kirchen seiner Diözese nach dem Konzil der Altar herumgedreht wurde, damit der Priester mit dem Gesicht zum Volk zelebrieren konnte: „Solange ich regiere, feiert kein Priester die Messe versus populum." Da kam er schon zu spät! Seine Hirtenschreiben waren zu lang und mit vielen lateinischen Zitaten von Papst Pius XII. gespickt. Hansjörg fragte den Bischof einmal, was er davon hätte, wenn die Pfarrer dann aus seinen Hirtenbrief eine Hirtenpostkarte machten? Er solle doch ab und zu einen Seelsorger von der „Front" zur Beratung dazu nehmen. Der Bischof war früher Studentenpfarrer gewesen, und seine ehemaligen Studenten ließen nichts auf ihn kommen. Auch Hansjörg hat einige Male seinen trockenen Humor erlebt, den ihm niemand zutraute. Als sich Hansjörg in einer sehr schwierigen Situation befand, zeigte er sich sehr verständnisvoll und väterlich.

Übrigens scheint es nicht empfehlenswert zu sein, Juristen oder Moraltheologen zu Bischöfen zu machen, denn die tun sich mit Entscheidungen oft schwer.

Mit dem Weihbischof, einem rundlichen gemütlichen Herrn, der ein guter Seelsorger war, hatte Hansjörg zwei heitere Begegnungen. Es entstand damals die Quizfrage: „Was trägt der Weihbischof unter seinem Brustkreuz?" Antwort: „Eine Packung Ernte 23."

Er war zur Firmung in Hansjörgs erste Kaplansstelle gekommen und wohnte im Pfarrhaus. Der Sonntag war das Fest Peter und Paul. Hansjörg hatte die Frühmesse mit Predigt und fuhr dann zu Freund Alfons in dessen 50 km entfernte Pfarrei, um dort zu predigen. Spät am Abend kam er zurück. Beim Frühstück am nächsten Morgen fragte der Chef: „Herr Kindler, wo waren Sie gestern abend? Sie hätten in der Abendmesse auch predigen sollen". Der Weihbischof lächelte und sagte: „Ich wollte Ihre Predigt hören, Herr Confrater. Nun bin ich für Sie eingesprungen." Hansjörg bedankte sich und meinte, wenn ein Weihbischof nicht aus dem Stegreif über die beiden Apostelfürsten predigen könne, wäre das ja sehr traurig.

Auch hochwürdigste Herren haben manchmal unter der Hitze zu leiden. Hansjörg verfasste zum Bischofsbesuch dieses Gedicht:

DER BADENDE BISCHOF

Ein Bischof fuhr einst übers Land,
sein Sekretär war mit dabei.
Es drückte sehr ihn sein Gewand,
die Hitze war ne Quälerei.

Da kamen sie an einen See,
das Ufer war ganz menschenleer.
„Ein Bad ‚wär das nicht die Idee?"
Den Vorschlag macht der Sekretär.

Der Bischof meint: „Ganz ohne Hos'?"
Der Sekretär: „Was ist dabei?
Kein Mensch ist hier, das ist famos!"
Schon steht er da als Nackedei.

Der Bischof zögert auch nicht mehr,
stürzt nackt sich in das kühle Nass.
Der Bischof und sein Sekretär,
die haben einen Heidenspaß.

Doch plötzlich hört man einen Bus,
es ist ein ält'rer Damenchor,
der hier, zwecks Picknick, halten muss,
das Plätschern dringt schon an sein Ohr.

Der Bischof klettert, ganz konfus,
vom See raus, irgendwo an Land.
So auch der Sekretarius.
Der Bischof deckt mit seiner Hand

nun seine Blöße schamhaft zu.
„Nein, nicht da unten, das Gesicht!"
rät ihm der Sekretär im Nu,
„denn unten kennt man Sie ja nicht."

Die zweite lustige Begegnung war später in Hansjörgs Pfarrei Sankt Martin. Wieder war Firmung für die ganze Stadt, das Essen für den Bischof und die Nachbarspfarrer bereitete Hansjörgs Haushälterin Verena. Es gab Pizza, damals noch ziemlich unbekannt in Deutschland.

Hansjörg war mit Bart aus dem Urlaub im Tessin zurückgekommen, und der Bischof fragte verwundert: „Herr Pfarrer, warum haben Sie jetzt auch so eine Klobürste im Gesicht?" Hansjörg verwies auf die beiden Kapuzinerpatres am Tisch, die Seelsorger der Nachbarspfarrei, und ihre langen Bärte. „Ja, aber die sind kanonisch errichtet. Den Ihren verbietet das Kirchenrecht." Hansjörg erwiderte, dass dort nur stünde, der Kleriker „habe sich einer einfachen Haartracht zu befleißigen". Und das könne man verschieden auslegen. Als am Abend noch Erwachsenenfirmung war, stellte Hansjörg sich mit einigen bärtigen Firmlingen und bärtigen Gatten von weiblichen Firmlingen zum Spalier auf, durch das der Bischof schreiten musste. Heute gibt es sogar in Deutschland Bischöfe mit Bart, z.B. den „Münchner Marx", der sogar ein „Kapital" geschrieben hat.

Während des Mittagessens hatte der Pfarrer von Sankt Martin einen Rotwein „Alde Gott" kredenzt aus dem Blumendorf Sasbachwalden , in dem er während des theologischen Vorkurses wohnte. Er mundete dem hohen Herrn, der leiblichen Genüssen nicht abhold war. Aber plötzlich entdeckte er ein Scherengestell, in dem noch andere Flaschen lagen. „Schau mal, da hat er noch eine ‚Hex vom Dasenstein!' Und ist wahrscheinlich zu geizig, sie anzubieten." Hansjörg meinte, „Alde Gott" sei doch für einen Bischof passender als eine Hexe, aber die musste dann auch noch dran glauben.

Hansjörg war einmal nach Belgien eingeladen zu einer Tagung von Priestern der Beneluxländer. Ein belgischer Bischof fiel ihm auf, der nur mit qualmender Pfeife zu sehen war und einen riesigen Aktenkoffer mit sich herumschleppte. In einer Pause setzte sich der Belgier zu Hansjörg, dem einzigen Deutschen, auf die Bank. Das schwarze lederne Prunkstück legte er neben sich, öffnete es, und Hansjörg erwartete, nun wichtige Dokumente zu sehen. Aber der Inhalt bestand aus ein paar Dutzend Pfeifen von Shag bis Meerschaum, in Schlaufen gut befestigt, Pfeifenbestecken und -reinigern und Tabakspäckchen verschiedenster Sorten.

Nun, das sind Marotten, die man auch einem Bischof verzeiht. Aber wenn einer in vielen Talkshows von einem Fettnäpfchen ins andere tritt, wenn einer verdiente Laien einfach hinauswirft und auf ihre Mitarbeit verzichtet, wenn einer das Priesterseminar schließt und sein eigenes aufmacht mit Regeln von anno dazumal, und wenn man einen andern mit der Polizei über die Leiber seiner Diözesanen, die sich aus Protest gegen seine Wahl auf den Boden gelegt haben, zur Weihe in die Kirche führen muss, wenn einfach ein Domkapitel, dem die Bischofswahl zustand, von Rom übergangen und ihm ein ungewollter Kandidat vor die Nase gesetzt wird, wenn einer eine Homosexuellenparty im Priesterseminar als „Dummejungenstreich" hinstellt, wenn einer ein gestiftetes Kirchenfenster eines großen Künstlers, von dem alle begeistert sind, nach seinem persönlichen Geschmack als „entartete Kunst" (Nazibegriff!) bezeichnet, wenn er einem alt-katholischen Bischof, der zur ACK, zur Arbeitsgemeinschaft Christlicher Kirchen, gehört, verbietet, für eben diese Gemeinschaft in einem Gotteshaus seiner Diözese zu predigen und wenn gar ein Bischof und Kardinal einen Grund für den sexuellen Missbrauch von Kindern in der Familie darin sieht, dass viele junge Frauen heute berufstätig sind und junge Väter sich dann „mit nackten kleinen Kinderkörpern" beschäftigen müssen und, und, und - dann fragt sich Hansjörg doch, ob da immer der Heilige Geist mitgewirkt hat.

Natürlich gab es auch den Fall, dass ein Bischof wegen einer Frau seine Diözese verließ. Wenn das Tausende von Hirten getan haben, weil der Zölibat von ihnen verlangt wird, um im Amt bleiben zu können, kann das auch einem Oberhirten passieren.

Viel schlimmer ist es, wenn ein Bischof und Kardinal, der sich vorher als Moralapostel aufspielte, wegen sexuellen Mißbrauchs in ein Kloster verbannt werden muss. Oder wenn gar ein Kardinal im Bordell vom Tod überrascht wird, wo dann gleich die Erklärung verbreitet wird, dass er dort aus seelsorgerlichen Gründen war.

Doch gibt es immer wieder Hoffnung. Der neue Vorsitzende der Deutschen Bischofskonferenz, der Freiburger Erzbischof Zollitsch, hat freimütig bekannt, dass der Zölibat nicht eigentlich mit dem Priestertum verbunden sein muss. Und er hat Bereitschaft zum Dialog mit den andern Kirchen und den Juden gezeigt. In seiner süddeutschen Diözese sind ökumenische Feiern möglich, auch wenn nicht unbedingt immer schon eine Fernsehkamera dabei sein muss.

Er glaubt zwar noch, dass nicht das gemeinsame Abendmahl die Einheit schaffen kann, sondern zuerst die volle Einheit erreicht sein muss, um mit den evangelischen Christen zum Tisch des Herrn gehen zu können. Viele andere, auch Hansjörg, sind nicht dieser Ansicht.

Nicht der Priester, nicht der Bischof, sondern der Herr selbst lädt ein: „Kommt und esst!"(Matth 26,26).

Papst Johannes XXIII. sagte einmal: „Christus wird uns nicht fragen, ob wir die Einheit erreicht haben, sondern ob wir darum gekämpft, gebetet und gelitten haben."

Ein bekannter Konfessionskundler glaubt allerdings, dass es richtige Ökumene nur in kleinen Gruppen gibt „Wo zwei oder drei in Seinem Namen versammelt sind". Er sieht die „Bruderkuss- oder Verbeugungsökumene" als Instrument der Selbstbeweihräucherung und der Irreführung. Viele Gemeinden lebten nach wie vor nebeneinander her, als ob es den andern nicht gäbe.

Im Päpstlichen Kulturrat sollen nach dem Willen seines Präsidenten Erzbischof Gianfranco Ravasi künftig sogar Atheisten mitarbeiten. Für die katholische Kirche seien Gesprächspartner unverzichtbar, welche die Welt aus einem andern Blickwinkel interpretierten. Eine „lebendige Stimme" aus diesem Bereich könne für den Dialog eindrücklich und erhellend sein.

Vertrauen wir also weiter darauf, dass der Herr neben manchen merkwürdigen Vertretern des einfachen und höheren Klerus doch immer wieder Männer - und vielleicht bald auch einmal Frauen - , sogar Heilige, beruft, die das christliche Volk wirklich zu Ihm führen und zu denen es aufschauen kann.

KURZE NACHLESE

Als die Rednerin auf einer Veranstaltung emanzipierter katholischer Frauen zum wiederholten Mal die Übertragung geistlicher Funktionen auf das weibliche Geschlecht gefordert hatte und schließlich provozierend ausrief: „Warum sollen wir nicht eines Tages am Altare stehen!?" - da sagte der alte Pater Kalauer zu seinem Nachbarn: „Jetzt wird es ernst. Als letzte Rettung müssen wir die Tonsur für Kleriker wieder einführen. Welche Frau will uns mit rasiertem Hinterkopf Konkurrenz machen?"

Der Seelsorger einer deutschen Auslandsgemeinde in Frankreich hat dort die Haute Cuisine, die französische Kochkunst, kennen und schätzen gelernt. Nun ist er wieder in die Heimat zurückgekehrt und wirkt in einer kleinen Pfarrei. Am Samstagabend sieht ein Mitglied des Pfarrgemeinderats, dass der geistliche Herr im Garten auf den Knien liegt und im Gras etwas sucht. „Haben Sie Ihre Brille verloren, Herr Pfarrer?" „Nein, ich suche Schnecken", sagt der Gourmet. „Um Gotteswillen, wozu denn das?" „Die gibt's morgen bei uns als Suppe und Salat." Der Mann geht kopfschüttelnd weiter und sagt nachher im Löwen zu den Stammtischbrüdern: „Der neue Pfarrer ist in Ordnung, den behalten wir. Der frißt uns das ganze Ungeziefer weg."

Ein jüdisches Ehepaar kommt zum Rabbiner, um ihn zu fragen, was sein fünfjähriges Söhnchen einmal werden soll. „Macht eine Wahl!" rät der Rabbi. „Legt auf den Tisch die Thora (Bibel), eine Flasche Wein und ein Geldstück. Nimmt er die Heilige Schrift, wird er ein Rabbi oder Lehrer, nimmt er den Wein, wird er ein Händler oder Wirt, nimmt er das Geld, wird er ein Banker oder Politiker." Das Ehepaar bedankt sich, tut, wie ihm geheißen wurde, und ruft das fünfjährige Moischele in die Stube. „Schau, darfst dir was wählen!" Der Kleine stürzt auf den Tisch zu, reißt alle drei Gegenstände in seine Arme, und der Vater ruft verzweifelt aus: „Waih geschrien, jetzt wird er ein katholischer Priester!"

Der Herr Pfarrer kam dazu, als einige Kinder mit Sand und Wasser spielten. Er fragte sie, was sie denn machten und bekam die Antwort: „Wir bauen eine Kirche." Darauf der geistliche Herr: „Aber dann braucht ihr doch auch einen Pfarrer." Prompt kam die Antwort: „Wenn der Dreck reicht, machen wir auch noch einen Pfarrer."

Vor der Tür eines Generalvikariats ist eines Morgens ein neugeborenes Kind ausgesetzt worden. Die Erregung ist groß. Es wird eine genaue Untersuchung vorgenommen mit dem Ergebnis: Die Herkunft des Kindes kann keinesfalls dem Generalvikariat angelastet werden, denn: l. sei hier noch nie etwas mit Lust und Liebe gemacht worden; 2. sei hier noch nie etwas herausgekommen, das Hand und Fuß hatte; 3. sei hier noch nie etwas im Ablauf von 9 Monaten fertig geworden.

Dem polnischen Papst Johannes Paul II. wird von seinem Leibarzt geraten, wegen seiner angegriffenen Gesundheit einmal in die Sauna zu gehen. Der Papst kommt begeistert zurück; es hat ihm sehr gut getan, und er sagt: „Da gehe ich morgen gleich wieder hin." „Das geht leider nicht, Eure Heiligkeit", bedauert der Arzt. „Morgen ist gemischte Sauna." „Oh, die paar Protestanten werden mich nicht groß stören!", meint der Papst.

Eine Schar deutscher Rompilger aus Köln wurde einst im Vatikan von einem oberbayrischen Geistlichen geführt. Mit dem gebotenen Takt machte er darauf aufmerksam, dass ein sich der Gruppe nähernder hoher Geistlicher der Kardinal Merry del Val (1865-1930) sei, der fünfzig lebende Sprachen spreche. „Aber Kölsch kann er nit!", sagt da ziemlich laut einer der Pilger. Im selben Augenblick schreitet der Kardinal hochaufgerichtet an der Gruppe vorüber, sieht den Vorlauten durchdringend an und spricht: „Du fiesen Möpp!"

Ein Elektriker ist mit Reparaturarbeiten in den Privatgemächern des Papstes beschäftigt. Er bekommt einen Stromschlag und flucht (natürlich auf Italienisch!): „Herrgottsakrament nochmal!" Johannes XXIII. kommt dazu und fragt milde: „Mein Sohn, kannst du nicht ‚Scheiße´, sagen wie ein guter Christ - muss immer gleich geflucht sein?"

Ein Mann wollte zum katholischen Glauben übertreten und fuhr deswegen nach Rom. Tief verstört kehrte er zurück; nach einiger Zeit ließ er sich doch in die katholische Kirche aufnehmen. Als man ihn fragte, warum er dies trotz seiner Enttäuschung getan habe, sagte er: „Ich hab' mir überlegt: Eine Religion, die das aushält, m u s s die wahre sein".

Die deutsche Bundeskanzlerin Dr. Angela Merkel kann doch glücklich sein, dass sie evangelisch ist und nicht 1926 gelebt hat.

Kleidung der Frauen in der Kirche

Personen weiblichen Geschlechtes können zu den hl. Sakramenten, insbesondere zur hl. Kommunion und zur hl. Firmung, nur zugelassen werden, wenn das Kleid nach unten über die Knie herabreicht und nach oben geschlossen bis zum Halse geht, nicht aus Stoffen besteht, die den Körper durchscheinen lassen, und mit Ärmeln versehen ist, die wenigstens bis über die Ellenbogen reichen. Die Priester mögen alle, die in der Kleidung die Ehrfurcht vor dem Allerhöchsten vermissen lassen, ohne ein Wort zu sagen, übergehen.

WENN DER HERR
DAS HAUS NICHT BAUT...

Zu der Gemeinde, in der Neupriester Kindler nach der Primiz vier Wochen lang den Pfarrer vertreten durfte, gehörten die zwei Dörfer Wilhelmsfeld und Altenbach im Odenwald. Im zweiten, in dem nicht das Pfarrhaus stand, war die Kirche neu gebaut worden aber noch nicht ganz fertig. Doch es konnten schon Gottesdienste darin gefeiert werden. Es war ein kühner Entwurf des Architekten. Sein Gedanke war „das Zelt Gottes unter den Menschen." Die Sandsteinquader der alten abgerissenen Kirche in verschiedenen warmen Rot- und Brauntönen verwendete man für die Seitenwände der neuen. Doch da gab es Proteste aus der Gemeinde, denn in dem Dorf wohnten viele Gipser, und diese Handwerker hätten die rohen Wände, die wunderbar aussahen, gerne zugestrichen. Doch der Pfarrer setzte sich durch.

Dann war da noch ein Fabrikant, ein Hersteller von Pegulan-Kunststoffböden. Der wollte den Boden stiften, natürlich aus „seinem" Material. Da dieser Posten eine ziemlich große Summe ausmachte, war der Pfarrer zuerst freudig darauf eingegangen. Als dann aber die Wände standen und das Dach aufgesetzt war, sah man, dass der vorgesehene Fußboden zum Übrigen wie die Faust aufs Auge passte. Und es wurde eine andere Lösung geplant: Waschbeton! Doch da war der Herr Fabrikant schwer beleidigt. Er wollte keinen Pfennig mehr stiften, auf jeden Fall nicht diesem Pfarrer. Er hetzte in der Gemeinde gegen ihn und gewann mit der Ausgabe von Freibier einige Leute für sich. In den Gottesdienst kam er nicht mehr. Doch jetzt hörte er, dass da für ein paar Wochen ein frischgebackenes Kaplänchen käme, da saß er am Sonntag wieder unter der Kanzel.

Der Ortspfarrer hatte Hansjörg von diesem Streit und der aufgeheizten Stimmung berichtet.

Vor der ersten Messe sagte Hansjörg deshalb ein paar Worte. Er erzählte eine kleine Geschichte von einem Ehepaar, das am Samstagabend durch die Stadt schlendert. Die Frau bleibt entzückt vor dem Schaufenster einer Modistin stehen und bewundert einen Modellhut, der ihr als Traum aller Hüte erscheint. Sie will ihn unbedingt haben. Als sie am Montagmorgen im Geschäft erscheint und ihn vor dem Spiegel aufsetzt, sieht sie, dass er absolut nicht zu ihrem Gesicht passt und eigentlich auch nicht zu ihrer übrigen Garderobe. Soll sie den Hut nun trotzdem kaufen? Natürlich nicht! Und Hansjörg endete mit der Bemerkung: „Liebe Gemeinde, sehen Sie, so ist das mit Ihrem Gotteshaus und dem Pegulan-Fußboden!"

Da war aber nach der Messe etwas los. Mister Neureich hatte auf dem Kirchplatz seine Anhänger um sich versammelt. Als Hansjörg freundlich grüßend draußen erschien, sagte ihm der verschmähte Spender: „Am liebsten hätte ich Ihnen drinnen schon laut geantwortet." Kindler schlug vor, ihn einmal zu besuchen und in Ruhe alles nochmals zu besprechen. Am nächsten Tag ging er zu der Prunkvilla, wo sich ein großes schmiedeeisernes Tor öffnete und zwei riesige schwarze Doggen ihm entgegensprangen. Drinnen empfing ihn der Hausherr in einem Raum, in dem ein mannshoher Kruzifixus an der Wand hing, mit dem er sich in Gegenwart Hansjörgs immer wieder unterhielt wie Don Camillo mit seinem Jesus. „Der dort ist mein Zeuge!", rief er theatralisch aus und zeigte mit ausgestrecktem Arm auf den Gekreuzigten. „Das Geld kommt nach Afrika. Dieser Pfarrer kriegt nichts mehr von mir!"

Die Kirche wurde auch ohne den zornigen Herrn fertiggebaut und gehört heute zu den schönsten modernen Dorfkirchen und wird von vielen Menschen besucht.

Die Laurentiuskirche in Weinheim an der Bergstraße, die Hansjörgs erste Kaplansstelle war, wurde ihrem römischen Vorbild nachgebaut. Der heilige Diakon, der auf einem glühenden Rost den Märtyrertod gefunden hatte, war ihr Patron. Er hatte alles Geld, das er zu verwalten hatte, unter den Armen verteilt, weil der Kaiser „die Schätze der

Kirche" von ihm forderte. Nun präsentierte er ihm diese Armen als „die wahren Schätze".

Diese Pfarrkirche sollte nun renoviert werden. Vor den Hochaltar wurde ein zweiter aus Travertin gestellt, an dem der Priester, zum Volk gewandt, zelebrieren konnte, und ein dazu passender Ambo ersetzte die Kanzel. Die gipsernen halbplastischen Engel, alle gleich mit fromm gefalteten Händen, die links und rechts auf das Kirchenschiff herunterschauten, wurden entfernt. Die Pfarrschwester bedauerte es sehr, denn an ihnen hatte sie den Kommunionkindern immer gezeigt, wie sie beten sollten.

Dem Dekan und dem erzbischöflichen Bauamt schwebten die Farben tiefblau wie der italienische Himmel und das Gold der Kirchen von Ravenna vor. Hansjörg wurde zu den Beratungen hinzugezogen und St. Laurentius wurde so ausgemalt. Besucher sagten nachher, sie hätten ein Gefühl wie Ostern, wenn sie den strahlenden sakralen Raum betraten. Auch Kaplan Kindler fühlte sich darin daheim.

Als er nach vielen Jahren auf einer Fahrt nach Südtirol dort reinschaute, standen die Gipsengel von Neuem auf ihrem Posten. Der ursprüngliche Zustand war wieder hergestellt. Ein Mitglied des Pfarrgemeinderats hatte einen Engel vom Müll gerettet, und nach diesem Muster wurden sie neu angefertigt. „Warum dann die vielen Ausgaben für die Neugestaltung?", fragte sich Hansjörg.

Der ehemalige Leiter der Kölner Kunststation St.Peter , der Jesuitenpater Friedhelm Mennekes, wirft der katholischen Kirche „kulturelle Ohnmacht und Faulheit" vor. Die Kirche sei unbeweglich hinter den Mauern ihres Ghettos: Sie traue der Kunst nicht und strahle keine Phantasie und Geistlichkeit mehr aus. Sie spreche nicht die ästhetische Sprache ihrer Zeit. In den meisten Altarräumen seien nicht Kunstwerke, sondern „Blümchen, Deckchen , ein Gemisch von Sitzmöbeln" zu finden , sagt der Jesuit.

So aber lasse sich die christliche Botschaft nicht verständlich machen. Der Gegensatz zwischen moderner Kunst und Kirche bestehe zwar nicht mehr wie vor Jahrzehnten, meint der Ordensmann. Doch aus Ängstlichkeit gehe die Kirche nur in Ausnahmefällen auf zeitgenössische Künstler zu.

Die meisten Pfarrer wünschten sich von Künstlern konkrete christliche Inhalte wie „eine gemalte Auferstehung, einen Christus, eine Maria." Das aber wolle kein guter Künstler auf Bestellung bieten.

Moderne Kunst, Musik und Literatur sollten nicht Theologie oder Predigt ersetzen , sie könnten aber „bedrängende" Fragen stellen und zum Religiösen überleiten. „Das Entscheidende ist, dass die Kunst den Menschen zu sehen lehrt. Durch neues Sehen und Hören kann die Theologie viel lernen", meint der verdiente Mittler zwischen Kirche und zeitgenössischer Kunst.

Als Hansjörg dann Pfarrer in Bad Säckingen/ Obersäckingen wurde, sah er sich selbst mit vielerlei Bauproblemen konfrontiert, die er aber mit Hilfe guter Ratgeber und mit Humor bewältigte:

Zuerst ging es ans hundert Jahre alte Pfarrhaus. Der Vorgänger, der jetzt in den Ruhestand ging, hatte dort vierzig Jahre gewohnt. Es gab kein Badezimmer, keinen Heizungskeller, keine Doppelfenster, und keine Leitung war unter Verputz. Ein junger Architekt gab wertvolle Tipps für die Renovierung. Der Erzbischof hatte Hansjörg gesagt, er habe volles Vertrauen zu ihm, und er brauche das Bauamt nicht. Da der neu ernannte junge Pfarrer keine Lust hatte, während der Umbauzeit in einem Kinderheim bei Schwestern zu wohnen und zu essen, stellte er sich einen kleinen Wohnwagen in den Garten, für die Haushälterin ein Zelt, Licht- und Telefonleitung wurden angeschlossen. So konnten die Handwerker ungestört wirken, und der Pfarrer war Tag und Nacht bei seinem Haus und seiner Kirche. Bald schon besuchte ihn der evangelische Amtsbruder in seiner Klause auf Rädern, und die Ökumene begann bei einem guten Schoppen badischen Weines (von der Sonne verwöhnt!). Hansjörgs Vorgänger hatte in Jahrzehnten nie ein Wort mit dem „Stiefbruder in Christo" gewechselt.

Hansjörg musste natürlich zuerst die katholischen Handwerker am Ort berücksichtigen, sonst hätte es Ärger gegeben. Das geschah leider nicht immer zugunsten der Qualität. Manches Falsche wurde geliefert, manches Umgebaute musste nachgebessert werden.

Ein Keller war sehr feucht. „Da können Sie nichts machen!", sagte ihm der „Fachmann". Doch sein Architekt stellte den Heizkessel rein, es wurde nun sogar der Trockenraum. Ein Kellerraum war gewonnen, den Hansjörg nun zur „Trinkstube" ausbaute mit Klinkerboden, Butzenscheibenfenstern, achteckigen Drainageröhren als Weinregal, einem Ritterburgtisch und einem handgeschmiedeten Kronleuchter darüber, den er aus Großmutters Hotel geerbt hatte. Da sollten die künftigen Pfarrgemeinderatssitzungen stattfinden.

Die alten hölzernen Hoteltelefone wurden in jedem Stockwerk als Hausapparate eingebaut. Und da es noch keine schnurlosen Geräte gab, stand ein Apparat im Pfarrbüro, den man aber auch in der Küche und im Esszimmer einstöpseln konnte. Der zweite Apparat stand in der Bibliothek, dem Arbeitszimmer und konnte auch ans Bett transportiert werden. Hansjörg wollte zu jeder Zeit für seine Gemeinde erreichbar sein.

Ess- und Wohnzimmer wurden durch eine hölzerne Schiebewand getrennt, so dass das Wohnzimmer auch als Empfangszimmer dienen konnte. Hansjörg hatte in Pfarrhäusern und Klöstern genügend kahle ungemütliche Zellen kennengelernt, in denen Besucher warten mussten.

Die Haushälterin bekam neben der freundlichen Wohnküche einen praktischen Arbeitsraum. Eine Wand von Hansjörgs Schlafzimmer wurde durchbrochen und daneben ein modernes Bad installiert.

Neben Hausfrau Verenas Zimmer gab es noch einen großen Raum. Dort wurde das Pfarrarchiv untergebracht, Hansjörgs Handpuppen und Zauberkoffer fanden ihren Platz, und später kam die ganze Pfarrdruckerei dazu, von der wir noch hören werden.

Geschmackvolle Bilder und Kunstgegenstände, von den Eltern und Freunden geschenkt, schmückten Wände und Möbel.

Nun gab es noch den großen Speicher, der praktisch leer war. Schon bei der ersten Besichtigung hatte der neue geistliche Hausbewohner eine kleine Vision. Die alten Balken boten eine natürliche Einteilung. Vier urige kleine Gästezimmer sollten dort entstehen mit einer Dusche und einer Toilette, ein großes Fenster sollte den Blick freigeben auf den Rhein und das städtische Münster. Und ganz nach oben sollte noch eine Balkentreppe mit Seil führen, wo Platz war für einen originellen Jugendtreff. Sein Pfarrhof sollte doch ein Haus der Offenen Tür werden - mit der besten Köchin aller Zeiten.

Er meldete seinen Plan dem Ordinariat. Das aber winkte ab: „Ziehen Sie mal die Licht- und Wasserleitungen nach oben, später werden wir dann weitersehen." Pfarrer Kindler grübelte: „Jetzt ist im ganzen Haus der Dreck. Die Fenster sind draußen, der Putz an den Wänden ist abgeschlagen, alles wird erneuert. Und dann, wenn alles fertig ist, fängt das am St. Nimmerleinstag wieder an. Denn die Gästezimmer wollte er haben. Und er bat die Handwerker, weiterzumachen, ohne die Erlaubnis der Behörde.

Seine Vision wurde verwirklicht mit einfachen Mitteln, Rigipswänden, schlichten selbstgezimmerten Betten direkt auf dem Boden; passende Möbelstücke, Matratzen und Lampen hatte er noch aus dem Hotel der Großmutter. Viele Gäste fühlten sich später dort wohl. Auch wenn einmal ein anderer Pfarrer als Urlaubsvertretung einzog, dem Hansjörg sein eigenes Zimmer anbot, zog der doch die gemütliche Speicherwohnung vor.

Als alles fertig war, meldete sich Hansjörg beim zuständigen erzbischöflichen Bauamt und schrieb: „Sie können mich nun strafversetzen lassen, aber kommen Sie und schauen sich's an!" Eine Zweimanndelegation eilte herbei. Die Herren gingen schweigend von Raum zu Raum. Dann sagten sie: „Es ist schön, es ist praktisch, es ist geschmackvoll. Das Haus hat gewonnen. Herr Pfarrer, Sie können von Glück sagen, dass wir hier nicht mitgemischt haben. So ins Detail hätten wir nicht gehen können." Alles wurde genehmigt und bezahlt. Der junge Architekt verlangte nichts für seine wertvollen Tipps. Und Hansjörg feierte mit ihm.

Auf dem Speicher hatte Hansjörg in einer Ecke noch ein altersschwarzes Bild auf einer Holztafel entdeckt, das er renovieren ließ. Eine wunderbare Darstellung der Taufe Jesu durch Johannes im Jordan. Es erhielt einen Ehrenplatz.

Aber bis wirklich alles soweit war, geschah noch ein Unglück. Unter dem Speicherboden lag schwefelhaltige Schlacke. Der ganze Raum wurde vom Zimmermann mit Brettern verschalt. Sein Sohn, ein etwas behinderter junger Mann, durfte ihm dabei helfen. Dem passierte es nun, dass er einen Nagel einschlug, der die kupferne Heißwasserleitung traf. Obwohl das Loch nicht sehr groß war, trat genügend Wasser aus. Bis man den Haupthahn im Keller abstellen konnte, drang es in den Boden ein, und in des Pfarrers frisch gemachtem Schlaf- und Badezimmer erschienen große hässliche schwefelgelbe Flecken an der Decke, die nochmals gestrichen werden musste.

Damit aber nicht genug. Am nächsten Morgen kam der Installateur, um ein Kupferstück in die durchlöcherte Leitung einzusetzen. Er benutzte dazu ein Schweißgerät, der Strahl entzündete das Dämmmaterial hinter der Bretterverschalung, das Ganze wirkte wie ein Kamin, und die Flammen schlugen bis zum Dachfirst hoch. Der entsetzte Handwerker eilte auf die Straße, um Hilfe zu holen. Ein Mann, Mitglied der Feuerwehr , trat gerade aus der Tür. Der Installateur rief ihm zu: „Kumm schnell, dem Pfarrer sii Huus brennt!" Der klingelte einem andern, beide griffen ihre Äxte und ein Löschgerät und keuchten zum Brandherd hinauf.

Hansjörg war zur gleichen Zeit bei der Frühmesse, der auch Verena beiwohnte. Während er sich danach in der Sakristei umkleidete, ging sie heim, um das Frühstück zu richten. Totenbleich kam sie zurück: „Herr Pfarrer ‚es hat bei uns gebrannt!"

Und nun stand Hansjörg in seinem „Gästeflügel" vor einem Riesenhaufen verkohlter Bretter, von den Feuerwehräxten heruntergeschlagen; der Himmel schien durch die Dachsparren, und der „Visionär" versuchte, ruhig Blut zu bewahren und sagte sich: „Nicht aufgeben!"

Doch dann war bald die dem Heiligen Martin geweihte Pfarrkirche dran. Es war Mai, und da, wo der Priestersitz sein sollte, stand der Maialtar. Hansjörg konnte die Gemeinde nicht mehr sehen, und auch die Muttergottes musste sich fast auf die Zehenspitzen stellen, um über den reichhaltigen Blumenschmuck hinwegblicken zu können. Sie hatte übrigens das Kind nicht dabei. In der Ministrantensakristei stand eine viel schönere Marienstatue mit dem Jesuskind. Der neue Pfarrer wollte aber diplomatisch vorgehen, denn in vielen Gemeinden heißt das beliebteste Kirchenlied „Wie es war zu aller Zeit, so bleibt es in Ewigkeit."

Er wartete den nächsten Mai ab. Dann ließ er das Bild der Heiligen Familie am linken Seitenaltar zuhängen , stellte die Madonna auf einen Sockel, dazu sechs dicke Kerzen und Töpfe mit dunkelblauen Hortensien. Davor kam ein Opferkerzenständer, und das war der Maialtar, vor dem er mit der Gemeinde die Andachten hielt. Zum Schlusssegen mit dem Allerheiligsten ging er dann zum Hauptaltar. Alle fanden die Lösung sehr gut. Der Opferkerzenständer blieb das ganze Jahr über auch vor dem Bild der Familie in Nazareth stehen.

Ein Pfarrer stellte immer schon zu Beginn der Maiandacht die Monstranz mit der Hostie vor die Marienstatue. Als ihn ein Mitbruder darauf aufmerksam machte, dass dies doch liturgisch nicht ganz einwandfrei sei, meinte der nur: „Was wollen Sie? Das Kind will doch zur Mutter!"

Von der Sakristei führte eine alte baufällige winddurchlässige Türe ins Freie. Nun stellte Hansjörg fest, dass schon sein Vorgänger einen Auftrag für eine neue Türe an einen ortsansässigen Schreiner gegeben hatte, der noch bestand. Er fragte in der betreffenden Werkstatt an und wurde vertröstet, sie würde bald geliefert. Aber wieder geschah wochenlang nichts. Der Meister hatte immer wieder neue

Ausreden, das richtige Holz sei nicht da, ein Geselle sei krank und anderes mehr. Dann hörte Hansjörg hintenherum, der Schreiner hätte am Stammtisch behauptet, der Pfarrer könne ja nichts machen, denn er hätte ja den Auftrag fest.

Da riss dem Seelenhirten von Sankt Martin der Geduldsfaden, und er setzte folgenden Brief auf:

„Liebe Martinsgemeinde - Sie alle kennen Herrn Schreinermeister X. und wissen über seine beruflichen Qualitäten besser Bescheid als ich. Schon vor Jahren bekam er von meinem Vorgänger den Auftrag für eine neue Sakristeitüre, die bis heute nicht geliefert wurde. In diesem Raum werden die liturgischen Gewänder, die Altarwäsche und die Messbücher aufbewahrt, die teilweise durch Ihre großzügigen Spenden angeschafft wurden. Da durch die windschiefe Tür die Feuchtigkeit eindringt, bildet sich Schimmel. Trotz mehrmaliger freundlicher Mahnungen gab es bis jetzt keine positive Reaktion von Seiten der Schreinerei. Fällen Sie also bitte selbst Ihr Urteil über diesen Handwerksbetrieb!"

Dann den Zusatz: „Sehr geehrter Herr Schreinermeister X. - Wenn nicht innerhalb einer Woche die neue Sakristeitüre dran ist, wird dieser Brief im Pfarrblatt veröffentlicht."

Hansjörg schickte einen Ministranten mit dem Couvert in die nahegelegene Schreinerei. Nach zehn Minuten kam ein aufgeregter Anruf, und nach drei Tagen war die Türe da. Na also!

Die Martinskirche, ein neuromanischer Bau, unterstand dem staatlichen Bauamt. Da wurden einmal zu Napoleons Zeiten der Kirche Wälder und Felder und anderer Besitz weggenommen, dafür verpflichtete sich der Staat, verschiedene Gotteshäuser zu unterhalten. Hansjörg lehnte sich einmal aus Versehen an einen Pfeiler im Kirchenschiff, und die Haushälterin bekam die weiße Farbe fast nicht mehr aus dem schwarzen Anzugsstoff heraus. Es war der billigste Anstrich. Doch dann fielen noch faustgroße Verputzbrocken von der Decke, einer knapp am Kopf einer alten Frau vorbei, die betend in einer Bank kniete. Das Bauamt hatte bis jetzt nicht auf die Briefe des Pfarrers reagiert. Nur einmal wurde ihm gesagt, die evangelischen Kirchen am Kaiserstuhl seien noch übler dran, und er solle zufrieden sein.

Jetzt alarmierte Hansjörg die lokale Presse. Es erschienen Fotos von den Löchern in der Decke und ein Artikel, der über die Gefahr für Leib und Leben der Gottesdienstbesucher schrieb. Kindler schickte die Zeitungsausschnitte mit ein paar großen herabgefallenen Gesteinsbrocken auf Holzwolle in einem Päckchen ans Bauamt. Da kündigte ein Beamter sein Kommen an. Die Reporter waren wieder da, die dem misslaunigen Herrn sagten, er bekäme es mit einem rasanten Gegner zu tun. Doch der Baumensch versicherte, es sei kein Geld da. Kurz darauf war das jährliche Fest des Stadt- und Kirchenpatrons Sankt Fridolin. Dazu hatten sich auch der Innen- und Finanzminister des Landes angesagt. Und obwohl in der Nachmittagsandacht ein Bischof predigte, brachte Hansjörg es fertig, die beiden Herren wegzulocken und ihnen bei Kaffee und Obstkuchen von den baulichen Mängeln seiner Pfarrkirche zu berichten, die sie dann auch besichtigten. Natürlich bekamen sie auch ein paar Zauberkunststücke vorgeführt, doch der Künstler bekannte, dass mit der Renovierung seine „Grenze der Magie" erreicht sei.

So bekam das Bauamt bald darauf einen geharnischten Brief vom Ministerium. Der arme Beamte erschien wieder: „Warum schalten Sie jetzt noch den Minister ein?" „Weil alles andere bis jetzt nicht geholfen hat."

Er hatte einen Dachdeckermeister dabei, ähnlich gekleidet wie ein Hamburger Zimmermann mit schwarzen Cordsamthosen und breitkrempigem Hut. Der stellte eine hohe Leiter an die Dachkante, kletterte hinauf und rief hinunter: „Herr Pfarrer, sind Sie schwindelfrei?" Als Hansjörg neben ihm auf dem Dach stand, drückte der Meister mit der Hand auf einen Ziegel, und ein halbes Dutzend ging kaputt. „Hundert Jahre alter Naturschiefer. Das muss alles neu gemacht werden." Die Martinskirche hat ein Hauptschiff und zwei Seitenschiffe. Als der Baubeamte die Diagnose hörte, sagte er: „Wir haben dieses Jahr aber nur das Geld, um eine Hälfte des Daches zu decken." Hansjörg überlegte blitzschnell: das teure Gerüst, ein weiteres Jahr warten, nochmals den Schmutz im Raum, wenn das Dach abgedeckt ist... Und er betete still: „Sankt Martin, gib mir einen guten Gedanken!" Laut sagte er: „Es ist natürlich verständlich, wenn eine kleine Handwerkerfirma sofort auf das Geld angewiesen ist." „Erlauben Sie mal, Herr Pfarrer", protestierte da der Meister, „wir sind das größte Dachdeckergeschäft im ganzen Landkreis." „Verzeihen Sie bitte, das ist was anderes! Dann könnten Sie doch das ganze Dach auf einmal decken, und das Geld für die zweite Hälfte wird vom Bauamt fürs nächste Jahr im Budget eingeplant." „Natürlich ist das möglich!" Und so geschah es auch.

Zu Hansjörgs Ortsteilgemeinde gehörten noch zwei Dörfer, die später eingemeindet wurden, Harpolingen und Rippolingen. In jedem stand eine Kapelle, die auch renovierungsbedürftig war. Ein schöner Barockaltar stand in der einen, und man entdeckte, dass er von einem berühmten Schwarzwälder Bildhauer stammte. Den hätte eine Gemeinde, in der er früher mal stand, gerne zurück gehabt. Aber Hansjörg verteidigte ihn mit Zähnen und Klauen, und er blieb. Obwohl weitere Mängel sichtbar wurden, der kleine Turm z.B. war sehr baufällig geworden, gelang die Renovierung. Dann sollte beim Friedhof, der zwischen den beiden Dörfern lag, eine ökumenische Auferstehungskapelle gebaut werden mit einem großen Fenster über dem Altar, das die aufgehende Sonne zeigte. „Christus, die neue Sonne der Gerechtigkeit". Das Weihnachtsfest wird ja ganz bewusst am Tag des früheren „sol invictus" ‚des unbesiegten Sonnengottes, gefeiert.

Ein evangelischer Architekt, der im Ruhestand in das schöne stille Dörfchen auf dem Hotzenwald gezogen war, wollte die Pläne kostenlos liefern und den Bau beaufsichtigen. Hansjörg konnte den Herrn davon überzeugen, dass der Altar von der Wand weggerückt wurde, damit eine Zelebration „versus populum", dem Volk zugewandt, möglich war. Der Protestant kannte sich in der katholischen Liturgie wenig aus.

Das Fest Allerheiligen nahte mit dem Gräberbesuch. Die Wände der Kapelle standen schon, und sie trug schon ihr Dach. Der Bürgermeister rief an und fragte, ob Pfarrer Kindler einverstanden sei, die einleitenden Gebete in der unfertigen Kapelle zu sprechen, um die alten Leute nicht zweimal den Marsch vom Dorf zum Friedhof machen zu lassen. Natürlich war das für ihn kein Problem, für den evangelischen Amtsbruder aber anscheinend schon. Denn der rief an und fragte: „Stimmt es, Herr Pfarrer, dass Sie in der gemeinsamen Kapelle vor der offiziellen Einweihung eine religiöse Handlung vornehmen wollen? Das würde mein Ältestenrat als einen unfreundlichen Akt ansehen!" „Ich lasse die Leute unterm Dach stehen, damit sie vor dem Wind oder eventuellem Regen geschützt sind und sie nicht zweimal den Weg gehen müssen. Was ist daran unfreundlich?" Der Pastor hatte noch weitere Fragen:

„Wie halten wir es später mit dem Parament?" Hansjörg verstand nicht. „Was , Sie haben kein Parament?" Bei den Katholiken sind das die liturgischen Gewänder. Er aber meinte das Tuch, das vor dem Altar hängt in den wechselnden Farben des Kirchenjahres, wahrscheinlich ein Überrest dieser Gewänder.

Dann war da noch bei der geplanten ökumenischen Einweihung die Händehaltung der beiden Geistlichen beim gemeinsamen Schlusssegen. „Lassen wir doch den Unterschied bestehen", meinte der Lutheraner. Er wolle die Hände ineinander verschränken, und die des katholischen Mitbruders sollten den Betenden Händen von Albrecht Dürer gleichen. Aber war der große Künstler aus Nürnberg, der Freund der Reformatoren, nicht schon fast protestantisch? Hansjörg musste einen Lachanfall unterdrücken.

Die Einweihung verlief harmonisch. Nur eine peinliche Sache geschah später noch, die im Kapitel „Kirchendiener" beschrieben wird.

Neben der Garage im Pfarrhof gab es einen langgestreckten Hühnerstall, der jetzt nicht mehr gebraucht wurde. Ein Schreiner aus dem Nachbarort lag Pfarrer Kindler stetig in den Ohren, er wolle ihm dort eine Sauna einbauen. Hansjörg brauchte keine Sauna. Aber dann kam ihm eine Idee. Er dachte an die Festtage, an denen die Bewohner der Filialgemeinden zur Martinskirche herunterkamen. Da wurde dann eifrig an die Sandsteinmauer des Gotteshauses gepinkelt, die schon ganz zerfressen war. „Sie können mir eine Sauna einbauen, wenn davor eine Toilette mit Waschbecken kommt. Die wird dann an den Sonn- und Feiertagen für die Kirchenbesucher geöffnet." Der Vorschlag wurde akzeptiert, und der Kostenvoranschlag war vernünftig. Hansjörg wollte den Einbau aus eigener Tasche bezahlen - er bekam manche Gage als Zauberkünstler - und mit einer Sauna wäre er ja beim Ordinariat bestimmt auf taube Ohren gestoßen. Wir sind ja schließlich nicht in Finnland!

Dann kamen zwei ehemalige Ministranten aus Hansjörgs erster Kaplansstelle Weinheim zu Besuch, baumlange Burschen, die gerade ihr Abi bestanden hatten und ungeheure Mengen an Schweizer Wurstsalat vertilgten. Für sie war Hansjörg immer noch der „Herr Kaploon". Er drückte ihnen zwei Vorschlaghämmer in die Hand, und sie tobten sich aus bei der Zertrümmerung des Hühnerstalls aus Beton. Eine ganze Lastwagenladung Schutt gab es, die eine Baufirma aus der Pfarrei kostenlos abtransportierte. Die Sauna mit Toilette und Waschbecken wurde eingebaut. Als sie fertig war, verließ Kindler die Gemeinde, die ihm zum Abschied unter anderem einen Geldbetrag schenkte, mit dem er gerade die Sauna bezahlen konnte. Er selbst war noch keine Stunde dringewesen. Nagelneu übergab er sie seinem Nachfolger. Ob der was damit gemacht hat? Er hat es nie erfahren. Und heute steht das schöne Pfarrhaus leer. Priestermangel! Die Gemeinde hat keinen eigenen Seelsorger mehr. Vielleicht kommt mal einer aus einem Dritte – Welt - Land, der sich über die Sauna freut.

Eine Sache, die dem Bürgermeister von Harpolingen sehr am Herzen lag, konnte Hansjörg Kindler noch erreichen. Der Ort hatte schon mehrmals beim Wettbewerb „Unser Dorf soll schöner werden" einen Preis erhalten. Schmucke Häuser, ein gut gestalteter Dorfplatz, geschnitzte Wegweiser, überall Blumenschmuck und vieles andere mehr hatten dazu beigetragen. Der Bürgermeister, dessen Frau die Poststelle leitete, stellte täglich die Post selbst zu und konnte seine Mitbürger darauf aufmerksam machen, wenn ein Misthaufen dort lag wo er nicht sein sollte.

Mitten im Dorf stand ein Haus, das der Schulze als den großen Schandfleck bezeichnete. Es hatte zwei alten Frauen gehört, die es der Kirche vererbt hatten. Darin wohnte nun eine kinderreiche Familie zur Miete. Die hätte es gerne gekauft und auch selbst renoviert. Aber alle diesbezüglichen Briefe des Bürgermeisteramts an das Erzbischöfliche Ordinariat blieben bisher unbeantwortet. Der Bürgermeister zeigte nun Pfarrer Kindler die Räume, in denen ewig nichts mehr renoviert wurde. In einem war die halbe Decke heruntergekracht und musste mit Stangen gestützt werden. Die hygienischen Verhältnisse waren verheerend. Hansjörg handelte schnell. Er holte einen Fotografen und vom Dorfspielplatz eine Menge Kinder, die allerdings nicht alle zu dieser Familie gehörten. Er stopfte sie kreuz und quer in die zweistöckigen Betten im Kinderzimmer; eines stand unter der kaputten Decke und hielt die Hände schützend über dem Kopf. Die Mutter wurde vor einem riesigen Berg schmutzigen Geschirrs in der dunklen Küche aufgenommen. Es gab eindrucksvolle Bilder, und Hansjörg stellte eine dicke Mappe zusammen mit dem Titel „Ein erzbischöfliches Haus stellt sich vor." Unter die Fotos kamen einige sarkastische Unterschriften wie „Die Kirche fördert ja den Kindersegen" u.a. Am Schluss die Bitte, dieses Haus an die Familie zu verkaufen. Das Ganze schickte er persönlich seinem Oberhirten. Er hörte später, dass dieser es in einer Sitzung seines Domkapitels schmunzelnd durchgeblättert habe und immer wieder murmelte: „Dieser Trixini!"

Das Haus wurde schnellstens zu einem christlichen Preis verkauft und reihte sich bald bei seinen gepflegten Nachbarn ein.

KURZE NACHLESE

Dominik wird von Mama in die Kirche mitgenommen, wo sie einen Rosenkranz beten will. Dominik dauert das viel zu lang. Er schaut auf das rote Ewige Licht neben dem Tabernakel, stupft die Mutter sanft in die Seite und flüstert: „Gell, wenn es grün wird, geh´n wir !„

Als sie dann am Beichtstuhl vorbeikommen, schaut der Pfarrer durch den Vorhang, ob da eventuell „Kundschaft" ist, und Dominik winkt ihm fröhlich zu und ruft: „Auf Wiederseh'n, Kasperle!"

Die fertigen Pläne für ein neues Priesterseminar werden nach Rom zur Begutachtung geschickt. Sie kommen zurück mit dem Vermerk: „Sunt ne angeli? - Handelt es sich bei den Insassen um Engel?" Wie weiland in Schilda die Fenster am Rathaus hatte man hier die Toiletten vergessen.

Die „Triumphierende Kirche", auch wenn sich noch so viele Menschen auf dem Petersplatz, bei einem Weltjugendtag oder anderswo versammeln und das bunte Schauspiel genießen, wird die Welt nicht bekehren, den Glauben nicht festigen. Pilger sind wir nur, Wanderer zwischen beiden Welten. Noch nicht angekommen:

KIRCHE UNTERWEGS

„Ein Haus voll Glorie schauet
weit über alle Land"...
Ob man dem Bau noch trauet?
Klingt das nicht arrogant?

Christus ist zwar der Eckstein,
den man zuerst verwarf,
doch hat es nicht den Anschein,
dass er' s heut' bleiben darf.

Der Liebe Gott ist richtig!
Doch 's Bodenpersonal?!
Für mich ist Glaube wichtig
die „Kirche" wird zur Qual

Die Kirchenbürokraten.
sind oft so lebensfremd.
Die Kirchenfeindehetze
wird dadurch ja enthemmt.

Das Gottesreich auf Erden,
das ER verkündet hat,
kommt nur mit viel Beschwerden
und ohne Konkordat.

Besinnt euch drauf, ihr Christen,
was wirklich einmal zählt!
Lasst uns den Stall ausmisten,
dann glaubt uns auch die Welt!

DIE GÖTTLICHE SPIRALE

Hansjörg Kindler liebte das Kirchenjahr. Für ihn begann das neue Jahr wirklich mit dem 1. Advent. Und dann sah er vor sich den Ring der Feste, die das Leben seines Herrn symbolisierten: die Erwartung und Verkündigung der Ankunft des verheißenen Messias, die arme Geburt, die Epiphanie, seine Kindheit mit dem Auftritt unter den Schriftgelehrten im Tempel, den Vorläufer Johannes und die Taufe, sein öffentliches Wirken als Wanderprediger in Galiläa mit der Berufung der Jünger, die Botschaft vom kommenden Gottesreich der Liebe, seinen Umgang mit den Kindern, den Armen und Kranken, mit den Frauen, den Mächtigen, mit seinen Feinden. Die Wunderzeichen, Anklage, Verrat, Abschied und schmachvoller Kreuzestod. Dann die Auferstehung, die Begegnung mit den Jüngern in Emmaus und Jerusalem, Verheißung des Tröstergeistes, Heimgang zum Vater, das Pfingstfest als Geburtstag der Kirche. Und wie sich der Ring dann wieder schließt im Gedenken an den wahren Advent, Christi Wiederkunft zum Gericht mit der Schöpfung eines neuen Himmels und einer neuen Erde. Wie die Ringe einer Spirale, die sich aufbaut durch die Jahrhunderte, vielleicht Jahrtausende, bis der letzte Ring einmal hineinragt in den Jüngsten Tag.

Dazwischen wie verstreute kostbare Perlen die Marien- und Heiligenfeste. Aber das eigentliche Herrenjahr war schon das Wichtigste.

Pfarrer Kindler bemühte sich, das heilige Spiel der Liturgie auch seiner Gemeinde so nahezubringen, dass sie den Kirchenbesuch nicht als lästige Pflicht ansah, sondern als freudiges Ereignis, als Höhepunkt im Alltagsleben.

Er bereitete sich immer gut vor, und da er kein besonders guter Sänger war, zum Kummer der Schwestern seiner Mutter, die als Sopranistin und Altistin im heimatlichen Münsterchor wirkten, übte er eben etwas länger in der Sakristei. Sein Freund Alfons bezeichnete einmal einen Gesang von ihm als „mozarabisch". Hansjörg wusste zwar, dass die Mozaraber die 711 bis 1492 unter arabischer Herrschaft stehenden spanischen Christen waren, aber da er nicht erfahren konnte, wie die gesungen hatten, wusste er auch nicht genau, ob Alfons´ Kritik ein Lob oder eine Unverschämtheit war.

Sein erster Chef, der Dekan von Weinheim, sagte ihm allerdings einmal: „Herr Kaplan, von jedem lustigen Lied singen Sie alle Strophen auswendig. Ich verstehe nicht, dass Sie eine Präfation so lange einstudieren müssen." Was die Predigten anging, so nahm er sich den Rat eines „alten Hasen" zu Herzen: „Ein Pfarrer soll heute über vieles nicht mehr predigen - vor allem nicht über eine halbe Stunde!" Und: „Eine Predigt soll nicht von Eva bis UFA gehen!" Er bemühte sich auch um eine verständliche Sprache; ein wenig Germanistik hatte er ja auch studiert. Wenn er so etwas wie den folgenden Text aus einer theologischen Zeitschrift las, ging ihm der Hut hoch:

„Das Wort Gottes ist für Gott Gottes Wort über Gott. Das menschgewordene Wort Gottes ist Gottes Wort über Gott für Menschen. Es ist das Schaufenster Gottes für den Menschen. Das Wort Gottes über Gott wird für den Menschen zum Fenster auf Gott hin, durch das der Mensch imstande ist, hindurchzusehen und in ihm Gott zu erblicken. Das Wort Gottes wird auch dadurch zum Fenster auf Gott hin, dass der Mensch in ihm ebenfalls gewahr wird, wie sehr sich Gott darum bemüht, dem Menschen sich selbst vor Augen zu stellen; das Wort Gottes wirkt auch darin, dass der Mensch bemerkt, dass es ein solches Fenster ist ! Das Schaufenster Gottes auf Gott hin ist nämlich selbst Gott . Gott offenbart in seinem Handeln, wer er ist! Die Person offenbart sich in ihrer Tat. Daher ist der actus personae ein personae actus! Wer ist es, der sich hier in seinem Akt offenbart?"

Das verstand er selbst nicht. Wie sollten so etwas seine Pfarrangehörigen verstehen, obwohl darunter natürlich auch „gelehrte Leute" waren? Er dankte dem Herrgott auch für die Gabe, frei sprechen zu können, den Zuhörern in die Augen schauen zu dürfen, nicht an einem Manuskript kleben zu müssen, was leider vielen Predigern bis hinauf zu den höchsten Ämtern nicht gegeben ist.

Wenn dann Briefe wie der folgende an das Pfarrblatt kamen, freute er sich: „Ich möchte Ihnen hiermit zu Ihren zwei letzten Sonntagspredigten gratulieren und Ihnen danken. Es war jedes Mal ein wertvolles Erlebnis für mich, und ich habe viel darüber nachgedacht und hinzugelernt … J.W.

Hansjörg antwortete: „Warum bekommen die Pfarrer so wenig Echo,- positives und negatives, -auf ihre Predigten? Den Politikern, Rundfunk- und Fernsehleuten geht es da besser. Es wäre eine wirklich brüderliche Hilfe für den Prediger, wenn die Zuhörer aufbauende Kritik übten. Manches falsch Verstandene oder auch Irrige könnte dann in einer anderen Predigt oder in einem Pfarrblattartikel richtiggestellt werden".

Da ein Nachbarpfarrer keinen Kaplan hatte, bat Hansjörgs Chef ihn, dort regelmäßig die sonntägliche Frühmesse zu halten. Als er dann das erste Mal in diese Kirche kam und mit der Predigt beginnen wollte, staute sich alles Volk am Eingang und unter der Empore; die Bänke in der ganzen vorderen Hälfte des Schiffes waren leer. Da sagte er nach einem kurzen Schweigen folgendes: „Liebe Gemeinde, ich habe auch von dem schrecklichen Unglück in Mexiko gehört und gelesen, wo ein Kirchendach eingestürzt ist und den Priester und die Gläubigen in den vorderen Bänken erschlagen hat. Ich kann Ihnen aber versichern, dass Ihr Gotteshaus sehr stabil gebaut ist. Und gibt es eigentlich einen schöneren Tod für einen wahren Christen, als während der Heiligen Messe in der Nähe des Altars zu sterben? Kommen Sie also doch bitte nach vorn! Ich muss dann auch nicht so laut sprechen." Die Leute schmunzelten und folgten.

Er wollte es ja nicht so brutal sagen wie jener Amtsbruder, der verkündete: „Der Platz unter der Empore ist ab sofort für diejenigen reserviert, die durch schlechten Mund- oder Körpergeruch ihre Mitmenschen zu belästigen glauben."

Hansjörg selbst war zwar nie Ministrant gewesen, nur Mitglied im Knabenchor, der in den Kriegstagen vor Schulbeginn das Requiem singen durfte, wenn wieder ein junger Mensch für „Führer, Volk und Vaterland" gefallen war. So musste er den Altardienst erst lernen.

Anders sein Freund Alfons W. Von ihm gab es sogar einen 8 mm-Film, der ihn im Kindergartenalter mit Kreuz und Fahnen, Stola und Messgewand zeigte, wie er vor einem kleinen Altar mit den Nachbarskindern „Fronleichnamsprozession" feierte. Und der sich vom Anfänger zum Oberministranten „hochdiente" und für den es ziemlich klar war, dass er einmal Priester würde. (Er hat es auch zum hochverdienten Monsignore gebracht).

Einmal musste Hansjörg als jüngster der Chorknaben (warum fielen ihm später die liturgischen Melodien trotzdem so schwer?) bei einer Weihnachtsvesper mitsingen. Die ein Jahr jüngere Schwester Christine hatte, als die Mama nicht zu Hause war, versucht, Weihnachtsgebäck zu produzieren mit dunklem Ersatzmehl und irgendeiner Art Backpulver. Es kamen wirklich knusprige Figürchen wie Sterne, Monde, Engel und Nikoläuse aus dem Ofen, die sie ausgestochen hatte. Der Bruder aß die ganze Schüssel leer. In der Vesper drehte sich dann plötzlich der Hochaltar vor ihm, er sah feurige Kreise, und als Frauen den bleichen Kleinen in die Seitenkapelle brachten und ihm das Chorhemd über den Kopf zogen, blieben Christines lukullische Kunstwerke nicht mehr im Magen. Mit Weih- und Kölnisch -Wasser wurde der verhinderte Sänger abgerieben und nach Hause gebracht. Er schwor sich, von seinem Schwesterherz nichts angeblich Essbares mehr anzunehmen bis es später einen Koch- und Backkurs absolviert hätte.

Der Villinger Chordirektor und Musikpädagoge Ewald Huth, der den Knabenchor leitete, wurde am 1.November 1944 wegen Hörens eines „Feindsenders" in Stuttgart hingerichtet. Mit seinen Abschiedsworten –klar und fest in der Schrift wie auch im Inhalt – hat er sich und seinen Lebensidealen ein Denkmal gesetzt. „Betet für unsere Feinde", schrieb er seinen Angehörigen als letzte Bitte, „tragt nicht Groll im Herzen, der liebe Gott mag ihnen gnädig sein."

Auf die Ministrantenausbildung legte Pfarrer Kindler großen Wert. In der Sakristei und am Altar gab es kein Pardon, wenn einer sich schlecht benahm. Als einmal zwei Buben vor dem Beginn der weihnachtlichen Mitternachtsmette im frisch gewaschenen Rock und Hemd einen Ringkampf begannen, bat er sie nur ruhig, sich auszuziehen und „in Zivil" hinten in der Kirche Platz zu nehmen. So etwas kam nie wieder vor.

Hansjörg glaubte nicht, was mancher behauptete, dass aus ehemaligen Ministranten später die größten Atheisten würden. Darum tat er alles, damit sie im „Umgang mit dem Heiligen" die Ehrfurcht nicht verloren.

Als Pfarrer Kindler nicht mehr länger warten wollte, auch endlich Mädchen zu erlauben, Messdienerinnen zu werden, da erreichten sein Pfarrblatt unter anderem folgende Briefe:

Ich finde, dass Mädchen auch Ministrantinnen werden sollten, weil sie auch Menschen sind. Stefan L. 4.Kl.

Ich frage mich, warum die Mädchen noch keine Ministrantinnen sind. Jetzt wird so viel von Gleichberechtigung geredet, da soll die Kirche mit gutem Beispiel vorangehen, sonst finde ich es Quatsch. Jan L. 5.Kl.

Warum soll es keine Ministrantinnen geben? Wenn es den Mädchen gefällt und Spaß macht wie mir als erfahrenem Ministranten, möchte ich , dass auch einmal ein Mädchen neben mir am Altar steht. Hans-Dieter W. 5.Kl.

Es ist doch ganz egal, ob Jungen oder Mädchen allein oder „gemischt" ministrieren. Wir alle sind Gotteskinder. Warum sollen denn die Jungen bevorzugt werden? Michaela R.5.Kl.

Mädchen müssten auch Ministrant werden! Sie können es so gut machen wie die Jungen. Außerdem könnte jeder Pfarrer zunächst einmal ein Mädchen einsetzen, bei dem man es nicht gleich merkt, eines mit kurzen Haaren. Susi L. 1. Oberstufe

Nicht nur das Gefühl, sondern auch der Verstand sagen mir, der Priester soll ein Mann und die Ministranten sollen Jungen sein. Frauen als Priester und Mädchen als Messdiener sehen zu sehr nach einer „Notlösung" (mangels Masse) aus. Wer möchte schon beim Gottesdienst auf diesen Notstand unserer armen Kirche auch noch augenscheinlich hingewiesen werden? Frau Eva N.

Als schon sehr viele Pfarreien weibliche Messdiener hatten, gab es eine große Ministrantenwallfahrt nach Rom . Empfang beim Heiligen Vater in der großen Halle. Alle hatten ihre Gewänder angezogen. Wer aber keinen Pimmel hatte, musste draußen bleiben.

Kein Kommentar! Oder doch dieser:

UND GOTT SCHUF DEN MENSCHEN NACH SEINEM BILDE; NACH DEM BILDE GOTTES SCHUF ER IHN; ALS MANN UND FRAU SCHUF ER SIE: (Genesis 127)

Aber auf dem Katholikentag in Osnabrück 2008 wurde bekannt, dass ein Pfarrer in deutschen Landen nach der Übernahme der Herrschaft in seiner Pfarre erst einmal alle weiblichen Mitarbeiter, Lektorinnen, Messdienerinnen und Kommunionshelferinnen völlig aus dem Altarraum verbannte.

Nun will die anglikanische Kirche in England künftig Frauen für das Bischofsamt zulassen. Aber mehr als 1300 anglikanische Geistliche hatten mit Kirchenaustritt gedroht, sollten sie keine rechtlichen Zusagen für den Erhalt einiger Bistümer mit ausschließlich männlichen Bischöfen erhalten.

Das schrieb Hansjörg damals seinen Minis ins Stammbuch:

DIE LAUS-BUBEN

Das Völklein in dem roten Rock
ist eine Rasselbande.
Manchmal wird Gärtner selbst der Bock,
und dann ist's eine Schande.

Doch das kommt ja nur selten vor,
meist sind es nette Jungen.
Lausbuben hießen sie zuvor,
weil sie das „laus" gesungen.(Lateinisch = Lob)

Sie seien nicht mehr nötig heut',
so rufen die Kapläne.
Reform hab' niemals noch gereut,
beim Hobeln fielen Späne.

Doch wär's ein wirklicher Verlust,
wenn dienten am Altare,
ich sag's mit Wehmut in der Brust,
nur Männer im Talare.

Sehr beliebt waren bei der Gemeinde die Roratemessen im Advent, wenn in der dunklen Kirche die Kerzen brannten und alle das „Tauet Himmel den Gerechten!" sangen.

Eine Gestalt konnte Hansjörg absolut nicht leiden, von der in dieser Zeit überall die Rede war, den Weihnachtsmann. Er bekämpfte ihn regelrecht und schrieb sogar in der Tageszeitung gegen ihn. Damals gab es noch die Sowjetunion und die DDR mit ihrem Väterchen Frost. Es hat sich aber in dieser Beziehung leider nicht viel geändert, vielleicht ist es noch schlimmer. geworden. Heute ragen die aufblasbaren überdimensionalen Coca Cola-Weihnachtsmänner auch in kleinen Orten in den Winterhimmel, und ihre kleineren Kollegen klettern an den Hauswänden hoch.

Das war Hansjörg Kindlers Leserbrief:

„Väterchen Frost, so heißt der Alte mit dem eisgrauen Bart, der nach dem Willen der Kommunisten den Kindern im Osten die Weihnachtsgeschenke bringt.

Christkindersatz ! - Und wie ist es bei uns? Schon ist er wieder in den Zeitungsanzeigen aufgetaucht: der „Weihnachtsmann", Erfindung eifriger Geschäftemacher des Neuheidentums. St. Nikolaus, der gütige Bischof von Myra und das Christkind, der menschgewordene Sohn des Ewigen Vaters, dürfen auch uns schon längst keine Geschenke mehr bringen. Die industrielle Missgeburt Weihnachtsmann steht wieder in den Schaufenstern, von pseudoreligiösen Symbolen umgeben, die für Fernsehgeräte und Spielzeugeisenbahnen werben sollen, auch in den Fenstern christlicher Geschäftsleute. Wir sollen Freude vermitteln durch Geschenke, ja! Aber wir beschenken einander, weil Gott uns zuerst beschenkt hat.

Es ist ein Zeichen seelischen Verfalls, wenn die Inhalte der Festfeiern verflachen. Soll Weihnachten wie so viele andere Feste immer mehr ein Ausruhtag werden mit verdorbenem Magen und neuen teuren Anschaffungen, die uns der Weihnachtsmann beschert? Entwerten wir das Fest der Geburt unseres Herrn auch nicht durch „Weihnachtsfeiern" von Betrieben und Vereinen in der Adventszeit. Nehmen wir uns in Acht, dass nicht auch bei uns einmal Väterchen Frost kommt, der mit eisiger Hand nach unseren Herzen greift, in denen vielleicht schon der lebendige Glaube an das Weihnachtsgeheimnis verstorben ist."

Vielleicht machten sich einige Leute Gedanken, das „Weihnachtsgeschäft" blieb und bleibt doch die beste Einnahmequelle für jeden Geschäftsmann., möge er im Herzen noch so christlich sein.

Als Hansjörg dann eine Anzeige von 1910 fand, dachte er, dass es doch „nichts Neues unter der Sonne" gab und dass die Kirche und ihre Vertreter immer wieder gegen Windmühlen kämpfen müssten:

„Weihnachten! Heilige Nacht! Gottes Sohn, o wie lacht! Zum bevorstehenden lieben Weihnachtsfeste erlaube ich mir, meiner hochverehrten Kundschaft eine größere Anzahl erstklassiger, rentabler Rittergüter mit und ohne Wald, in Größen von 1000-5000 Morgen als sehr passendes, solides Weihnachtsgeschenk für junge Damen und Herren zu offerieren und erbitte bald gefällige Offerten.

Magdeburg, im Christmonat 1910. Julius Funcke, Bahnhofstraße 14,I.Güter-Agentur für bessere und vornehme Kreise, -gegründet 1884. Ubi bene, ibi, patria.

Im Zeitalter der Globalisierung wird zwar nicht überall der christliche Glaube erfolgreich verbreitet –eher noch der Islam- aber doch vieles in andere Länder exportiert, was nur sehr bedingt mit dem Christentum zu tun hat.

Ein Beispiel: In Japan gibt es nur 0,2 bis 0,5 % Christen, aber von den Amerikanern wurde dem besiegten Land der aufgehenden Sonne X- Mass beschert. Das ist jetzt zum großen Geschenkefest für alle geworden. In den Warenhäusern ertönt über den „Märchenfiguren, Mickeymaus, Donald Duck, Cinderella und Maria und Josef mit dem Kind" die Melodie von „Stille Nacht". Man isst viel, betrinkt sich mit Sake , und das „Fest der Liebe" wird ganz wörtlich genommmen. Stundenhotels bieten mit Christbäumen dekorierte Zimmer an, in denen man sich mit willigen Damen weihnachtlich vergnügen kann. Welche Perversion!

Ein Aufruf Hansjörg Kindlers zur Adveniat-Aktion für die Dritte Welt fand nicht bei allen Zustimmung. Aber er wagte es, manchmal zu schockieren, auch wenn er das Foto eines abgetriebenen Embryos in seinem Pfarrblatt abdruckte. Er meinte, dass ein Priester, der es allen recht machte, bestimmt etwas falsch machte. Und: „Rede, gelegen oder ungelegen!"

ADVENIAT

Ein Kind ist uns geboren, ein Sohn ist uns geschenkt, gezeugt im Suff, ans trübe Licht gestoßen im Giftgas hauchenden Müll der Bannmeile von Santiago de Chile.

Die dreiundzwanzigjährige Greisin kreißte und gebar auf einem quergelegten Küchenhocker. Zwei Stunden lag der neue kleine Müllmensch unversorgt auf der Erde. Erde? Asche! An der blutigen Nabelschnur hängend, bis auch der Mutterkuchen erschien.

Mutter und Kind - das sechste!- „wohlauf"! Der Hocker hat nur noch drei Beine.

Tausende vegetieren dort, werden geboren, verrecken im Abfall, als Abfall, bei Santiago de Chile. Eingegraben in die qualmenden Müllhaufen, ein Stück Wellblech als Dach, die Wände zwei morsche Bretter, Pappe, ein Sack, das Ganze gestützt von Teilen rostiger Schienen. Die gebeugten Männer, mit stumpfem, erloschenem Blick, schon frühmorgens vollgepumpt mit billigem Fusel ,kratzen und schaben wie Ijob mit der Scherbe den Aussatz Papier und Lumpen aus dem Gerümpel. Der Tagelohn: nur Fusel und wieder Fusel, ein Teufelskreis, vom Zwischenhändler berechnend gezogen.

Die verwahrlosten müden Frauen, eigene, zeitweilige, zufällige, gebären, was sie empfangen.

Die Kinder atmen schon gleich nach dem ersten Schrei den giftigen Hauch in die winzigen Lungen, gieren vergeblich nach eingetrockneten Brüsten. Hungrige Ratten sind die gefährlichen Spielkameraden; mancher unbewachte Säugling fällt dem grauen, langschwänzigen Heere zum Fraß.

Und doch auch hier: Spuren des verlorenen Paradieses!

Ein kleines Mädchen steckt liebevoll eine Handvoll „Schnittblumen", Unkraut vom Müllberg, in seine Vase: Es ist ein roter Schuh, den keiner mehr will.

Ein anderes versucht, zwei kahlen Puppenköpfen Haare aus filziger Wolle zu zaubern. Der schwarzhäutige Halbbruder lässt Rindenschiffchen schwimmen -wo fand er hier einen Baum?- im verbeulten Waschbecken, von dem die Emaille gesplittert. Seinen größten Schatz, eine Zigarrenkiste voll falscher Zähne -was sieht er darin?- lässt er nicht aus den Augen.

Die bleichsüchtige Sonne sinkt schon hinter der turmhohen Abfallhalde, da drücken die Männer ihre geliehenen, rumpelnden Karren, voll beladen mit Papierfetzen und Lumpen, am Bahngeleise entlang zur Stadt.

Die ersten Steine fliegen! „Stinkmenschen!", der Name, von guten Bürgern erfunden, aus vollen Bäuchen gerülpst, von harten Lippen gespien, schwellen an zum Schrei.

Der fette Altwarenhändler wartet am Tor: der Schnaps für morgen ist sicher.

Herr, wann kommt Dein Tag, wann errichtest Du endlich Deine Müllverbrennungsanlage bei Santiago de Chile? ADVENIAT!

Da gab es noch ein Problem. Viele Priester wollten angesichts des Kinderelends in der Welt das romantischste und beliebteste Weihnachtslied des deutschen Christenvolkes „Stille Nacht" nicht mehr im Gottesdienst singen lassen. Aber das war fast unmöglich, wenn man die Kirchenbesucher nicht sehr verärgern wollte. Doch elternlose, kranke, geschändete, verhungernde, verfolgte, flüchtende Kinder in vielen Ländern, sogar Kindersoldaten, -und dann die schöne zu Herzen gehende Weise mit dem rührseligen Text vom „trauten, hochheiligen Paar" samt dem „Knaben im lockigen Haar". Welcher Seelsorger konnte das verantworten, wenn er gleichzeitig seiner Gemeinde zeigen wollte, dass neben der Krippe im Stall schon der Schatten des Kreuzes sichtbar wird?

Da kam Hansjörg der Versuch eines Benediktinermönchs in die Hände, ein Text, den man theologisch verantworten konnte. Und siehe da: Das fromme Kirchenvolk, das diesen Text auf Zetteln in die Hand bekam, ertrug den Verlust des altvertrauten Idylls erstaunlich gefasst und sang mit gewohnter Inbrunst etwas, was auch Pfarrer Kindler ohne zu erröten mitsingen konnte.

Stille Nacht, Heilige Nacht,
die der Welt Heil gebracht,
da von seinem erhabenen Thron
Gott uns sandte den einzigen Sohn:
Christ, den Retter der Welt.

Stille Nacht, Heilige Nacht.
Schaut das Kind! O wie lacht
heut uns Gottes unendliche Huld.
Wirst uns Bruder, trägst unsere Schuld:
Christ, wie danke ich dir?

Stille Nacht, Heilige Nacht,
Hirten erst kundgemacht
durch der Engel lobpreisenden Chor;
rings auf Erden nun schallt es empor:
Christ, der Retter, ist da!

Kurt Tucholsky schrieb einmal: „Die meisten Leute feiern Weihnachten, weil die meisten Leute Weihnachten feiern!" Aber bei einer Umfrage:- „Wann denken Sie an Gott?" - war die zweithäufigste Antwort: „An Weihnachten". Und das ist ja irgendwie tröstlich.

Hansjörg hatte einen Onkel, der schwer verwundet aus dem Krieg heimgekehrt war. In Norwegen hatte er ein Bein verloren. Er war der Wirt in dem kleinen Hotel, in dem Hansjörg die meisten Kinder- und Jugendjahre verbrachte. Der Onkel ging nie in die Kirche. Aber am Heiligen Abend, wenn die Kerzen am Christbaum brannten, sang er mit Inbrunst: „Schlaf wohl, du Himmelsknabe du ..." Und bei der Strophe „Bald bist du groß, dann fließt dein Blut von Golgotha herab ..." schluchzte er vor Rührung. Doch als ein junger Mann, der am Weihnachtsabend Licht in der Gastwirtschaft gesehen hatte, an die Tür klopfte und fragte, ob er etwas essen und trinken könne, wurde er nicht hereingelassen. Die jüngste Tante keifte dazu: „Das ist eine private Feier!" Hansjörg schrie seine Verwandten an, ob sie denn überhaupt nicht verstünden, dass sie jetzt vielleicht den Herrn selbst weggeschickt hätten wie die Wirte damals in Bethlehem?

Später hörte er auf einer katechetischen Tagung einen bekannten Universitätsprofessor, einen Pastoraltheologen, die Weihnachtsgeschichte erzählen. Lebendig und anschaulich und vor allem auch für Kinder verständlich. Nach dem begeisterten Beifall der Zuhörer lächelte er und sagte: „So erzählt es die Kindergartenschwester, aber dabei hat höchstens der Name Bethlehem gestimmt. Biblisch war das nicht!"

Wahrscheinlich wollten ja die „bösen Wirte" einer jungen Frau nicht zumuten, in einer überfüllten Karawanserei inmitten von lagernden Männern und Kamelen ihr Kind zu gebären. Und das Paar war dankbar, in einer Stallgrotte unbelästigt bleiben zu können.

Hansjörg hatte guten Kontakt zu einem Waisenhaus. Wenn aber jemand aus der Gemeinde ihn bat, ein Waisenkind für Weihnachten zu „besorgen", sagte er öfter Nein. Ein elternloses Kind einen Abend lang mit Geschenken zu überhäufen und mit leckerem Essen und Süßigkeiten vollzustopfen, war nicht in seinem Sinn. Wenn die betreffende Familie aber bereit war, zu diesem Kind weiterhin Verbindung zu halten, es auch nach Weihnachten immer wieder zu besuchen und einzuladen, für das Waisenhaus insgesamt etwas zu tun, dann war das eine gute Möglichkeit, den Kontakt aufzubauen.

Auch einen Fremden, einen Gastarbeiter oder einen französischen Soldaten einzuladen, war nicht ganz unproblematisch. Da waren die Sprachschwierigkeiten, die fremden Essgewohnheiten und die Gefahr, dem Gast gegenüber herablassend als „Wohltäter" aufzutreten. Es gehörte viel Herzenstakt und Fingerspitzengefühl dazu, hier nichts falsch zu machen und Menschen nicht zu verletzen.

Dass der Egoismus auch nicht vor Pfarrhäusern haltmacht, erlebte Hansjörg in seiner ersten Kaplansstelle. Der Dekan wollte an Heiligabend einen Mann besuchen, der zwei Tage zuvor seine Frau verloren hatte. Hansjörg war gebeten worden, in einen städtischen Raum zu kommen, in dem alte und einsame Menschen und entlassene Strafgefangene sich wärmen und unterm Christbaum und in Gesellschaft eine kleine Mahlzeit und Weihnachtsgebäck genießen konnten. Der Kaplan sollte ihnen das Weihnachtsevangelium vortragen, mit ihnen singen und plaudern.

Als die Schwester des Dekans, sonst eine herzensgute aber ein wenig eifersüchtige Seele, die ihren hochwürdigen Bruder „anbetete", (sie hatte ihm aus Ehrfurcht noch nie einen Kuss gegeben!), von den

Plänen der beiden Geistlichen für diesen Abend hörte und dass es etwas später würde, brach sie in Tränen aus und jammerte ‚dass jetzt die ganze häusliche Feier zerstört würde. Da musste Hansjörg schwer schlucken und sich auf die Zunge beißen, um nichts Unfreundliches zu sagen.

Kaplan Kindler schrieb später mal dieses Gedicht:

HEILIGE NACHT?

Eine Hand klopft heut ans Tor,
nicht ein Mensch steht in der Kälte:
GOTT ist's, der dein Haus sich wählte!
Bleibt's bei dir nun wie zuvor?

„Das ist ein Familienfest!
Dabei darf uns keiner stören
alles soll nur uns gehören,
Caritas sorgt für den Rest."

Willst du nicht mal selbst was tun
für die Heimatlosen, Waisen?
Denn dein Herz droht zu vereisen!
Nachbarn sind aus Kamerun!

Lass die Krippe, lass den Baum!
Wichtiger als die Geschenke
ist es, dass dein Herz jetzt denke:
Ich geb heut der LIEBE Raum.

Geh und mach die Türe auf!
„Deutsche Weihnacht - trautes Heim",
schön - und doch der Ichsucht Keim.
Stoppt der Liebe Ausverkauf!

Am zweiten Weihnachtsfeiertag kamen dann die Neffen und Nichten des Pfarrers, um ihre Geschenkpäckchen abzuholen. Tante Martha, die Haushälterin, stellte sich vor den Christbaum, der schon etwas ausgetrocknet war, schwang eine Wunderkerze im abgedunkelten Wohnzimmer, rief: „Kinder, schaut mal, wie schön!" und hängte das Sternchen sprühende Stäbchen hinter sich an einen Tannenzweig. Der ganze Baum ging sofort in Flammen auf. Der Dekan riss geistesgegenwärtig ein Fenster auf und warf den brennenden Baum in den Hof hinunter - zehn Zentimeter neben den dort geparkten Renault des Kaplans.

Eine Sache lag Hansjörg vor Weihnachten immer ganz besonders am Herzen: die Aktion gegen Kriegsspielzeug. Er konnte leider nicht alle überzeugen, aber er versuchte es doch immer wieder. Heute sind ja die teilweise sehr brutalen Computerspiele noch viel gefährlicher.

Auch mit diesen Vorwürfen musste er leben: als er an Epiphanie predigte, dass es völlig gleichgültig sei, ob die Heiligen Drei Könige Magier oder andere weise Männer gewesen seien, ob sie im Kölner Dom im Schrein lägen oder nicht, ob es nur einer war oder eine ganze Karawane: die entscheidende Botschaft dieses Tages sei es, dass der Messias nicht nur zu den Juden als Erlöser gekommen sei, sondern auch zu den „Heiden", das heißt zu allen Völkern.

Da sprach ihn nach der Messe eine Dame an, die gerade einen theologischen Fernkurs absolvierte. „Jetzt gehören Sie auch zu den modernen Theologen, die alles kaputt machen! Da weiß man ja gar nicht mehr, was man noch glauben soll." Hansjörg entgegnete ihr: „Wenn es Sie beruhigt - ich habe heute Morgen noch vor dem Zähneputzen die Figuren der Heiligen Drei Könige Kaspar, Melchior und Balthasar an meine Krippe hingestellt. Und die Buchstaben C+M+B werden wieder mit geweihter Kreide über die Pfarrhaustür geschrieben werden. Die aber auch heißen: Christus Mansionem Benedicat - Christus möge dieses Haus segnen!"

Für den Palmsonntag hatten schon immer die Buben mit Hilfe der Väter Palmenstecken bzw. -stangen gefertigt, mit Kränzen und bunten Papierbändern geschmückt, die dann beim Gottesdienst links und rechts an den Bänken befestigt wurden und später als „Siegeszeichen" vor den Häusern standen. Es wurde natürlich gewetteifert, wer den längsten Palmen hatte. Wenn es regnete und die Buben von den Filialgemeinden zur Kirche kamen, floss wohl auch die Farbe der Papierbänder aufs weiße Feiertagshemd. Die Palmen waren mit der Zeit immer weniger geworden, weil sie eben viel Arbeit machten. Immer waren es nur die Jungen gewesen, die diese Triumphallee für den in Jerusalem einziehenden „König der Juden" aufstellten. Hansjörg bezeichnete ab sofort die Mädchen als gleichberechtigt. Es gab keine ersten Preise mehr; jeder und jede, egal wie hoch oder niedrig der Palmen aufragte, bekam ein schönes Taschenbuch mit Widmung zum Andenken. Als dann die Tageszeitung anrief und fragte, ob auch vor seiner Kirche wie beim städtischen Münster ein oder zwei Palmen stünden, sagte Hansjörg, bei ihm seien es über dreißig. Die Presse brachte natürlich ein Foto. Der Münsterpfarrer fragte danach in der Redaktion an, ob sie künftig eine Sonderseite für Pfarrer Kindler einrichte? Invidia clericorum - priesterlicher Neid? Hansjörg kümmerte es nicht. Er freute sich an der Freude seiner Palmenträger und dem Stolz der Gemeinde.

In Hansjörgs heimatlicher Münsterpfarrei hatte der alte Geistliche Rat, der zwar noch ein wirklicher, manchmal etwas cholerischer „Pfarrherr" war, der auch ab und zu im Stresemann und mit Zylinder zu sehen war, aber ein Herz für seine „Buben" hatte, am Gründonnerstag die Fußwaschung vorgenommen. Zwölf Männer stellten die Apostel dar, denen Jesus am Vorabend seines Leidens diesen Sklavendienst bot. Es war eine ergreifende Zeremonie, wenn der Chor dazu sang „Seht, welche Liebe uns der Herr erwiesen hat ..." Aber es war auch etwas peinlich, weil der alte Herr Arthritis hatte und nicht mehr richtig knien konnte. So mussten die Männer, vom Oberbürgermeister bis zum kleinen Ministranten, auf der obersten Altarstufe sitzen, mit dem Gesicht zur Gemeinde, ihre Schuhe und Socken ausziehen, und der Münsterpfarrer ging dann weiter unten an ihnen vorbei, schüttete aus einem Küchengefäß Wasser über die Füße und trocknete sie mit einem Frottiertuch ab. Man sah dabei die weißen langen Unterhosen des „OB" blitzen. Die Angegafften fühlten sich nicht sehr wohl dabei.

Als Hansjörg selbst Pfarrer wurde, wollte er die Fußwaschung, die kein Muss in der Liturgie des Gründonnerstags ist und bisher hier nicht üblich war, auch einführen. Aber er versuchte, aus den Fehlern der Heimatpfarrei zu lernen. Er kaufte zwölf einfache Hocker, die das Jahr über in allen möglichen Räumen verwendet wurden. Die Ministranten mussten sie vor dem Altar in zwei Reihen aufstellen, sodass die Männer seitlich zur Gemeinde saßen. Hansjörg hatte auch eine schöne Kupferkanne mit Schale von einem Schmied hämmern lassen und zwölf kleine weiße Tücher gekauft. Allerdings war es erst einmal ein hartes Stück Arbeit, zwölf Männer zu gewinnen, die bereit waren, „Apostel" zu sein. Doch Pfarrer Kindler brachte sie zusammen.

Man hätte eine Stecknadel fallen hören können, während er in dieser Stille den ersten Sechsen die Füße wusch. Dann stimmte der Chor an. Zuvor hatte Hansjörg in einer kurzen Ansprache über diesen Dienst gesprochen, den damals der niederste Sklave dem Gast erweisen musste. Und er verglich es mit dem Windelwaschen und Nachttopfleeren der Mütter und Krankenschwestern, das ja meist auch aus Liebe geschieht. Petrus wehrte sich dagegen, dass ihm Jesus diesen Dienst erweisen wollte, bis ihn der Herr zurechtwies. Eine wunderbare Stelle im neuen Testament! (Joh 13, 1-15).

Die zwölf Männer wurden danach ins Pfarrhaus eingeladen. Hansjörg besaß einen japanischen Tisch, der untertags wie eine schmale Heizungsverkleidung aussah, sich aber durch einen Knopfdruck in eine lange Tafel verwandelte. Der Pfarrer segnete Bauernbrot, Speck und Wein, und er bediente selbst seine Gäste . Der Arbeiter unterhielt sich hier mit dem Direktor, und der Studienrat plauderte mit dem Bauern. In der Stunde vor Mitternacht waren dann alle wieder in der Kirche zur Anbetung. Jeder der zwölf erhielt auch zum Andenken eine Holztafel mit der Darstellung des Abendmahles und im Vordergrund die Fußwaschung des Petrus von einem mittelalterlichen süddeutschen Meister.

Im nächsten Jahr hatte Pfarrer Kindler sechs „Ehemalige" und sechs Neue, danach zwölf andere Männer und so weiter. In immer mehr Familien hing mit der Zeit im Herrgottswinkel diese Tafel mit der entsprechenden Jahreszahl zur Erinnerung.

Die Feste reihten sich aneinander, die göttliche Spirale setzte immer wieder einen Ring an: nach der Fastenzeit die Karwoche mit den Heiligen Drei Tagen, die strahlende Osternacht, Pfingsten, Himmelfahrt, die Heiligenfeste.

Mit dem Weißen Sonntag, dem Festtag der Erstkommunikanten, hatte es Hansjörg auch nicht immer leicht. Seine Pfarrei war überschaubar, und er brauchte keine Helfer, welche die Vorbereitung in Gruppen übernahmen, wie es heute wegen des Priestermangels und der Mammutpfarreien meist üblich ist. Er legte Wert darauf, dass die Kinder ihren Pfarrer auch außerhalb der Schulstunde und des Kindergottesdienstes sahen. So unterrichtete er einmal im Pfarrsaal, wo die Kinder an Tischen sitzen, schreiben und malen konnten. Die zweite Wochenstunde war dann in der guten Stube des Pfarrhauses, wo alle auf dem Teppich saßen. „Das Klassenzimmer seht ihr noch oft genug", meinte der Pfarrer. Der Kommunionunterricht sollte etwas Besonderes sein.

Aber am Fest des Heiligen Geistes konnte man in der Zeitung lesen: „Pfingsten ganz im Zeichen des Fußballs". Und Himmelfahrt ist schon längst zum Vatertag geworden mit Männerausflügen und großem Besäufnis.

Die Osternacht war natürlich der absolute Höhepunkt. In dieser „wahrhaft seligen Nacht ", in der das Lumen Christi besungen wurde, die Orgel wieder spielte und die Glocken „von Rom zurückgeflogen kamen" und läuteten, dachte Hansjörg an das Kloster Sagorsk bei Moskau, das er einmal besuchte, und wo sich die orthodoxen Gläubigen inmitten der atheistischen Sowjetunion um den Hals fielen und sich zuriefen: „Christus ist erstanden! Ja, er ist wahrhaft auferstanden!"

Sein jüngster Ministrant durfte ein Licht an der Osterkerze entzünden, und alle Buben zogen dann mit ihrem Pfarrer Halleluja singend durch die Räume des Pfarrhauses bis ganz nach oben unter das Dach, wo sie sich um den niederen runden Tisch herumsetzten, der einmal der Stammtisch im großelterlichen Hotel gewesen war, darunter griffen und dort ihr Osternest fanden.

Aber wenn Hansjörg dann in der Tageszeitung eine Anzeige des bekanntesten Hauses für Kinderkleidung las, knirschte er wieder mal mit den Zähnen:

„Zur Erstkommunion: Bereit für die glanzvolle Premiere. Der junge Mann im Blouson-Anzug im Spencer-Stil. Die junge Dame im zauberhaften Kleid im „Romantic Style" mit großem Spitzenkragen.-"

Und dann die horrenden Preise! War das eine Einladung für Debütanten beim Wiener Opernball? Oder hat Jesus gesagt: „Lasst Puppen zu mir kommen!?"

Hansjörg ließ aber die Eltern entscheiden, ob sie individuelle Kleider haben wollten oder sich entschlossen, wie es in vielen andern Pfarreien üblich war, ein geliehenes weißes Gewand, für alle gleich ,zu wählen. Wer vernünftig war, gab den Kindern etwas, das auch später, vielleicht etwas umgearbeitet, noch verwendet werden konnte. Oder man konnte es gebraucht an den nächsten Jahrgang weitergeben.

Nur sollten die Geschenke passend zum Anlass sein. Das neue Fahrrad oder ein Walky-Talky mussten nicht gerade zum Weißen Sonntag geschenkt werden. Heutzutage ist ja die Auswahl der technischen Geräte, die Kinder sich wünschen könnten, unendlich groß. Dazu sind die Geburtstage oder der Schulabschluss da. Aber damals kündigte Hansjörg an, jede neue wasserdichte, vielsteinige und mit mancherlei Raffinessen ausgestattete Armbanduhr vor dem Gottesdienst wegzuzaubern. Er wusste, warum!

Es gab Eltern, die vor dem Fest zusätzliche Arbeit annahmen, um die „Minihochzeit" bezahlen zu können, oder die sich verschuldeten. Hansjörg kannte Familien, die mit der Patin oder dem Paten jahrelang böse waren, weil diese dem Kind zur Erstkommunion keine Perlen, keinen Goldschmuck oder gar Aktien geschenkt hatten.

Wenn dann ein Tag nach dem Fest Anrufe ins Pfarrhaus kamen, man müsse sofort wissen, wann im nächsten Jahr die Erstkommunion sei. -in neuerer Zeit sind auch andere Termine als der Sonntag nach Ostern möglich- denn man könne sonst das Hotel für das Festessen nicht reservieren, da wurde Pfarrer Kindler etwas ungnädig.

Viele bekannten, dass dieses Gedicht Hansjörgs der Wirklichkeit entsprach, und mancher Mitbruder bat ihn, es auch in seinem Pfarrbrief abdrucken zu dürfen:

Ein Anlass?

Patentante kann vor Rührung
nicht mehr aus den Augen sehn.
Und die Oma muß dem Engel
schnell nochmal die Locken drehn.

Hast du alles, Täschchen, Kränzchen?
Süß ist sie, die kleine Braut!
Papa denkt: was das nur kostet,
unser Urlaub ist versaut!

Schönster Tag im Kindesleben!
predigt laut der Herr Pastor.
Habt den Heiland ihr im Herzen,
öffnet sich das Himmelstor.

Doch mit vierzehn, fünfzehn Jahren,
das lehrt die Erfahrung schon,
weil sie auch noch Eltern haben,
gehn die „Engel" in Pension.

Mittags wird dann recht gefeiert.
Paps, beim fünften Glase Wein,
hat den Anlaß längst vergessen
und erzählt vom Sportverein.

Er besuchte in der Vorbereitungszeit immer alle Familien seiner
Erstkommunikanten, und da erlebte er nicht nur Erfreuliches. Entweder saß die ganze Sippe vor dem Fernseher, dachte nicht daran,
ihn auszuschalten oder gar dem Kaplan oder Pfarrer einen Stuhl
anzubieten. Und wenn eine Mutter sich dazu bequemte, ihm zuzu-
hören, was er von ihrem Kind zu sagen hatte, dann lief der Kasten in
voller Lautstärke weiter. Manchmal wurde die Wohnungstüre auch
nur einen Spalt weit geöffnet, und eine verwunderte Stimme fragte
den schwarzen Mann mit dem runden weißen Kragen: „Wer sind

Sie?" Da war er vielleicht schon zwei oder drei Jahre in der Gemeinde und der Religionslehrer der Tochter oder des Sohnes.

Einmal schloss sich ein Vater im Schlafzimmer ein bis Hansjörg wieder weg war, der sich stehend am Küchenbuffet mit der Mutter über ihr (Problem-) Kind unterhielt. Aber das waren Ausnahmen. Die meisten Eltern freuten sich über den Besuch und waren auch neuen Vorschlägen gegenüber aufgeschlossen.

Doch auch über einen Mitbruder ärgerte sich Hansjörg einmal grün und blau. Ein Mädchen war in seiner Religionsklasse, dessen Eltern aber zur Nachbarpfarrei gehörten. Sie lebten in einer ungültigen Ehe, und die Frau wäre so gern mit ihrem Kind zur Kommunion gegangen. Die Kirche kennt die sogenannte „sanatio in radice, die „Heilung in der Wurzel". Der Mann legte keinen Wert auf eine kirchliche Trauung, war aber bereit, sie seiner Frau und seinem Kind zuliebe zuzulassen. Nach einigen Hausbesuchen und freundlichen Gesprächen war er einverstanden. Hansjörg informierte den zuständigen Pfarrer und bat ihn, alles vorzubereiten. Er holte die Eheleute mit seinem eigenen Wagen ab und fuhr sie zur Nachbarkirche. Beide hatten sich schick gemacht, ihre besten Kleider angezogen. Der liebe Mitbruder holte sie in die Sakristei an den Ankleidetisch, hängte sich eine Stola um und ließ sie so das Jawort erneuern. Das Ganze war in drei Minuten geschehen. Keine Kerze, keine Blumen, keine kleine Ansprache. Hansjörg hatte eine solche Wut; er hätte diesem gefühllosen Priester des Herrn gern einige bitterböse Worte gesagt. Aber er wollte die Situation ja nicht noch verschlimmern.

Hansjörg Kindler lud die Eltern auch zu einer Ausstellung von Büchern und geschmackvollen Devotionalien in den Pfarrsaal ein, die er mit den örtlichen Geschäften zusammen organisiert hatte. Hier konnten sich alle beraten lassen und passende Geschenke aussuchen.

Jeder Pfarrer wird vor dem Weissen Sonntag mit Andenken - Katalogen der katholischen Verlage überschüttet. Hansjörgs Erstkommunikanten bekamen immer ein kleines Bronzekreuz des Kölner Künstlers Egino G. Weinert. Ein Bild ging leicht verloren; so ein kleines Kreuz konnte jemanden durchs ganze Leben begleiten. Die Kinder erhielten es eine Woche später während einer Buswallfahrt zu einem Marienheiligtum. Aber die schönen Kataloge wanderten nicht ins Altpapier. Sie dienten Hansjörg als Fleißbildchen. Und je größer diese natürlich waren, umso begehrter waren sie.

Von einem Jungen, es war das „Problemkind", dessen Vater ein Gespräch mit dem Pfarrer verweigerte, kam im Unterricht nie eine Antwort. Hansjörg überlegte ernsthaft, ob er diesen Bub zulassen dürfe, denn es war ihm zweifelhaft, ob er „den Leib des Herrn unterscheiden könne." In der Schule wurde das Kind von den andern oft gehänselt, weil es schmutzig und ungepflegt war.

Im Religionsbuch gab es eine linolschnittartige Darstellung des himmlischen Hochzeitsmahles. Männer und Frauen sitzen an einer langen Tafel vor Tellern und Bechern, und Jesus sitzt mit ausgebreiteten Händen am Kopfende. Hansjörg fragte: „Wer ist das?" Einer antwortete: „Gott!" Da fuhr der Finger des kleinen Andy in die Höhe: „Das ist Jesus!" „Warum?", fragte ihn Hansjörg. „Der hat doch die Wundmale!", meinte Andy und zeigte auf die zwei winzigen roten Punkte in den Handflächen der Person., „Toll, Andy, dass verdient das größte Fleißbild." Der kleine Schmutzfink strahlte, das Eis war gebrochen, und Pfarrer Kindler bekam noch manche intelligente Antwort von ihm. Natürlich ging er dann auch verständnisvoll und andächtig zum Tisch des Herrn.

Pfarrer Kindler wollte die Kinder auch ein wenig zu religiösem Kunstverständnis erziehen. So gestaltete er einmal einen Schaukasten mit der Überschrift „Kunst und Kitsch" mit Darstellungen großer Meister, daneben die bonbonfarbigen Andachtsbildchen, die ohne Weiteres als Süßstoffersatz im Kaffee dienen konnten. Ein Mädchen aus der 3. Klasse stand sinnend davor. Hansjörg kam dazu. „Weißt du denn jetzt, was Kitsch und was Kunst ist?" „Ja, ja, die schönen farbigen, die mir so gefallen, sind Kitsch!"

Wenn Hansjörg während der Buswallfahrt die Kinder darauf aufmerksam machte, dass es in den Verkaufsbuden um die Kirche herum auch kleine gut gestaltete Bronzemedaillons oder handgeknüpfte Rosenkränze gäbe, wurden ihm doch auf der Heimfahrt wieder voll Stolz die blau gewandeten Madönnchen in der Schneekugel vorgeführt.

Zum Sakrament der Firmung bereitete er die jungen Leute, die sich gemeldet hatten, ebenso gewissenhaft vor. Die Zeiten waren vorbei, wo ganze Volksschulklassen zur Firmung geführt wurden und sich später nur noch daran erinnerten, dass es furchtbar lang ging und sie vom Bischof eine sanfte Ohrfeige bekommen hatten. Jetzt sollten die Jungen und Mädchen das, was einmal Eltern und Paten stellvertretend für sie bekannt hatten, aus eigener Überzeugung bejahen und für ihren Glauben eintreten als gesalbte „Streiter Christi". Hansjörg Kindler hoffte, dass trotz aller Lauheit, Interesselosigkeit und Unwissenheit, die er manchmal spüren musste, die Arbeit im Weinberg - oder besser Steinbruch - des Herrn nicht ganz umsonst wäre. Er hoffte auch, dass Erich Kästner nicht recht hatte mit seinem Gedicht:

„Zweitausend Jahre sind es fast,
seit du die Welt verlassen hast,
du Opferlamm des Lebens.
Du gabst den Armen ihren Gott,
du littest durch der Reichen Spott,
du tatest das vergebens.

Die Welt, die wurde nicht gescheit,
am wenigsten die Christenheit,
trotz allem Händefalten.
Du starbst umsonst -
und alles blieb beim Alten."

Und diese kleine Geschichte, die Kindler irgendwo fand, tröstete ihn :

„Ein junger Mann betrat im Traum einen Laden. Hinter der Theke stand ein Engel. Hastig fragt er ihn: „Was verkaufen Sie, mein Herr?" Der Engel antwortet freundlich: „Alles, was Sie wollen." Da begann der junge Mann aufzuzählen: „Dann hätte ich gern das Ende aller Kriege in der Welt. Frieden im Heiligen Land, bessere Bedingungen für die Randgruppen der Gesellschaft, Beseitigung der Elendsviertel in Lateinamerika, Arbeit für die Arbeitslosen, mehr Gemeinschaft und Liebe in der Kirche und, und ..." Da fiel ihm der Engel ins Wort: „Entschuldigen Sie, junger Mann, Sie haben mich falsch verstanden; wir verkaufen keine Früchte, wir verkaufen nur den Samen."

An Fronleichnam erinnerte er sich daran, wie er - obwohl schon ein Jahr im Jungvolk - als Bub mit der Prozession durch die Hauptstraßen der Heimatstadt gezogen war, während am Straßenrand die Gestapoleute ihre Notizen machten.

In seiner Gemeinde war es nicht mehr möglich, wegen des Verkehrs auf der Bundesstraße zu gehen. Es war auch gar nicht nötig. Denn um seine Pfarrkirche herum gab es herrliches Grüngelände. Die Gläubigen der Teilgemeinden kamen dazu, die Altäre wurden etwas „modernisiert", und der Ministrant, der des Pfarrers tragbaren Lautsprecher umhängen hatte, wurde von den andern mehr beneidet als der Rauchfassträger. Bis ans Ende der Prozession konnte man so die Gebete und Lieder verstehen. Wenn auch in anderen Gemeinden die Prozession aus verschiedenen Gründen abgeschafft wurde, weil man vielleicht fürchtete, dass hier eine falsch verstandene Eucharistieverehrung tradiert wird, die nur „anbetet" und nicht mehr „isst" oder einfach ein Prozessionsweg fehlte, sagte sich Hansjörg :

„Mein Gott, wenn ich mich mit dir nicht mehr sehen lassen kann, was soll ich dann noch auf den Straßen dieser Welt?"

Erntedank war auch ein wichtiger Tag, vor allem für die Bauern in Hansjörgs Gemeinde, die danken und bitten wollten. Wenn nach der Segnung der Erntegaben viele Päckchen zusammengestellt wurden, welche die Erstkommunikanten zu den Alten und Kranken brachten, dann wurde das Zusammengehörigkeitsgefühl der Gemeinde wieder besonders spürbar.

Pfarrer Kindler war bereit, weiter zu säen. Wenn nach dem Kirchenjahr das Kalenderjahr zu Ende ging, war er um Mitternacht in seiner Kirche und ließ eine Viertelstunde lang die Glocken läuten.

Mit den Nachbarn, die durch das Geläute angezogen wurden, sang er: „Der du die Zeit in Händen hast, so nimm auch unsrer Jahre Last, und wandle sie in Segen ...". Und betete mit Eduard Mörike:

> „In ihm sei's begonnen
> der Monde und Sonnen
> an blauen Gezelten des Himmels bewegt.
> Herr, dir in die Hände
> sei Anfang und Ende,
> sei alles gelegt!"

Weil der erste russische Kosmonaut Juri Gagarin berichtete, er habe auf seinem Weltraumsprung keine Engel vorbeifliegen sehen, und als der Schweizer Schriftsteller Erich von Däniken seine Bücher auf den Markt warf und überall Vorträge hielt, veröffentlichte Hansjörg dieses Gedicht zum Himmelfahrtstag:

ASTRONAUT

Der Däniken hat es entdeckt:
Jesus war Astronaut,
und hat, das ist der Knalleffekt,
ein Raumschiff sich gebaut.

Er startete nach Ostern dann,
denn er war niemals tot
als Superweltraumsteuermann
beim ersten Morgenrot.

Dort sitzt er nun auf einem Stern
und schaut auf uns herunter.
Mit UFOs spielt er schrecklich gern,
die seh'n wir dann mitunter.

Das war die ganze Himmelfahrt!
Glaubt nicht der frommen Predigt!
Der Däniken erklärt das smart,
die Kirche ist erledigt.

Es finden immer Dumme sich
für so Entdeckerlaunen;
vielleicht, vielleicht mein' ich auch dich
doch du wirst einmal staunen!

 KURZE NACHLESE

Der kleine Franz hat auf dem Speicher alte Spielsachen gesucht und dabei in einer Schachtel das Nikolausgewand des Vaters entdeckt. Wütend stürmt er in die Wohnung: „So, jetzt weiß ich's. Den Nikolaus gibt's nicht, das Christkind und der Osterhase ist auch der Papa. Und die Babys bringt auch nicht der Klapperstorch, die werden gebohren, und den Bohrer find' ich auch noch!"

Es ist Fastenzeit, und die liebe Gattin hat zum Abendbrot eine kleine „Wochenschau" zusammengestellt. Vater beginnt sofort zu essen. „Willst du nicht beten?" fährt ihm seine Frau in den ersten Bissen. „Warum denn?" entgegnet er. „Auf diesem Tisch befindet sich nichts, das nicht mindestens schon dreimal gesegnet wurde."

Werbetrick: Ein attraktives Thema hatte der Kaplan einer westfälischen Gemeinde für seinen Jugendvortrag gewählt: „Kuss um Mitternacht." Er sprach dann über die Untreue des Judas und die geforderte Treue zur Kirche. Ein Kommentator: Wie wäre es mit dem Thema „Feuer im Festsaal" zu Pfingsten?

Ein Junge geht zur Firmung und bittet seinen Onkel, doch sein Firmpate zu sein. Der Onkel überlegt und sagt: „Das kann ich nicht machen, da ich einen anderen Glauben habe." Der Junge sagt „Aber wir sind doch beide katholisch!" Der Onkel aber meint: „Du glaubst, du bekommst eine Uhr, und ich glaube das nicht!"

In bayerischen Barockkirchen war es früher üblich, am Pfingstfest während des Gottesdienstes aus einer Öffnung in der Kuppel eine weiße Taube als Symbol des Heiligen Geistes in den Kirchenraum fliegen zu lassen. Der Mesner ist hinaufgeklettert, die ganze Gemeinde blickt nach oben und wartet auf den feierlichen Augenblick. Da wird das Gesicht des Mesners in der Kuppelöffnung sichtbar, und er ruft herunter: „Herr Pfarrer, de Heilig Geischt hot d Katz gfresse"!

Fronleichnamsprozession in Köln. Eine Dame, die mit ihrer Freundin vom Straßenrand aus zuschaut, ruft entzückt, als die Erstkommunikantinnen in Spitzenkleidchen und mit Kränzchen im Haar vorbeiziehen: „Schau mal, die süße weiße Mädelscher!" Da antwortet eins von ihnen empört: „Wir sind kei weiße Mädelscher, wir sind Engelscher, du Arschloch!"

Fronleichnamsfest im Schwarzwalddorf. Alle sind aufgestellt, die Ministranten, die Erstkommunikanten, die Jugend, die Frauen und Männer in Tracht, der Kirchenchor. Die Musikkapelle beginnt zu spielen. Da tritt der Geistliche im Chormantel mit der goldenen Monstranz in den Händen unter den vom Stiftungsrat gehaltenen Traghimmel. Als die Prozession sich in Bewegung setzt, sieht der Pfarrer entsetzt, dass in der Monstranz keine Hostie ist. Da murmelt er: „Ebbes vegisst mer doch ällewiil - etwas vergisst man doch immer!"

Pfarrer Reiter ereifert sich auf der Kanzel für die Wunder der Natur. „In jedem Grashalm steckt eine Predigt!" Anderntags geht der Doktor am Haus des Geistlichen vorbei, der gerade den Rasen mäht. „Nun, Herr Pfarrer", sagt der Doktor, „es freut mich zu sehen, dass Sie Ihre Predigten kürzen."

Ein Pfarrer trifft ein Gemeindemitglied auf der Straße. „Sagen Sie", spricht der Pfarrer ihn an, „ich habe Sie schon lange nicht mehr in der Kirche gesehen." Antwortet das Gemeindemitglied: „Wissen Sie, Herr Pfarrer, da sitzen so viele Heuchler drin". „ Der Pfarrer entgegnet: „Kommen Sie ruhig, auf einen mehr kommt es dann gar nicht an."

DIE PFARRHAUSPERLE

Pfarrer Kindler schenkte seiner Haushälterin zum Einstand einen schön gerahmten chinesischen Spruch: „Viele Männer machen ein Lager -ein Heim aber kann nur eine Frau machen." Sein Erzbischof drohte jedem Pfarrer, der keine Haushälterin fände, ihn wieder zum Kaplan zu machen, weil er diese Herren kannte, bei denen sich das schmutzige Geschirr in der Küche stapelte und die schmutzige Wäsche im Badezimmer, deren schwarzer Anzug mit Flecken und ihre Schultern mit Schuppen bedeckt waren. Hansjörg kannte einen, der wenigstens sein schwarzes Telefon abstaubte, weil das seiner Ansicht nach am meisten auffiel.

Kindler hatte das Glück, in seiner zweiten Kaplansstelle die Schwester des Kolpingseniors aus seiner ersten Kaplansstelle kennenzulernen. Sie leitete einen Kindergarten für Behinderte und arbeitete sehr aktiv in der Gemeinde mit. Als Hansjörg dann sein Pfarrexamen hinter sich hatte und es klar war, dass er bald seine eigene Pfarrei bekäme, fragte er Verena G., ob sie mit ihm käme, und sie sagte gerne Ja. Ihre Arbeit im Kindergarten war beendet, aber es dauerte noch einige Zeit bis zum endgültigen Umzug.

Nun kannte Kaplan Kindler einen gemütlichen Landgasthof, zu dem er gerne ab und zu hinfuhr, wenn er Besuch hatte. Auch aus der nahen Schweiz kamen viele Gäste dorthin. So fragte er die sympathische (evangelische) Wirtin, ob sie vielleicht seine zukünftige

Haushälterin für zwei Monate aufnehmen würde. Es klappte, Verena ging hin, und da sie schon gut kochen konnte - nach dem frühen Tod der Mutter sorgte sie für den Vater und drei große Brüder - fiel es ihr nicht schwer, täglich 100 Mittagessen à la carte zuzubereiten. Die beiden Frauen freundeten sich an, und Verena bekam die Geheimrezepte der Wirtin verraten. Davon profitierte Hansjörg viele Jahre. Seine Haushälterin protestierte nie, wenn er dann einmal ankündigte, er würde zehn Gäste mitbringen. Er hatte sich nämlich vorgenommen, einmal ein gastfreundliches Haus zu führen.

Über den Umbau des hundertjährigen Hauses wurde schon an anderer Stelle berichtet. Als er in seinen Diakonatsferien seinen Freund Alfons besuchte, der Kaplan in einem Schwarzwaldstädtchen war, hatte er ein Aha - Erlebnis. Es war Zeit zum Abendessen. Hansjörg hatte den Chef von Alfons noch nicht gesehen, sie hatten sich auf der Kaplansbude unterhalten. Der Pfarrer stammte übrigens auch aus der gemeinsamen Heimatstadt. „Ich geh' schnell ins Wirtshaus und komme danach wieder zu dir", meinte Hansjörg. „Nein, warte doch", sagte Alfons, „ich stelle dich dem Chef vor und frage ihn, ob du mitessen kannst." Mit unfreundlicher Miene wies dann der Pfarrherr seinen Hilfspriester zurecht: „Herr Kaplan, so etwas müssen Sie vorher sagen, damit die Damen in der Küche sich danach richten können." Hansjörg durfte dann doch mit an den Esstisch, obwohl er am liebsten geflohen wäre. Eine riesige schon vorbereitete Platte mit Wurst, Schinken, Käse und Eiern wurde hereingetragen, von der die Hälfte wieder zurückging. Hansjörg nahm sich vor, dass bei ihm niemals so etwas passieren dürfe. Und die Frau, die einmal für sein leibliches Wohl sorgte und das Haus in Ordnung hielt, sollte auch nicht getrennt von ihm das essen müssen, was „vom Tisch des Herrn" übrig blieb.

In der Regel des Heiligen Benedikt heißt es ja, man solle .jeden Gast wie Jesus selbst empfangen. Hansjörg war diese Ehre einmal zuteil geworden, als er wegen seiner Diplomarbeit in der Bibliothek eines Benediktinerklosters recherchieren musste und vom Vater Abt zum Essen eingeladen wurde. Die Mönche saßen im Refektorium links und rechts an den Wänden auf Bänken, und vor dem Tisch des Abtes stand ein weiß gedeckter Tisch mitten im Saal. Hansjörg war der einzige Gast und durfte daran Platz nehmen. Ein Bruder bediente ihn, und als dem aus Versehen eine Gabel hinunterfiel, kniete er demütig vor dem Abtstisch nieder, bis der Klostervorsteher mit dem Schlag eines Hämmerchens anzeigte, dass die Bußübung beendet sei. Der ganze Konvent wartete schweigend, bis der Ehrengast seine Mahlzeit beendet hatte. Der Nachtisch war ein gewaltig großer Apfel, und Hansjörg wagte es nicht ,aufzuhören ,bis er auch diesen aufgegessen hatte.

Trotz oder wegen dieser Erfahrung hängte er aber später bei seinen Gastzimmern einen anderen chinesischen Spruch auf:

„Gäste sind wie Fische -nach drei Tagen stinken sie!" Er wurde mit Humor akzeptiert.

Hansjörg hatte einmal antiquarisch ein stockfleckiges Büchlein von 1859 erstanden :

Speculum Pastorum (das ist: Pfarrer - und Seelsorgerspiegel). „Darinnen auserlesene Practica, Casus und Denkwürdigkeiten erfahrener Seelsorger enthalten, auch mancherlei Kennzeichen sowohl eines rechtschaffenen Pastor bonus als eines traurigen Mercenarius beschrieben werden.

Zum Nutzen und Vergnügen hochwürdiger Stadt- und Landpfarrer, Kapläne, Prediger, Dom-, Stifts- und Klosterherren."

Darin stand z.B. in dem Kapitel „Vom Umgange mit Frauenspersonen: Verhüte (?!) es sorgfältig, dass niemals oder wenigstens sehr selten Weibspersonen deine Wohnung betreten. Man muss Mädchen, selbst Gott geweihte Jungfrauen, entweder alle gleich ignorieren oder alle gleich lieben ... Vergiss nicht, dass ein Weib es gewesen, das den Paradiesbewohner aus seinem Besitze vertrieben hat. Solltest du erkranken, so lass dir von einem Manne, oder sofern sich nur Weiber zu diesem Dienste sollten finden lassen, von einer Schwester oder Mutter, oder wenigstens einer Person von bewährter Tugend aufwarten."

Und im Abschnitt „Meine Köchin und ich" gibt es eine ernste Warnung mehr: „Es muss doch schon eine merkliche Verblendung, ja eine ägyptische Finsternis sein, wenn Pfarrer noch kein Ärgernis sehen, die da als zweites Wort immer ,Meine Köchin und ich - ich und meine Köchin im Munde führen, - mit der Köchin an Einem Tisch speisen, - mit der Köchin Nachbarsvisiten machen, - mit der Köchin in Wagen oder Schlitten bald auf den Jahrmarkt, bald auf Kirchweihen fahren, kurz allezeit die Jungfer Köchin zur Schau umführen."

Und : „Zwei Dinge sind lächerlich, das dritte ein Spott. Wenn die Küche herrscht und der Pfarrer gehorcht. Wenn die Küche räsonniert und der Pfarrer schweigt. Wenn die Küche droht und der Pfarrer erbleicht."

Hansjörg lernte schon einige Confratres kennen, die sich streng an solche Regeln und Ratschläge hielten. So gab es einen passionierten Stumpenraucher, für den im ganzen Pfarrhaus seine „braunen Rauchopfer" verteilt sein mussten, auch auf den Fenstersimsen im Treppenhaus, damit er gleich wieder zugreifen konnte, wenn das letzte ausging. Seine Haushälterin wurde wie eine Dienstmagd behandelt, die in der Küche das essen durfte, was halbkalt vom „Herrentisch" zurückkam. An Weihnachten bekam sie dann eine Küchenuhr geschenkt, und der Pfarrer bestimmte noch selbst, an welchem Platz sie aufgehängt wurde.

Früher war es bei kinderreichen Familien üblich, dass eine Schwester zum hochwürdigen Bruder zog, um ihm den Haushalt zu führen. Die Zeiten sind vorbei. Heute ist es meist eine Seelsorgshelferin, eine Erzieherin oder Jugendleiterin, die sich dafür bereit erklärt. Und da ja keine Frau freiwillig zu einem Priester zieht, den sie nicht leiden kann, gibt es manchmal auch Probleme mit dem Zölibat. Die höheren Ränge ab Bischof können sich da mit Ordensschwestern behelfen. Früher wurden die Frauen, deren Arbeit lange nicht zu den kirchlichen Berufen gerechnet wurde, schlecht entlohnt und vertröstet: „Du erbst einmal alle meine Möbel und Bücher!" Was sollte die Arme mit der veralteten theologischen Literatur anfangen, für die der Antiquar -wenn überhaupt - noch Pfennige zahlte? Und da sie ja auch nicht viel zurücklegen konnte, landete sie oft in einem einfachen Altersheim, wohin sie natürlich auch keine Möbel mitbringen durfte.

Die Amtskirche ist da fein heraus. Das „hohe und heilige himmlische Gut des Zölibats" erlaubt ihr, eine vakante Stelle gleich wieder zu besetzen, ohne für eine Witwe und Kinder sorgen zu müssen.

Heute gibt es Zusammenschlüsse von Haushälterinnen einer Diözese, eine Art Gewerkschaft, und das Gehalt soll auch entsprechend höher geworden sein.

Als einmal auf einer solchen Versammlung, bei der auch Hansjörg anwesend war, der verantwortliche Domkapitular sagte, wenn der Pfarrer nicht im Hause sei, müsse auf jeden Fall die Haushälterin da sein. Nicht um Besucher zu empfangen, nein, „das hochwürdigste erzbischöfliche Ordinariat" könnte ja anrufen, und dann nehme niemand den Hörer ab." (Es war noch die handylose Zeit!) Aber Kindler hatte schon einen der ersten Anrufbeantworter und protestierte darum sofort: „Meine Haushälterin hat noch viele Aufgaben außerhalb, bei einem Zweimannbetrieb können nicht immer beide oder auch nur einer da sein. Das Ordinariat möge doch bitte auf Band sprechen." Applaus aller Perlen und ein schweigender Domkapitular.

Bevor wir wieder zu Verena G. kommen, einige Erlebnisse Hansjörgs mit ihren Vorgängerinnen.

Die erste Pfarrhausfrau, die er kennen lernte, war die Perle seines späteren Beichtvaters, (der mit den zwei Kirchen), den er als Neupriester vier Wochen lang vertreten durfte. Sie züchtete Kakteen, sprach dialektfrei Deutsch und ließ eines Morgens einen Entsetzensschrei los, als Hansjörg sie zufällig mit aufgelösten langen Haaren erblickte. Später werden wir noch erleben, wie sie „auf den Hund gekommen" ist.

Die Schwester seines ersten Chefs, „Tante Martha", haben wir im Kapitel „Die göttliche Spirale" schon ein wenig kennengelernt. Kochkünstlerinnen waren sie übrigens alle, mit denen er im Laufe seiner Dienstjahre zu tun hatte. Als Badener liebte er Suppen. Ohne Suppe mittags und abends war für ihn eine Mahlzeit nicht vollständig. „Der Badener isst die Suppe sehr heiß und trinkt den Kaffee glühend." (Aus einem badischen Kochbuch). Er hatte das Glück, dass seine Chefs diese Leidenschaft teilten.

Als einmal ein Benediktinerabt als Prediger an den Fastensonntagen zur Abendandacht und hinterher zum Essen kam, sagte die Haushälterin: „Aber Suppe gibt's dann abends nicht!" Ihr Bruder, der Dekan, fragte: „Kann ich sie nicht vorher in der Küche essen?" Hansjörg drohte: „Ich gehe in den Gasthof Schwanen!" Es gab die Abendsuppe, und auch der Abt löffelte sie mit Vergnügen .

Die Küche war frisch geweißelt. Irgend jemand hatte dem Pfarrhaus eine Flasche roten Sekt geschenkt. Hansjörg sollte sie öffnen. Die Küche musste noch einmal geweißelt werden.

Die Dekansschwester war ja zuerst sehr erschrocken, als Hansjörg zum ersten Mal dort anrief, als er erfahren hatte, welche Stelle man für ihn gewählt hatte. Er fragte nämlich, ob er mit der Dame des Hauses spreche. Sie sagte zu ihrer Hilfe Toni: „Da kommt ein ganz Vornehmer!" Es wurde dann ja doch nicht so schlimm.

Etwas bemängelte Hansjörg sehr und brachte seine Kritik auch an höchster Stelle vor. Im Internat hatte man ihm ja „Männerstolz vor Fürstenthronen" beigebracht.

Wenn ein Kaplan eine neue Stelle zugewiesen bekam , wurde ihm das nicht selbst mitgeteilt, sondern nur seinem Vorgesetzten. Der sagte es ihm dann, wann es ihm passte. So geschah es einmal, dass der Mesner schon acht Tage lang wusste, was der Kaplan noch nicht erfahren hatte. Hansjörg meinte, so könnte man erwachsene Männer nicht behandeln. Der Generalvikar versuchte es mit Überlastung der Büros zu entschuldigen, aber das ließ Hansjörg nicht gelten und setzte durch, dass der zu versetzende Priester gleichzeitig ein Schreiben bekam, und zwar mit Anrede, Gruß und Unterschrift.

Allerdings akzeptierte er den Grund, warum sein erster Chef einen Tag wartete , bis er ihm verriet, dass er vom nördlichsten Zipfel der Diözese in den südlichsten versetzt sei. Hansjörg hatte nämlich am Ostermontag seine Schwester Christine getraut, die mit ihrem Bräutigam und den Trauzeugen zu ihm gekommen war. Es war ein sonniger Tag und ein wunderschönes Fest im kleinen Rahmen. Die Braut besiegte alle beim Minigolfspiel. Am nächsten Morgen sagte ihm der Dekan.: „Ich wollte Ihnen die Festfreude nicht verderben." Das war doch sehr rücksichtsvoll!

Eine Sache machte die Tante Martha dem Kaplan besonders sympathisch. Er hatte sich angewöhnt, statt Zigaretten, als er vom Asthma geheilt war, ab und zu eine Zigarre zu rauchen. Auch der Chef hatte dieses Laster, allerdings zog Hansjörg eine andere Marke vor. Die beiden Männer rauchten dann nach dem Essen miteinander. Die beiden Küchenfeen hatten nichts dagegen, im Gegenteil, sie liebten den Duft, und wenn der Chef einmal nicht da war und der Kaplan nach dem Essen gleich in sein Zimmer wollte, um dort zu qualmen, hörte er den Vorwurf: „Uns gönnt er mal wieder nichts!" Er musste dann die Küchentür öffnen und einige Rauchwölkchen hineinblasen. Um keinen Irrtum aufkommen zu lassen: die Frauen aßen natürlich am gleichen Tisch wie die beiden Geistlichen.

Hansjörg musste nach fünf Jahren Abschied nehmen und würde jetzt nicht mehr den Pfälzer Dialekt hören, wenn die Hauserin rief: „Herr Kaplon, kumme se mol runner, es sin e paar Kinner do, die Sie schpresche wolle!"

Die zweite Perle war eine rotwangige Schwarzwälderin, die von der „katholischen Seite" ihres Dorfes Tennenbronn stammte. Dort trennt nämlich die Schiltach zwei frühere Herrschaftsgebiete, wo nach dem Grundsatz „cuius regio, eius religio" frei übersetzt „wer die Herrschaft ausübt, kann auch die Konfession seiner Untertanen bestimmen", ein katholischer und ein evangelischer Teil des Dorfes entstanden, je nach dem adeligen Besitzer des Landes. Heute noch können die Bewohner an verschiedenen Dialektausdrücken feststellen, wer von diesseits oder jenseits des Baches stammt.

So sagen die Katholiken, dass sie ihren Speck auf einem „Brett" schneiden, die Evangelischen schneiden ihn dagegen auf einem „Britt". Wenn man sich setzt, sagen die Leute diesseits der Schiltach „mir hocke"; jenseits sagt man „mir hucke".

Diese Anna spielt noch eine wichtige Rolle bei den „ökumenischen Hunden" .

Aber eine Episode soll noch berichtet werden.

Auch dieser Chef war Dekan, also der Vertreter des Bischofs für ungefähr zehn Pfarreien. Der Erzbischof wohnte während einer Firmreise in dessen Haus und wurde natürlich bestens beköstigt. Er verabschiedete sich gerade von Pfarrer und Kaplan, und bevor er in seinen Wagen stieg, dessen Türe der Sekretär schon aufhielt, fiel ihm ein, dass er der Haushälterin noch nicht sein „Für Trocken und Nass Deo Gratias!" gesagt hatte. Da vom Hof aus drei Stufen zu einer Türe in die Küche führten, eilte der hohe Herr dorthin. Als er gerade hineinwollte, öffnete sich die Tür, Anna stand im Rahmen und schlug ein großes Segenskreuz: „ Gottseidank, er ist wieder weg. Alles gut gegangen!" So empfing einmal ein Erzbischof von einer Pfarrhausperle den Segen.

Aber nun wieder zu Verena, der auch dieses Buch gewidmet ist. Als das Pfarrhaus renoviert war ,erfuhr Pfarrer Kindler, dass in der Diözese Eichstätt ein vierwöchiger Kurs für Pfarrhaushälterinnen angeboten wurde. Das gab es sonst noch nirgends. Verena hatte neben ihrer Ausbildung als Erzieherin (und ihren Kochkünsten!) auch die Missio, die bischöfliche Lehrerlaubnis für die Grundschule bis zur vierten Klasse. Nun sagte ihr Hansjörg: „Da gehen Sie hin, das wird Ihnen Spaß machen. Da geht's von Diät bis Ikebana. Ich komme schon zurecht." Sie war immer bereit, etwas dazuzulernen, und das war nicht wenig, wie wir später noch sehen werden. Sie fuhr also nach Bayern.

Bei der nächsten monatlichen Zusammenkunft der Pfarrer des Dekanats fragte ihn ein Mitbruder verwundert und entsetzt : „Ich habe gehört, dass du deine Haushälterin für vier Wochen auf einen Kurs geschickt hast. Aber wer kocht dir denn?" Hansjörg entgegnete lachend: „Morgens und abends richte ich mir selbst etwas, und mittags gehe ich Abo essen in den Löwen. Die Wirtsfamilie gehört zu meinen Pfarrkindern, und die freut sich über den zusätzlichen Gast". „Oh, mein nächstes Wirtshaus ist 5 km weg!" „Und du hast kein Auto?" „Ha, doch." Hansjörg konnte nur den Kopf schütteln, aber er stellte fest, und das ist keine Übertreibung, dass es Pfarrer gab, die sich noch nie selbst ein Butterbrot geschmiert hatten.

Verena kam gut erholt und mit vielen neuen Ideen zurück. Bei einem kleinen Wettbewerb hatte sie den 1. Preis gewonnen. Es sollte die Frage beantwortet werden: „Was ist das Wichtigste beim Frühstück?" Sie sagte: „Zeit haben."

Für eine Tagung von Pfarrhaushälterinnen verfasste Hansjörg diese Verse. Es wurde ihm versichert, dass sie danach in mancher Küche aufgehängt wurden:

DIE PFARRHAUSPERLE

Die Pfarrhaushälterin ist ja
ein Mensch besondrer Sorte:
Mal zählt sie Geld für Afrika,
mal bäckt sie Linzertorte.

Und wär sie nicht, vergäß bestimmt
der Pfarrer viel Termine.
Mal ist sie heiter, mal verstimmt,
heißt Anna, Vren, Hermine.

„O mächt'ge Jungfrau, bitt für uns!",
so betet die Gemeinde.
Es läuten bei ihr Hinz und Kunz,
des Pfarrers Freund' und Feinde.

Sie lächelt, rechnet, wäscht und kocht,
und ohne sie, im Grunde,
wär'n, weil sie vieles nicht vermocht,
die Pfarrer arme Hunde.

Wir werden noch weiter von ihr hören, wie sie einen Lehrgang für Handpuppenspiel und die Ausbildung zur Offsetdruckerin mitmachte, wie sie lernte, Hansjörgs Zauberkoffer zu packen und eine perfekte Autofahrerin war. Sie starb an Krebs; ihr Grab ist im Glottertal mit der Aufschrift „Schalom - Friede." Die Trauergemeinde war groß .

Es gab natürlich auch andere „Empfangsdamen", die grimmig durch ein Guckfensterchen in der Pfarrhaustür lugten und den Besucher barsch anfuhren: „Der Herr ist nicht zu sprechen!"

Welcher Heilige wird immer mit seiner Haushälterin abgebildet? Antwort: St. Georg mit dem Drachen.

Ja, solche Drachen gibt es auch, und es kann sogar die eigene Mutter des Seelenhirten sein, der als Ödipussi das tut, was Mama anordnet.

In einem Pfarrhaus war es das Elternpaar, das dem geistlichen Sohn den Haushalt führte. Er war erst Pfarrverweser, saß also noch nicht fest im Sattel. Doch er polarisierte, in der Gemeinde entstanden zwei feindliche Parteien, und eine Delegation ging zum Bischof und bat ihn, um des Friedens willen den Mann zu versetzen. Doch den Eltern gefiel es so gut dort, dass sie, als der Versetzungsbescheid vom Ordinariat kam, dem Sohn sagten: „Bub, du bleibst!" Der neue Pfarrverweser konnte nicht in Pfarrhaus und Kirche einziehen, feierte die Gottesdienste in der Turnhalle, und es musste eine Zwangsräumung angeordnet werden. Doch als die Polizei kam, war das Pfarrhaus verrammelt. Der Pfarrverweser stand auf dem Balkon und hielt eine Rede an sein Volk. Mit einem Rammbock wurde die Türe aufgebrochen und der Widerspenstige anschließend an die württembergische Nachbardiözese „ausgeliehen". Dort wurde behauptet: „Ihr habt ihn nicht richtig behandelt. Wir werden schon mit ihm fertig." Als dann nach einiger Zeit der badische Weihbischof den württembergischen traf und ihn nach dem Rebellen fragte, sagte jener resigniert: „Mit beide Händ hond mer ihn hochghobe - un do hot er uns no neigschisse."

Ja, es ist wohl noch nicht alles damit getan, einfach nur den Zölibat zu halten – oder?

Ein liebevolles Gedenken aber gebührt noch der Schwester von Hansjörgs Heimatpfarrer. Wenn die Theologiestudenten in den Ferien nach Hause kamen, neben Alfons und Hansjörg gab es noch einige andere, und sie zusammen in der Frühmesse waren, dann hatte die feine weißhaarige Dame einen köstlichen Frühstückstisch gedeckt. Jeder durfte nachfassen, und keiner ging auch weg, ohne dass ihm der Münsterpfarrer ein Taschengeld in die Hand drückte. Viel gelacht wurde dabei auch.

Verena G. war stolz darauf, dass ihre Namenspatronin auch die Patronin der Pfarrhaushälterinnen ist. Sie soll der Legende nach einem Pfarrer in Zurzach am Rhein den Haushalt geführt haben. Ihr Grab ist dort und wird hoch verehrt. Am 1. September feiert die Gemeinde ihr Fest, und immer predigt ein Bischof oder Abt. Doch die Heilige ist auch zuständig für Mädchen, die einen Bräutigam suchen.

(Das tun sie heute wohl eher im Internet?!) Darum liegen an und auf ihrem Sarkophag Brautkränzchen, die geschenkt werden, wenn es geklappt hat und auf ihre Fürbitte die Hochzeit zustande kam. Ja, manche Heilige haben eben mehrere und verschiedene Aufgaben zu bewältigen.

Die Haushälterinnen des Dekanats kamen wie die Pfarrer einmal im Monat zusammen, um sich auszutauschen und von einem alten Monsignore einen geistlichen Vortrag zu hören. Dort machte sich Hansjörg -von ferne - unbeliebt bei seinen Mitbrüdern. Denn als beraten wurde, welcher Wochentag am günstigsten für dieses Treffen wäre, meinte Verena: „Für mich ist das der Mittwoch, da habe ich frei und kann auch das Auto vom Chef bekommen." Großes Erstaunen bei den Kolleginnen und ziemlicher Ärger bei einigen Pfarrern, die noch nicht ganz so sozial dachten.

Als dann der geistliche Berater den Pfarrhausfrauen sagte, sie müssten immer eine solche innere Haltung haben, dass sie jederzeit auch in ein Kloster eintreten könnten, da sang Verena. „Denn in so ein Kloster da ging ich nicht rein. Ich möcht' lieber beim Pfarrer Kindler sein."

Das kam auch nicht so gut an.

An Fasnacht schminkte sie ihr Gesicht, hängte sich eine Frauenmaske an den Hinterkopf, band sich eine Schürze über den Bauch und eine über den Po und schrieb groß darauf: „Vorne un hinne sott mer sii - vorne und hinten sollte man sein." Die Arbeit ging ihr wie auch dem Pfarrer wirklich nie aus. Aber sie machte beiden Freude.

Eine anonyme Hausfrau rief bei Verena. an ‚während der Pfarrer mit den Ministranten auf dem Zeltlager war. Die unbekannte Anruferin, die ihren Namen nicht nennen wollte, sagte, sie sei in der Stadt gerade hinter Pfarrer Kindler hergegangen. Er habe gewaltige Löcher in den Socken, und seine Haushälterin möge sie doch stopfen. Auf den Hinweis, der Pfarrer sei schon seit drei Tagen im Allgäu, meinte die Dame, dann müsse er einen Doppelgänger haben. Hansjörg veröffentlichte den Aufruf, das löcherige Double möge sich bitte im Pfarrhaus melden. Aus des Pfarrers elterlichem Strumpfgeschäft bekäme der Arme ein Paar neue Perlonsocken. Man hörte nichts von ihm.

Dann kam die Nachricht aus der Bischofsstadt: „Pfarrhaushälterinnen können nicht mehr nur Köchin und Putzfrau sein. Immer häufiger müssen sie aushilfsweise als Sekretärin, Caritas- und Seelsorgehelferin oder gar als Hausdame einspringen. Deshalb bietet das Veronikawerk einen viermonatigen Kursus zur Vorbereitung der Pfarrhaushälterinnen auf ihre heutigen Aufgaben an. In der eigenen Ausbildungsstätte für Leiterinnen eines Pfarrhaushaltes werden neben anderen die Fächer Religionslehre, Psychologie, Gruppenpädagogik , Methodik der Gesprächsführung, Sozialkunde, Verwaltungslehre und Maschinenschreiben sowie Krankenpflege erteilt. Außerdem soll ein Deutschunterricht angeboten werden, der unter anderem mit zeitgenössischer und anderer Literatur bekannt macht."

„Endlich haben sie's kapiert!", meinte Hansjörg.

Als Pfarrer Kindler zum ersten Mal mit seiner treuen und fleissigen Perle Verena am 1. September ihren Namenstag in Zurzach in der Schweiz feierte, schenkte er ihr dieses Gedicht:

Verena

Mit Kamm und Krug und auch mit Fisch
ist Sankt Verena, uns bekannt;
sie sorgt für eines Pfarrers Tisch
zu Zurzach in dem Schweizerland.

Am Rheine auf und ab verehrt
wird diese Heilige noch heut.
Das Mägdlein, das nen Mann begehrt,
hat eine Wallfahrt nie bereut.

Und fand die Hochzeit wirklich statt,
den Brautkranz brachte es dann dar;
Verenas Grab als Schmuck nun hat
die Kränzchen von dem Traualtar.

Doch Pfarrer wallen auch zum Grab,
die ohne Hauserin noch sind;
Verena schon so manchem gab
was er erhoffte, sehr geschwind.

Verena, obzwar lang schon tot,
vom Himmel her hilft jedermann;
in Pfarrers und in Mägdleins Not
man sich auf sie verlassen kann.

Drum ehrt die Heilige am Rhein,
die segnend ihre milde Hand
in Zurzach aus dem Grab aus Stein
hebt über Schweiz und deutsches Land.

KURZE NACHLESE

Ein Kaplan soll einmal inseriert haben: „Tüchtige, gutaussehende junge Frau, in allen Hausfrauenpflichten bewandert, die keinen Anspruch auf hohes Gehalt hat, für künftigen Pfarrhaushalt mit sympathischem Chef gesucht. Bei günstigem Ausgang des Konzils eventuell Einheirat möglich."

KIRCHENDIENER

Ein wichtiger Helfer für den Pfarrer ist der Mesner, auch Küster oder Sigrist genannt. Jeder Pfarrer kann von Glück sagen, wenn er einen tüchtigen Mann für dieses Amt gefunden hat.

Er organisiert nämlich den Kirchenputz mit oder ohne arbeitswillige Mitglieder des Müttervereins, deckt den Altar, richtet die Gewänder in den passenden liturgischen Farben, verwahrt den Messwein vor den Lausbuben, leitet auch oft die Ministrantenproben vor einem Festgottesdienst oder ministriert selbst, wenn keine Jungen (oder auch Mädchen) zur Verfügung stehen, zündet in der Osternacht das Feuer an und stellt das Becken für das Taufwasser auf, und an Weihnachten baut er die Krippe auf und errichtet die Christbäume. Manchmal weist er lästige Besucher zurecht, die fast in Badekleidung laut schwatzend oder Eis lutschend die Würde des Gotteshauses verletzen. Es kann auch sein, dass er einen Opferstockdieb erwischt, ihn einschließt und der Polizei übergibt. Ja, sehr vielfältig sind seine Aufgaben. Er muss flexibel sein, wenn ein Aushilfspriester kommt, der alles ein wenig anders macht als der eigene Chef, oder gar, wenn der Bischofsbesuch zur Altarweihe oder Firmung angekündigt ist. Es gilt, immer für Blumenschmuck und neue Kerzen zu sorgen. Mit Argusaugen entdeckt er, wo eine kaputte Glühbirne ausgewechselt werden muss.

Hansjörg Kindler traf in seiner Pfarrei einen langgedienten Sigrist an, der sich als Schlüsselverwalter „seiner" Kirche fühlte.

Einmal hatte Hansjörg bis spät nachts gearbeitet und darum den Beginn der Frühmesse verschlafen. Die Haushälterin war abwesend Da begann der Sigrist mit den frommen Frauen, die gekommen waren, den Rosenkranz zu beten, und klingelte dann den Pfarrer stürmisch aus dem Bett.

Während der Messe kniete er auf einem Betstuhl vor der Sakristei, und wenn das Glöckchen zur Wandlung schellte, erhob er sich laut hustend und verschwand in der Sakristei, um dort die Glocke (elektrisch!) zum Läuten zu bringen. Danach erschien er allerdings längere Zeit nicht mehr, um dann doch wieder sich kräftig räuspernd seinen Betstuhlplatz einzunehmen.

Hansjörg Kindler überlegte sich, wie er dem alten Mann seine Arbeit etwas erleichtern könne. Er ließ einen Elektriker kommen und eine Leitung nach draußen legen, damit der Sigrist nur die Hand ausstrecken musste, um mit einem Knopfdruck die Wandlungsglocke zu läuten.

Ein Schildchen für die „Minis", die gerne Streiche spielten, brachte Hansjörg noch an: „Berühren bei Todesstrafe verboten!"

Dem Sigrist passte die ganze Neuerung aber gar nicht, und als der Pfarrer nach dem Warum fragte, druckste er herum: „Jetzt kann man sich nicht mehr bewegen und hat keine Gelegenheit, sein Wasser abzuschlagen". Der alte Mann hatte anscheinend ein Prostataleiden, verspürte während des Gottesdienstes einen starken Harndrang und war deshalb froh, einmal in der Sakristei verschwinden zu können und von dort ins Freie, wo er erleichtert an die Kirchenmauer pinkelte.

Nun, der Schalter blieb trotzdem.

Einmal war der Sigrist wegen Krankheit verhindert und bat seinen Sohn und dessen Verlobte, beim Pfarrer deswegen anzurufen. Hansjörg hatte erst vor kurzem einen der ersten Anrufbeantworter angeschafft, und diese Apparate waren noch nicht weit verbreitet. So konnte Pfarrer Kindler am Abend diese Frauenstimme auf Band abhören: „Hallo, hallo, ist da jemand?" Männerstimme dazwischen: „Das ist dem Pfarrer sein Roboter, du musst etwas draufschwätzen!" Wieder die Frauenstimme: „Hallo, niemand da? Ach was, Scheiße!"

In einer Filialgemeinde Hansjörgs war sogar der Bürgermeister der Mesner. Als Hansjörg einmal bemerkte, dass kein richtiger Messwein vorhanden war, bat er den Dorfschulzen, die beste Flasche Wein aus dem Keller zu holen. Und als keine große Priesterhostie da war, nahm er eben eine kleine. Er dachte sich, wenn in einem Kriegsgefangenenlager eine gültige Messe mit schwarzem Kommissbrot und Traubensaft möglich war, dann sollte das ja kein Problem sein. Ein Skrupulant war Kindler nie, auch nicht in wichtigeren Dingen.

In der andern Dorfkapelle, die zur Pfarrei gehörte, wirkte eine Mesnerin, die Schwester dieses Bürgermeisters. Sie machte ihre Sache natürlich ebenso gut wie die Männer oder sogar noch besser.

Da die neue Kapelle - wir lasen an anderer Stelle davon - ökumenisch genutzt wurde, also ein Doppelschrank für beide Geistliche da war, zeigte die Mesnerin einmal aufgeregt den unverschlossenen „evangelischen" Schrank und das silberne Abendmahlgefäß gefüllt mit von dickem grünen Schimmel überzogenem Brot. Das ist natürlich für einen Katholiken ein furchtbarer Anblick, wenn auch die Evangelische Kirche eine andere Auffassung von der Gegenwart Jesu unter den Gestalten von Brot und Wein hat. Aber nach einem Gespräch mit dem lutherischen Amtsbruder kam so etwas dort nicht mehr vor.

Einmal zelebrierte Hansjörg in einer fremden, ganz modernen Kirche. Auch die Messgewänder waren sehr modern. So ging die Stola hinten bis an den Po und vorne bis zu den Füßen. Hansjörg hatte nicht bemerkt, dass diese während der heiligen Handlung am Altar von der Schulter gerutscht war und unten aus dem Messgewand herausschaute. Plötzlich spürte er die Hand des Mesners, der ihm ministrierte und nun unter dem Gewand herumfummelte und versuchte, die priesterliche Binde wieder über die Schulter zu streifen, was nach einiger Mühe auch gelang. Die Gemeinde war dabei ernst geblieben .

Hansjörg dachte an den Berliner Witz: Ein Mann versucht, im Eilschritt noch die Straßenbahn zu erreichen. Ein Hosenträger schaut aus dem Hosenbein heraus. Eine freche Göre ruft ihm nach: „Onkel, kiek ma, dein Bandwurm macht nen Fluchtversuch!"

Einmal traf Pfarrer Kindler einen Mesner, der mit einem großen Pinsel fromme Lieder singend den Altar und die Heiligenfiguren abstaubte. Beeindruckend!

Hansjörg, noch Theologiestudent, der aber schon die niederen Weihen empfangen hatte und im schwarzen Anzug steckte, machte mit einer befreundeten Familie ein paar Tage Ferien in einem kleinen Dorf am Brenner. Dort erlebte er in der Osternacht einen Mesner, ohne den das scheue Pfarrerlein völlig hilflos gewesen wäre was den Ablauf der Liturgie betraf. Denn der beschlagene Mann flüsterte dem Zelebranten aus dem Chorgestühl zu, was er als nächstes zu tun hatte.

Auf dem Altar standen von Kerzen beleuchtete Glaskugeln in allen Farben. Links und rechts waren Kulissen aufgebaut mit Grabwächtern in Andreas – Hofer – Tracht, Lederhose und Tirolerhut. Als dann die Frohbotschaft von der Auferstehung des Herrn verkündet wurde, öffnete der Priester den Tabernakel, der das nun leere Grab darstellte, und auf beiden Seiten zogen der Mesner und sein Gehilfe an einem Strick ruckzuck die Wächter in die Kulissen zurück. Dann drehte der Kirchendiener an einer Kurbel, und auf schwankendem Podest erschien die Statue des auferstandenen Christus mit der Siegesfahne in der Hand hoch über dem Barockaltar.

Der Pfarrer teilte nachher die Kommunion aus, es waren Oblaten, auch Esspapier genannt, nicht die heute verwendeten Brothostien. Der Mesner hielt die goldene Patene unter das Kinn der Gläubigen, die den Leib des Herrn empfingen, und der Priester, um besser greifen zu können, spuckte jedesmal ein wenig auf seine Finger. Man kann auch lernen wie man es nicht machen soll, dachte Hansjörg.

Ein anderer noch ziemlich junger Küster, der eigentlich gerne Priester geworden wäre, zog heimlich in der Sakristei die Paramente an und schwang begeistert das Rauchfass. Er bekannte Hansjörg, als er dabei überrascht wurde, dass es sein größter Wunsch sei, das einmal im Himmel tun zu dürfen.

Einmal zelebrierte Hansjörg während des Urlaubs im Kloster Stams bei Innsbruck. Er war mit Freund Alfons unterwegs, und sie wechselten sich ab. Einen Tag feierte der eine die Messe und der andere ministrierte und umgekehrt. Der Mesner fragte sie, ob sie gerne an den Seitenaltar wollten, wo das Haupt des Heiligen Zacharias, des Vaters von Johannes dem Täufer, aufbewahrt werde. Sie machten dem Mesner die Freude, fragten sich aber, wie diese Reliquie, deren Echtheit sie doch bezweifelten, hierher gekommen war.

Später las Kindler in seiner Pfarrei Sankt Martin in einer Urkunde, dass im Altar der Friedhofskapelle , der früheren Pfarrkirche , ein Stück vom Stabe Aarons, des ersten Hohepriesters der Israeliten, eingelassen sei. Ob da mal ein Kreuzritter nach seiner Heimkehr aus dem Heiligen Land mit einem Hölzchen einen kleinen Handel gemacht hat?

Hoffentlich stirbt dieser wichtige und schöne kirchliche Beruf des Mesners nicht aus! Die Amtskirche, die zwar über soziale Gerechtigkeit predigt, bei ihren eigenen Angestellten diese aber nicht immer verwirklicht, kann dabei mithelfen, indem sie die Leute anständig bezahlt und versichert.

In manchen Gegenden hat man's schon begriffen. So tanken z. B. Mesnerinnen und Mesner im Allgäu geistliche Impulse bei Einkehrtagen und lernen außerdem lebensrettende Handgriffe. Da wird berichtet von einem Schlaganfall während des Gottesdienstes. Die betroffene Person konnte durch gezielte Erste Hilfe schnell versorgt werden. Der Mesner sollte Bescheid wissen über die richtige Lagerung, das Einbinden der Umstehenden bis zur Verständigung von Arzt und Rettungsdienst. Man informiert sich über die Besonderheiten des Blutzuckerhaushalts vor allem bei älteren Menschen. Am Sonntag hat mancher eventuell nicht seinen gewohnten Tagesablauf. Für solche Notfälle könnte zum Beispiel eine kleine Reserve Traubenzucker in der Sakristei vorrätig sein. Auch angemessene Hilfe für Behinderte oder bei einer Kreislaufschwäche eines Gottesdienstbesuchers könnte einmal gefordert werden. So sollte der Mesner unbedingt wissen, wo die Trage, das nächste Telefon und eine Rettungsdecke sind. Der Mesner als Lebensretter! Neue verantwortungsvolle Aufgaben für den Kirchendiener. Bei aller Religiosität, die derzeit zu beobachten ist, gibt es ja wenig Christliches in der Gesellschaft. Deshalb ist es um so notwendiger, ein klares, profiliertes und christliches Zeugnis zu geben an dem Ort, wo man im Leben steht.

Die Mesner haben sogar einen neuen Seligen aus ihrer Reihe, Franz Jägerstetter.

DER MESNER

Die alten Zeiten sind vorbei,
da er mit dicken Tauen
betrieb die fromme Läuterei
schon früh beim Morgengrauen.

Jetzt drückt er auf ein Knöpfchen bloß,
und gleich bringt er zum Tönen
den allermächtigsten Koloss
ganz ohne Schweiß und Stöhnen.

Doch bringt ihm manches Kummer auch,
was so die Pfarrer machen;
s'verschwindet mancher alte Brauch,
und das ist nicht zum Lachen.

Denn immer mehr wird abgeschafft,
er brummt: „Und ich bereu' es!"
Und schimpft, indem ers Pfeifchen pafft:
"Schon wieder etwas Neues!"

 KURZE NACHLESE

Die Mutter fragt die zwanzigjährige Tochter, die vom Tanzabend heimkommt: „Was ist denn dein neuer Freund von Beruf?"

„Ich weiß auch nicht genau. Er hilft dem Pfarrer in der Kirche, muss die Gewänder herrichten, die Kerzen anzünden, die Glocken läuten usw.". „Ah, Küster?", fragt die überraschte Mutter. „Ja, sehr gut", strahlt das Töchterlein.

Als der Pfarrer aus den Ferien zurückkommt, fragt er den alten Mesner, wie der fremde Herr, der die Vertretung übernommen hatte, denn gepredigt habe.

„Hm - erstens hat er die Predigten abgelesen, zweitens hat er schlecht abgelesen, und drittens waren sie nicht wert, überhaupt gelesen zu werden."

Der Mesner ist gerade dabei, hinter dem Maialtar mit der schönen gotischen Madonna den Boden zu wischen und die Blumen zu gießen. Da kommt ein altes Weiblein herein und kniet sich vor der Muttergottesstatue mit dem Jesuskind hin und fleht mit erhobenen Händen: „Oh Heilige Jungfrau, lass mich bitte im Lotto gewinnen, ich bräuchte so dringend 500 €! Der hinter dem Blumenschmuck unsichtbare Mesner antwortet mit verstelltem Kinderstimmchen: „Würden's 50 € nicht auch tun?" „Was verstehst denn du kleines Scheißerle?", fährt die Alte das Jesuskind an, „sei still, ich red' mit deiner Mama!"

In der Kirche ist Kreuzwegandacht angesagt. Der Pfarrer hat vergessen, dass er zu der Zeit versehentlich ein Brautpaar zur Besprechung bestellt hat und bittet den Mesner, die 14 Stationen vorzubeten, er käme dann rechtzeitig zum Schlusssegen. Das Brautpaar hat einige Probleme, die Besprechung zieht sich länger hin, aber plötzlich schreckt der Pfarrer auf: „Um Gotteswillen, der Segen!" Er eilt in die Sakristei, zieht hastig Chorrock und Stola über, öffnet die Tür zum Kirchenraum und hört gerade, wie der Mesner laut betet: „27. Station, Veronika heiratet Simon von Cyrene."

Am 20. Oktober 1682, wird Anna Höß in Kaufbeuren geboren. 1703 tritt sie in das Franziskanerinnenkloster ein. Kurfürstin Armalia von München findet in Ihr eine verständnisvolle Seelsorgerin. 1741 wird Crescentia zur Oberin gewählt, am Ostersonntag 1744 stirbt sie. 2001 wird Crescentia von Papst Johannes Paul II. in Rom feierlich heilig gesprochen.

Auf dem Weg ins Geheimnis
ISBN 978-3-930888-72-6; 9,- €

Sr. Franziska Stahl hat in einfacher, klarer und lebendiger Sprache ein Buch für Kinder und Jugendliche geschrieben. „Der Verfasserin ist es gelungen, den rechten Ton für junge Leser zu finden, ohne sich dem Zeitgeist anzubiedern", lobt die Redaktion Buchprofile. Auf Worte allein hat sich Schwester Franziska aber nicht verlassen wollen: Isabella Kurić illustriert in zierlich sanfter Art Stationen aus dem Leben der Klosterfrau.

Lebenspuren-Glaubensspuren
ISBN 978-3-930888-70-2; 10,- €

Nach einer knappen Einführung in das Leben der Kaufbeurer Webertochter folgen 32 Einheiten aus Bild, Crescentiaworten und kurzer Motivgabe, die jeweils zu einer Meditation einladen. Der bibliophil gestaltete Band ist auch deshalb zu empfehlen, weil er nicht schon eine fertige Deutung der Mystikerin bietet, sondern die Leser zu einer Begegnung mit ihren Anliegen einlädt.

NONNEN ODER
„DER GEIST MACHT LEBENDIG"

Hansjörg Kindler lernte viele Klosterfrauen kennen, und die meisten ließen durch ihre Ausstrahlung spüren, dass sie eine echte Berufung hatten. Ihre Frömmigkeit, Ausgeglichenheit und Fröhlichkeit waren ansteckend. Er war durchaus nicht der Meinung eines bekannten theologischen Bestsellerautors, der glaubt, dass jeder, der in ein Kloster eintritt, irgendeinen seelischen Schaden haben müsse. Aber er lernte auch manche kennen, von denen er dachte, sie wären besser „in der Welt" geblieben. Ohne diskriminieren zu wollen, war Hansjörg doch der festen Meinung, dass es Männergesellschaften leichter hätten mit dem Zusammenleben als Frauen. Es waren das aber wahrscheinlich nicht die ganz strengen kontemplativen Orden, in denen es Probleme gab, sondern hauptsächlich die andern, die Kongregationen, wo man oft sagen konnte, dass so eine junge Frau auch Kindergärtnerin, Lehrerin, Krankenschwester oder Pfarrhelferin sein könnte, ohne in ein Kloster einzutreten, wenn keine echte Berufung vorliegt. Eifersucht, Neid, Mobbing, sogar Machtstreben, scheinen in einer Frauengemeinschaft eher sichtbar zu werden als bei Mönchen.

Als Hansjörg einmal bei einer Priesterkonferenz mit dem Weihbischof, der für die Ordensgemeinschaften in der Erzdiözese zuständig war, die Aufforderung an die Pfarrer vernahm, doch auch Mädchen in der Gemeinde zu werben, die in ein Kloster eintreten könnten, fragte er: „Herr Weihbischof, nennen Sie mir doch bitte namentlich die Ordensgemeinschaften in unserer Diözese, die man einem jungen modernen Mädchen, das Sport treibt, schwimmen und tanzen geht, viele geistige Interessen hat, mit gutem Gewissen empfehlen kann, ohne dass es dort eingeengt und verbogen wird?" Verlegenes Schweigen, dann die zögernde Antwort des Bischofs: „Sie haben recht, Herr Pfarrer, es sind leider nur wenige."

Inzwischen sind ja bei verschiedenen Ordensregeln und -vorschriften manche alten Zöpfe abgeschnitten worden, aber Hansjörg hat doch einiges mit Nonnen erlebt, das er nicht als gottgewollt hinnahm.

Der Spruch, dass böse Oberinnen dazu da sind, damit junge Novizinnen in den Himmel kommen, muss ja nicht wahr sein. Und so schlimm wie bei der Heiligen Crescentia von Kaufbeuren ist es auch nicht mehr, die mit einem Besenstiel den Hof kehren und Wasser in einem Sieb transportieren sollte. Es müssen ja nicht lauter Heilige in einem Kloster leben. Aber wenn eine Oberin sich weigert, nach abgelaufener Amtszeit ins Glied zurückzutreten, weil sie es nicht fertig bringt, jetzt einer ehemaligen Untergebenen zu gehorchen, dann ist etwas faul. Hansjörg musste auch schon erfahren, dass Schwestern in den Selbstmord getrieben wurden.

Da durfte eine Schwester heimfahren, weil ihre Mutter im Sterben lag. Als sie unterwegs erfuhr, dass diese schon tot war, durfte sie nicht weiterreisen, um Abschied zu nehmen, sondern musste sofort ins Kloster zurück.

Eine andere sollte bei einem Besuch nicht das Elternhaus betreten. So behalf man sich, indem man Tisch und Stühle in den Garten stellte.

Als Hansjörg mit dem Heimatpfarrer, seinem Freund Alfons und den Vinzentinerinnen der Gemeinde eine Wallfahrt zum Heiligen Bruder Klaus von Flüe, dem Patron der Schweiz, dem „Vater des Vaterlandes", nach Einsiedeln und Sachseln unternahm, brauchten sie Stunden, bis sie eine Gastwirtschaft fanden, wo die Schwestern allein und ungestört essen konnten. Auch die Geistlichen mussten an einem andern Tisch Platz nehmen, und die ausgebreiteten Flügelhauben waren eine undurchdringliche Wand.

Viele Ordenstrachten mit gestärkten Hauben und Kragen sind inzwischen reformiert worden. Sie sind zwar praktischer geworden, wenn auch leider nicht immer schöner.

Über Dessous spricht man ja eigentlich nicht. Aber auch Klosterfrauen müssen was drunter tragen. Wenn die Superiorin der Ursulinen mit einer jungen Schwester ins Wäschegeschäft von Hansjörgs Eltern kam, um Schlüpfer zu kaufen, dann wurden diese ein paar Nummern größer gewählt, damit sie nicht zu körperbetont waren. Hinter dem Rücken der Oberin machte dann ab und zu die junge Nonne verzweifelte Gesten, Mutter Kindler blinzelte ihr verständnisvoll zu und packte dann die passende Größe ein.

Als Hansjörg im Kloster seiner Heimatstadt zum ersten Mal die Heilige Messe feierte und den Ordensschwestern die Kommunion auf die Empore brachte, wo sich die Bänke des Convents befanden, wunderte er sich sehr. Von dort oben konnte niemand den Altar und den zelebrierenden und predigenden Priester sehen, und das war schon immer so.

Übrigens wurde damals streng nach Frauen (die Gebildeten) und Schwestern (Dienstpersonal) getrennt, wohl in Anlehnung an die Patres und Fratres bei den Männerorden.

Die alten Nonnen konnten sich nicht mehr umgewöhnen, aber Hansjörg erreichte es mit der Zeit, dass die jüngeren Ordensfrauen, die meist Lehrerinnen waren, mit ihren Schülerinnen unten in der Kirche saßen, mit ihnen beteten und sangen. Die Tracht wurde auch so erneuert, dass man damit z.B. Rad fahren konnte. Und bei der Gymnastikstunde und beim Skifahren blieb die Kutte im Schrank. „Also, es geht doch!", meinte Neupriester Kindler. Er selbst bekam von einer begabten Kunsthandwerkerin unter ihnen wunderbare handgewobene Stolen in den liturgischen Farben, die ihn durch alle Jahre begleiteten.

Im Konvikt und im Priesterseminar hatten fromme Schwestern für das leibliche Wohl und die Sauberkeit im Haus gesorgt, auch als strenger Zerberus über die Pforte gewacht. Eine Oberin sah allerdings ihren Ehrgeiz darin, möglichst viel Geld bei den Lebensmitteln zu sparen, sodass die Theologen das Sprichwort verkündeten: „Frühstücken wie ein König, Mittag essen wie ein Bürger und zu Abend essen wie ein Bettler! - Am Abend stimmt's bei uns!" Die Schwestern bekamen von den Scherzbolden neue Ordensnamen verpasst: Portalia war die Pfortenschwester, Lactantia die Milchverteilerin, Pokla = Portionenklau, die Schwester, die bei Tisch bediente und überzählige Portionen verschwinden ließ, wenn die Tischgenossen nicht auf der Hut waren und diese sofort aufteilten. Dann gab es noch die alte Schwester Beethoven, die taub war wie Ludwig van, und Schwester Leiche, die immer totenbleich herumlief.

In seiner ersten Kaplansstelle war eine Pfarrschwester, eine temperamentvolle aber etwas schusselige Pfälzerin. Hansjörg sagte ihr hundertmal, sie solle die getippte Gottesdienstordnung nochmals durchlesen, aber immer bekam er sie voll Fehler zur Korrektur. Am Samstagmorgen gab es viel Arbeit im Pfarrbüro. Der Dekan, seine Schwester, die zweite Haushälterin und der Kaplan frühstückten zusammen in der Küche. Die Schwester kam herein, goss sich eine Tasse Kaffee ein und verzog sich mit ihr und einem mitgebrachten belegten Brot ins Wohnzimmer. „Wie ein waidwundes Reh, das sich zum Sterben ins Dickicht zurückzieht," spottete Hansjörg.

Auf seine verwunderte Frage, warum sie nicht mit den andern Pfarrhausbewohnern zusammen esse, sagte sie, dass dies „die Heilige Regel" verbiete. Als der Kaplan vorschlug, einmal mit ihrer Oberin über diese seiner Ansicht nach sinnlose Anordnung zu sprechen, da sich ja die Schwester sonst auch den ganzen Tag über im Pfarrhaus aufhalte, auch in den Arbeitszimmern des Chefs und des Kaplans, sagte sie stolz:

„Dann werden Sie von der Ehrwürdigen Mutter hören, dass ich eine treue gehorsame Tochter des Ordens bin."

Eines Tages fiel in der Schule eine Religionsstunde aus, und Hansjörg kam unerwartet früher nach Hause. Er ging in die Küche, und da saß die Pfarrschwester mit der Haushälterin, und beide vesperten gemütlich zusammen. Die Ertappte sprang mit hochrotem Gesicht auf und verschwand im Büro. „Aha, Sie dürfen nur nicht mit den Geistlichen, das heißt mit Männern, am Tisch sitzen!?", rief ihr der Kaplan lachend nach.

Dann kam der Tag, an dem die Schwester nach Jahren, wie das im Orden üblich ist, versetzt wurde. Nun begann ein Heulen und Wehklagen, von „Gehorsam" war keine Rede mehr. Die „treue Tochter" bezichtigte ihren Chef der Intrige, er habe das veranlasst und wolle sie weghaben. Und als sie dann den Namen der Mitschwester erfuhr, die ihre Nachfolgerin werden sollte, benutzte sie die ihr noch verbleibende Zeit, um diese schlecht zu machen. Sie könne keine Ordnung halten, nicht so gut schreiben und organisieren, und sie würde bestimmt nicht putzen.

Hansjörg platzte der Kragen, und er fragte, was denn die „Heilige Regel" dazu meine? Die Buchstabengerechtigkeit hat Jesus gegeißelt, vor allem bei den Pharisäern. „Schwester, der Geist ist es, der lebendig macht!"

Es schien ihm, dass da bei manchen Gemeinschaften in der Zeit des Noviziats mit der Erziehung einiges im Argen liege. Es ist gut, dass es eine Probezeit, sogar Probejahre gibt, bis ein Ordensmitglied die Ewigen Gelübde ablegen, sich für immer dem Orden verpflichten kann.

Wenn dann allerdings doch noch jemand weggeht, steht er oft total im Regen da, ähnlich wie bei einem Sektenmitglied, wenn es der Gruppe den Rücken kehrt. Mit dem verlorenen Schaf will man nichts mehr zu tun haben. Mitleid ist nicht mehr angebracht, jedwede Unterstützung, finanziell und allgemeinmenschlich, wird in vielen Fällen verweigert.

Hansjörg könnte auch da eine Anzahl Beispiele aufführen.

Auch in seiner zweiten Kaplansstelle gab es einen Schwesternconvent: mit Oberin, Pfarrschwester, Krankenschwester, Nähschwester, Kindergartenschwester und Hortschwester. Hansjörg hatte den Eindruck, dass alle sehr am Rockzipfel der Oberin hingen, besonders die Krankenschwester, die man nie lächeln sah. Sie schien ein wenig ein „Problemfall" zu sein, und die besondere Fürsorge ihrer Vorgesetzten galt deshalb ihr, wobei die jungen Schwestern etwas zu kurz kamen, was auch Außenstehende bemerkten. Hansjörg war als Jugendseelsorger verantwortlich für eine Hütte auf dem Land, die Pfarrangehörige gebaut hatten. Dort sollte nun ein mehrtägiges Jungscharlager stattfinden, aber die Führerin, die es leiten sollte, wurde krank. Da fragte der Kaplan die Oberin, ob nicht die Hortschwester einspringen könne, die ja den ganzen Tag über Mädchen und Jungen betreute. Viele Bedenken wurden vorgebracht und ausnahmsweise, aber nur für Samstag und Sonntag, wurde die Erlaubnis erteilt. Der Hort war in dieser Zeit sowieso geschlossen. Hansjörg fuhr dann am Sonntag hin, um mit der Gruppe die Heilige Messe zu feiern. Die Hortschwester hatte inzwischen mit Hilfe ihrer Gitarre passende Lieder eingeübt, und es wurde solch ein herrlicher Kindergottesdienst, auch für die Dorfbewohner, wie ihn sich Hansjörg jede Woche für seine Schüler gewünscht hätte. Aber nein, da schob die Oberin einen Riegel vor, und die Schwester wurde wieder in ihrem

Hortraum „eingeschlossen". An eine Zusammenarbeit mit dem Kaplan war nicht mehr zu denken

Es ist vernünftig, wenn die Ordensregel gebietet, dass eine Krankenschwester in den Häusern, die sie besucht, nichts essen soll. Sonst käme sie vor lauter angebotenen Tassen Kaffee, Kuchenstücken und Schnäpschen in ihrer Arbeit nicht weiter.

Aber nun hatte der Orden ein Jubiläum. Darum wollte der Pfarrer den Schwestern eine Freude und mit ihnen einen kleinen Autoausflug machen. O Gott, war das eine schwere Geburt! Das Mutterhaus musste angeschrieben werden, Telefonate gingen hin und her, die Generaloberin wurde eingeschaltet, und mit Hängen und Würgen wurde die Erlaubnis erteilt.

Am Abend war dann die ganze Gemeinde in den Pfarrsaal eingeladen, um die Schwestern zu ehren. Gleichzeitig war es der Namenstag des Pfarrers. Indische Schwestern aus Kerala tanzten, auch Hansjörg trug mit einer Zauberschau zur Unterhaltung bei. Natürlich wurde auch bewirtet. Die sechs Schwestern, die ja schon viele Jahre in der Pfarrei wirkten, saßen die ganzen Stunden da und tranken nicht einmal ein Glas Mineralwasser. Hansjörg griff sich an den Kopf. „Die Heilige Regel!" Der Geist ist es, der lebendig macht! Warum konnten sie es nicht begreifen?

Dann tat Hansjörg etwas Böses, und es tat ihm später auch leid. Er brachte zur Fasnacht eine illustrierte Pfarrzeitung heraus, „Das Narrenschiff". Zwar noch nicht so technisch perfekt wie später, aber doch von allen begeistert gelobt. Darin war eine Anzeige: Das Bild einer Schwester, aber ohne Gesicht, nur mit einem Fragezeichen in der leeren Fläche, dazu dieser Text:

„Ich beantrage Mittel aus dem Kirchenfonds zur Organverpflanzung. Da ich vor längerer Zeit einmal vor einer geöffneten Tiefkühltruhe stehen blieb, wirkt mein Lächeln nun etwas frostig, was meiner Umwelt und mir nicht bekommt. Ich glaube, dass ein etwas herzlicheres Lächeln, das man mir überpflanzen könnte, Wunder wirken würde. Denn seit Professor Barnard weiß auch ich: Mit Herz geht alles besser! Eine auch sonst ‚behaubtete' Krankenschwester."

Die Krankenschwester würdigte Hansjörg keines Blickes mehr und sprach auch nie mehr ein Wort mit ihm. Als er bald darauf selbst eine Pfarrei übertragen bekam, ging er zu ihr und sagte: „Ich bitte um Verzeihung. Es geht doch nicht, dass ein Priester und eine Ordensschwester im Unfrieden voneinander scheiden!" Er streckte ihr die Hand hin, aber sie drehte ihm abrupt den Rücken zu und nahm seine Hand nicht.

Eine sympathische Sache hörte Hansjörg aus der Bischofsstadt. Dort hatte der gestrenge Generalvikar Eintrittskarten zum Circus für alle Liobaschwestern besorgt, die im erzbischöflichen Haus und in andern diözesanen Einrichtungen arbeiteten. Als die Generaloberin Bedenken äußerte, ob Circus wohl für Nonnen die passende Unterhaltung sei, sagte der General zur Generalin: „Circus ist eine anständige Sache, und die Artisten sind meist fromme Leute, Es gibt ja auch einen besonderen Circusseelsorger. Also, keine Ausreden!"

Natürlich wusste Hansjörg Kindler, dass weltweit aufopferungsvolle Nonnen im Dienste des Herrn wirkten, manchmal sogar unter Gefahr für Leib und Leben ,in der Mission, in Blindenanstalten, Busch-Schulen und Leprastationen, und auch in Deutschland gäbe es eine Katastrophe, wenn man die Ordensschwestern aus den Waisenhäusern und Behindertenheimen abziehen würde. Wo eben solche Menschen betreut werden, wie sie von den Nazis zu Tausenden ermordet wurden. Was allerdings Hansjörg niemals begreifen konnte, dass eine Frau ins Kloster ging, um dann am Portal der Peterskirche in Rom die Besucherinnen zu prüfen, ob sie ihr Haupt bedeckt und keine ärmellose Bluse, eine Hose oder einen zu kurzen Rock trugen. Oder um Rosenkränze und andere fromme Andenken in einer Bude zu verkaufen.

Aber es gibt leider Gottes auch immer wieder Frauen, die sadistische Züge haben, sie ausleben wollen und in Internaten oder Heimen für Schwererziehbare ihre Macht missbrauchen. Hier ist eine strengere Aufsichtspflicht der Kirche gefordert.

Ganz besonders imponierten Hansjörg die Kleinen Schwestern Jesu, der weibliche Zweig des Ordens von Charles de Foucauld. Sie missionieren nicht, sondern leben einfach ein christliches Leben vor, dort wo die Kirche sonst gewöhnlich nicht gleich hinkommt. Ihr Ideal ist das Leben Jesu in Nazareth: Mitten unter den Menschen mit Gebet und seiner Hände Arbeit. So findet man sie freiwillig in Frauengefängnissen, in Flüchtlingslagern, bei den Circusleuten und bei den Sinti und Roma . Besonders eine lernte er gut kennen und feierte die Messe in verschiedenen Fraternitäten, wie sich die kleinen Gemeinschaften nennen. Die Luxemburgerin Barbara hatte lange bei den Indios im Urwald von Matto Grosso in Brasilien gelebt, später im Großherzogtum unter den portugiesischen Gastarbeitern aus den ehemaligen Kolonien Angola, Mozambik und Kap Verde.Dann bei den Erdbebenopfern in Süditalien. Sie ist ausgebildete Krankenschwester und spricht ein halbes Dutzend Sprachen. Aber auch in dieser weltweiten Gemeinschaft, die Hansjörg bewunderte, gab und gibt es Negatives. Schwester Barbara fühlte sich eingeengt und hat den Orden verlassen. Nun betreut sie Alzheimerkranke in Rom.

„Erfolg" ist keines der Worte Gottes, das war Hansjörg immer bewusst. Was letztlich dem Willen Gottes entsprach, was bleibt und Ewigkeitswert hat, wird erst einmal beim Jüngsten Gericht offenbar. Auch die belgische Dominikanerin Soeur Sourire, die „Schwester Lächeln", die jahrelang die Menschen mit ihren Liedern zur Gitarre begeisterte, verließ den Orden und nahm sich später mit einer Tablettenüberdosis das Leben. Auf Französisch und Deutsch sang sie die Geschichten der Bibel und der Heiligen, schilderte mit viel Humor ihre Vorstellungen vom himmlischen Paradies, in dem sich nach der Auferstehung die berühmten Dichter miteinander unterhalten, die großen Wissenschaftler und Forscher ihre Erfahrungen austauschen und die unvergesslichen Liebespaare der Weltgeschichte sich wiederfinden und der Musik von Mozart lauschen, während die kleinen Pfadfinder von Alaska Schokoladeneis verkaufen.

Sie hatte die hohen Einnahmen für ihre Konzerte und Schallplatten immer dem Kloster abgeliefert. Als Hollywood einen Film über sie drehte, verzieh man ihr das nicht. Und als nach ihrem Austritt die Finanzbehörde Unsummen an Steuernachzahlungen von ihr verlangte, erklärte sich der Orden für nicht mehr zuständig.

Einige belgische Frauenklöster, die keinen Nachwuchs mehr hatten und von keinem Mutterhaus oder Bischof abhängig waren, machten einfach aus dem prächtigen Anwesen mit Garten ein gutgehendes Hotel, das sie selbst führten - mit Kapelle und Abendandacht natürlich. Die alten Schwestern wurden gut versorgt.

Hansjörg gab einer Klosterschwester Anlass, sich beim Bischof über ihn zu beschweren. Sie war eine Künstlerin, eine Goldschmiedin, und er ließ sich von ihr einen Entwurf für seinen Primizkelch anfertigen. Der gefiel ihm aber nicht, und er lehnte höflich ab. Da war sie schwer beleidigt. Und weil sie auch schon für die Privatkapelle des Erzbischofs gearbeitet hatte, beklagte sie sich bei diesem. Hansjörg zeigte ihm den Entwurf - und ihm gefiel er auch nicht.

Es scheint doch wieder mehr Berufungen unter jungen Menschen zu geben, auch für die Ordensgemeinschaften. Vor allem in der Dritten Welt, wo es für jemanden einen sozialen Aufstieg bedeuten kann, ein Ordenskleid zu tragen und ein wenig für die Familie sorgen. Im Zuge der Globalisierung wird es auch eine Umkehrung geben, teilweise ist sie schon erfolgt. Asiatische, afrikanische und südamerikanische Nonnen kommen zu uns. Bei uns wird ja auch das „Kloster auf Zeit" angeboten, wo junge Frauen einmal „reinschmecken", den Klosteralltag miterleben können. Aber nur wenige bleiben. Sympathische Nonnen zeigt uns auch das Fernsehen, z.B. in der Serie „Um Himmels Willen", bei „Wetten dass ..." und „Wer wird Millionär?".

Hansjörg wünscht allen, dass sie niemals an starren Regeln und Gesetzesbuchstaben kleben bleiben, sondern immer spüren, dass es der Geist ist, der lebendig macht und ihr Leben danach ausrichten .

Obwohl Hansjörg Kindler mit manchen Nonnen und Ordensregeln nicht einverstanden war, schrieb er ihnen diese Verse:

DIE LIEBEN PINGUINE

Die Schwestern sterben langsam aus,
obwohl doch Maxi in ist.
Kein Girl eilt mehr zum Mutterhaus,
weil - sagt es - nichts mehr drin ist.

Die BRAVO rät: tob dich nur aus,
das ist die wahre Masche.
Am Aschermittwoch bleib zu Haus,
nur Dumme nehmen Asche!

Noch sieht die weißen Häubchen man
der Pfarr- und Krankenschwestern.
Doch ein Beruf für mich?! - nichts dran,
die sind ja doch von gestern.

Gibt's dann mal keine Schwestern mehr,
die dienen, sorgen, leiden,
wird unsere Gesellschaft sehr
ins eig'ne Fleisch sich schneiden.

 **KURZE NACHLESE**

In der Zeit nach dem 2. Weltkrieg reisten Nonnen eines Trierer Konvents häufig in das nahe Luxemburg, um dort allerlei Rares einzukaufen. Sie brachten jedesmal mehrere Pfund Bohnenkaffee mit. Den Kaffee verstauten sie in ihrer Ordenstracht, indem sie ihn unter den Armen festhielten. Einmal gerieten sie in eine Zollkontrolle. Ein Zöllner fragte: „Haben Sie drüben etwas gekauft?" Darauf erwiderte eine der Nonnen: „Ja, mehrere Pfund Kaffee, aber den haben wir unter den Armen verteilt." Die Schwestern durften ungehindert weiterreisen.

Ein Besucher am Portal des Klosters der Franziskanerinnen: „Kann ich bitte die Schwester Regina sprechen?" „Nein, das geht jetzt leider nicht, sie ist nämlich heute Ehrwürdige Mutter geworden." „Na, dann überbringen Sie bitte meine herzlichsten Glückwünsche! Ich hoffe, dass es ihr und dem Kleinen gut geht."

„Der Abstand der Nonnen ergibt sich aus der Breite der Mönche und der sachgemäßen Mörtelbettung. Die Nonnen erhalten über die Nase einen Querschlag, auf dem die Nonnen der nächsten Schicht so aufgerieben werden, dass der Mörtel nach innen herausquillt. Die Mönche erhalten zwei schmale Längsschläge; ihr Kopf wird vor dem Aufsetzen mit Mörtel gefüllt."

(Auszug aus der Verdingungsordnung für Bauleistungen 1952 -Dachdeckerarbeiten DIN 1971)

Das Auto einer Ordensschwester blieb auf freier Strecke stehen. Es fehlte Benzin. Im nahen Bauernhof hatte man zwar Benzin, aber keinen Kanister. Also nahm die Schwester mit einem Nachttopf vorlieb. Als sie mit diesem behelfsmäßigen Gefäß den Tank auffüllte, meinte ein hinzugekommener Autofahrer: „Schwester, Ihren Glauben möchte ich haben!"

Eine amerikanische Touristin sah beim Besuch einer Leprastation in der Südsee eine Nonne blutige, ekelerregende Krankenkleider waschen. Schaudernd meinte sie: „Das würde ich nicht für eine Million Dollar tun." Die Nonne sah auf, lächelte und sagte: „Ich auch nicht."

Ein Jesuitenpater wird Spiritual, geistlicher Berater in einem bekannten Frauenkloster, dem eine Äbtissin vorsteht. Sie darf die bischöflichen Insignien, Krummstab, Brustkreuz und Ring tragen und verlangt von dem Pater, dass er vor ihr eine Kniebeuge macht und ihr den Ring küsst. Er weigert sich, und sie meldet das in Rom bei der zuständigen Kongregation . Von dort kommt die Antwort, zu Kniebeuge und Ringkuss sei er nicht verpflichtet, aber er solle vor ihr eine Verbeugung machen wie vor einer altehrwürdigen Reliquie.

Bei der Bundestagswahl betritt eine junge Ordensschwester, die offenbar zum ersten Mal wählt, das Wahllokal. Als man ihr den Wahlzettel und den zugehörigen Umschlag gibt, will sie den Zettel gleich in den Umschlag stecken. Da sagt der Wahlleiter: „Schwester, Sie müssen erst Ihr Kreuz machen!" Gehorsam bekreuzigt sich die junge Nonne und gibt dann ihren Zettel ab.

Noch ein Rezept aus der Klosterküche: Nonnenfürzle (auch Nonnenfürzchen) bezeichnet ein Schmalzgebäck aus dem süddeutschen Raum. Nonnenfürzle sind vor allem in Schwaben und im Allgäu bekannt. Korrekt bezeichnet wäre das Gebäck als Nonnenfürtchen, was auf das mittelniederdeutsche Wort „nunnekenfurt" zurückgeht. Übersetzt heißt das so viel wie „von den Nonnen am besten zubereitet". Heute hat sich eine andere Version durchgesetzt, deren Entstehung Gegenstand lebhafter Spekulation ist. Eine Legende besagt, dass ein alter Domherr sich aus einem Topf voll dampfender Nonnenfürzchen das größte herausangelte und mit einem Augenzwinkern hinzufügte: „Ich nehme das von der Mutter Oberin". Traditionell isst man Nonnenfürzle zur Fasnacht. Sie werden aus Brandteig hergestellt. Mit zwei Teelöffeln werden kleine Kugeln abgestochen und in heißem Fett schwimmend ausgebacken. Noch heiß wird das Gebäck in Zucker gewendet.

EHEN WERDEN IM
HIMMEL GESCHLOSSEN

Der sogenannte „Brautunterricht"! Hansjörg hielt ihn gerne trotz mancher Kritiken, die den Geistlichen vorwerfen, als Ehelose doch nichts über das Verhältnis Mann - Frau und die Sorgen einer Familie zu wissen. Hansjörg hielt dem entgegen, dass die Priester auch nicht auf Bäumen gewachsen seien. Und ein Musikkritiker müsse nicht unbedingt selbst meisterhaft Geige oder Klavier spielen können, um eine gute Beurteilung eines Konzertes abzugeben. Außerdem wisse er vielleicht mehr als viele Verheiratete, was sich so hinter mancher Fassade einer äußerlich intakten Ehe abspielt, durch seine Gespräche im Beichtstuhl und im Krankenhaus.

Doch war er der Meinung, dass der Zölibat eigentlich freiwillig sein solle, und aus dem „Du musst es fassen!" wieder Jesu Rat „Wer es fassen kann, der fasse es!" werden müsse.

Er begrüßte es sehr, wenn die Unterweisung nicht nur von einem einzelnen Pfarrer erteilt wurde, sondern mit ihm zusammen auch von erfahrenen Eheleuten, einem Arzt und Psychologen.

Nun, auch das musste sein: das Ausfüllen des Fragebogens. Denn da gab es auch richtige Ehehindernisse, Blutsverwandtschaft z.B., oder wenn ein Partner von vornherein für eine zeitlich begrenzte Ehe plädierte oder den Kindersegen völlig ausschloss. Er würzte seine Befragung mit Humor, ging allerdings nicht so weit wie jener alte Pfarrer am Bodensee, der einmal nach dem Beruf des Bräutigams fragte, die Antwort „Vorarbeiter" hörte und mit einem kurzen Blick auf das runde Bäuchlein der Braut lakonisch kommentierte: „Das sehe ich!"Oder bei der Trauung in einer ähnlichen Situation auf den Segenswunsch hin „Seid gesegnet mit Kindern!" hinzufügte, weil es bei der Braut nicht nur Hochzeit sondern höchste Zeit war: „Was der Fall zu sein scheint!" Manchem Brautpaar, das bekannte, eigentlich nichts von der Kirche und den Sakramenten zu halten und nur der Schwiegermutter zuliebe eine kirchliche Trauung zu wünschen, weil es da feierlicher als auf dem Standesamt sei, scheute sich Hansjörg nicht zu sagen, er sei kein Dekorationskübel, und sie sollten es sich noch einmal überlegen.

Er ärgerte sich doch sehr, wenn es bei einem nur katholisch getauften aber nicht praktizierenden Paar kirchenrechtlich keinerlei Probleme gab, er aber bei einer evangelischen Braut, die in ihrer Gemeinde aktiv war in Bibelkreis, Jugendarbeit und Kirchenchor, die Dispens für die Trauung vom Bischof einholen musste. Nach dem Konzil gab es da gottseidank Erleichterungen, und auch ein protestantischer Pastor oder gar nur der Standesbeamte konnten unter Umständen als vollgültige Zeugen des Trauungsaktes von Rom anerkannt werden.

Hansjörg war zwar auch überzeugt davon, dass es wünschenswert sei, wenn die Eheleute ihr Ja sagten zu dem Wort „Bis dass der Tod euch scheidet!" Aber welcher Mensch ist vollkommen und kann immer das Ideal verwirklichen? Früher, bei der geringeren Lebenserwartung der Menschen, wo die Frau auch oft im Kindbett starb, war das kein so großes Problem. Aber heute, wo die Paare viele Jahrzehnte zusammen sind, wird bei uns jede dritte oder sogar zweite Ehe geschieden.

Da sollte die Kirche barmherzig sein, meinte er, und auch Geschiedenen in geprüften Fällen die Wiederverheiratung erlauben und sie zu den Sakramenten zulassen. Das letztere wird ja sogar einem Verbrecher zugestanden, wenn er bereut, büßt und eine Wiedergutmachung versucht. Ist es besser, wenn zwei, die sich zwar einmal geliebt haben, tagtäglich die Hölle auf Erden erleben, und die Kinder in einer Atmosphäre von Misstrauen, Vorwürfen und gewaltbereitem Streit aufwachsen? Wenn die Liebe gestorben ist, kann man dann noch von Ehe sprechen, die ja ein Liebesbund sein soll, Abbild des Bundes Christi mit seiner Kirche?

Hansjörg „durfte" auch einmal als Beisitzer in einem kirchlichen Eheprozess mitwirken. Es geht da meistens darum, die Ungültigkeit einer Ehe festzustellen, um eine erneute kirchliche Heirat zu ermöglichen. Pfarrer Kindler hatte da immer so seine Bedenken - nach beiden Seiten. Vor allem störte ihn die oft lange Prozessdauer. Da er sich auch schon mit Juristen der Rota Romana, des päpstlichen Gerichtshofs, unterhalten hatte, glaubte er, manche Kritik vorbringen zu können. „Doch dazu sind größere Geister berufen als ich", dachte er.

Als Student während des freien Studienjahres im schönen fränkischen Würzburg hörte Hansjörg während eines Seminars einen alten Benediktinerabt aus dem Kloster Münsterschwarzach , der Bischof in Tansania gewesen war. Der berichtete von einigen Erlebnissen, die er als neugebackener junger Missionar bei den Afrikanern gehabt hatte.

In seiner Gemeinde lebte ein Katechumene, also ein Taufbewerber, der aber zwei Frauen hatte. Eine ältere, kinderlose, und eine jüngere, Mutter von drei Kindern. Eines Tages kam der kleine Sohn zu ihm und bat: „Komm bitte zu meinem Papa! Er ist krank und möchte dich sprechen." Der Pater ging sofort mit, und der Kranke sagte zu ihm: „Ich möchte jetzt gerne getauft werden, denn ich muss vielleicht sterben." Die Antwort des im Kirchenrecht bewanderten Neupriesters : „Das ist ja nicht sicher, und wenn du Christ bist, darfst du nach Paragraph Soundso nur eine Frau haben." „Glaubst du wirklich, dass Jesus das von mir verlangt?", fragte der schwarze Mann. „Ich habe nun mal zwei Frauen, wie das hier in Afrika üblich ist." „Ja, und das Kirchenrecht ist nun mal nicht zu ändern und gilt für die ganze Welt", antwortete Pater M. Und er verließ den Kranken, nachdem er ihn gesegnet hatte .

Nach ein paar Tagen kam der Junge wieder. „Die Krankheit meines Vaters ist schlimmer geworden, komm bitte gleich!" Wieder die Bitte nach der Taufe, wieder die gleiche Antwort des Missionars. „Schau mal, Pater", sagte der Kranke, „die ältere Frau war mein ganzes Leben bei mir, hat gut für mich gesorgt, und sie verträgt sich bestens mit der jüngeren Gattin, von der ich drei Kinder habe. Sag' mir, was ich tun soll, welche soll ich wegschicken? Gott ist doch nicht so grausam!"

Da nahm die jüngere Frau ihre Kinder, trat ans Lager und sagte: „Mein lieber Mann, du möchtest Christ werden, und ich will, dass du glücklich bist. Wenn du wieder gesund wirst, lebst du mit deiner treuen ersten Frau, und ich gehe mit unsern Kindern zu meiner Familie zurück, wo ich sie gut aufziehe und du sie immer besuchen kannst."

Da packte es den Sohn des Heiligen Benedikt, er stellte beide Frauen mit den Kindern ans Krankenbett, ließ Kirchenrecht Kirchenrecht sein und taufte den Mann im Namen des Dreifaltigen Gottes. Der Täufling starb , und es gab keine Probleme. Aber der Gedanke ließ den späteren Bischof nicht mehr los, ob nicht doch mancher Paragraph in diesem menschlichen Gesetzbuch im Hinblick auf die verschiedenen Völker in der Weltkirche und die Übergangszeiten der Kulturen geändert werden müsste.

Eine Sache hatte Hansjörg allerdings bald geändert. Bei der Trauungszeremonie strich er den Satz „Die Frau sei dem Manne untertan!" Das mitleidige Lächeln der Bräute konnte er nicht mehr ertragen und betonte mehr die gegenseitige Partnerschaft. Die Zeiten haben sich ja ein wenig geändert.

Ein Pfarrer in Bayerisch Gmain (in seiner Kirche wurde Mozarts Krönungsmesse uraufgeführt bei der Krönung des Marienbildes) hatte an einer Säule 10 Gebote für Frauen angeschlagen, bei denen u.a. stand, dass vor der Hochzeit ein Kochkurs wichtiger sei als ein Kosmetikkurs.

Hansjörg Kindler verfasste diese Verse:

DIE DREI K

Einst gab's für Frauen nur drei K,
damit war'n sie zufrieden:
man meist in Küch' und Kirch' sie sah,
und sonst beim Kind sie blieben.

Heut ist die Frau emanzipiert,
es ändert sich die Ethik.
Ein Kind wird nicht mehr konzipiert,
statt Kirche gibt's Kosmetik.

Die Küche wird zum Schnellimbiss
aus Flaschen und aus Dosen.
Mann, träum' von früher nicht und friss,
denn sie trägt jetzt die Hosen!

Die Gleichberechtigung kam wohl
bei uns zu langsam, leider!
Doch wenn man' s wieder treibt zu toll,
stimmt uns das auch nicht heiter.

Einige Hochzeiten blieben Hansjörg in unvergesslicher Erinnerung. Da war jener etwas tumbe Bräutigam, der auf den Satz „...nehme ich dich N. zu meiner Ehefrau", den er nachsagen sollte, dauernd mit „Jo, ha jo!" antwortete, bis ihn die aufgebrachte Braut in die Rippen stieß und zischte: „Jetz sag's halt nooch!"

Oder das Pärchen, das der Pfarrer mit den Ministranten an der Kirchentür erwartete, um die zu segnenden Eheringe auf ein Silbertablett legen zu lassen, das sie aber nicht mehr von den Fingern brachte, weil diese anscheinend während der langen Verlobungszeit etwas angeschwollen waren .

Nach deutschem Gesetz muss die standesamtliche vor der kirchlichen Trauung erfolgen, sonst macht sich der Geistliche strafbar, begeht eine Ordnungswidrigkeit. So ließ Hansjörg eine von auswärts kommende Hochzeitsgesellschaft warten, die zwar viele Fotoapparate dabei hatte, aber nicht das wichtige staatliche Dokument, bis Onkel Theodor es von zu Hause geholt hatte.

Ab 2009 soll das Gesetz geändert werden. Doch gegen kirchliche Hochzeiten ohne Gang zum Standesamt regt sich zunehmend Widerstand. Bayerns Innenminister meint dazu: „Für mich ist das kein Fortschritt, sondern gerade was Integration und Gleichberechtigung von Mann und Frau betrifft, ein Rückschritt ins Mittelalter." Politiker fürchten, dass die neue Regelung Mehrfach-Ehen den Weg ebnen könnte. Von allen rechtlichen und steuerlichen Vorteilen profitieren aber weiter nur Paare, die vor dem Standesamt geheiratet haben.

Ein Nachbarpfarrer hatte Hansjörg ein anderes Pärchen angekündigt, das auf der Flucht vor den Eltern war, die mit der Partnerwahl nicht einverstanden waren. Es wollte in Pfarrer Kindlers Kirche heiraten. „Es ist mit ihnen alles in Ordnung", hatte der Mitbruder am Telefon gesagt. Aber das wichtige standesamtliche Trauungspapier hatten sie nicht dabei. Doch zum Glück das nagelneue Familienstammbuch, und eine Kopie daraus wurde als vorläufige Lösung akzeptiert.

Ein wenig peinlich war es schon, als eine Braut nach ihrem Jawort aufschrie, weil die Wehen anfingen, sie schnell weggebracht wurde und nun schon als Ehefrau am selben Tag einen kräftigen Jungen gebar.

Sehr lustig war eine Hochzeit, die Hansjörg noch als Kaplan erlebte. Ein Paar von auswärts war zu seinem Chef, dem Dekan, gekommen, weil es sich in seiner schönen Kirche mit der hohen Freitreppe trauen lassen wollte. Die junge Dame sagte schnippisch: „ Ich hoffe, dass die ganze Sache nicht zu lang geht und dass Sie nicht so sentimental predigen, wie das bei den Pfarrern üblich ist." Der Chef bat Hansjörg zu sich und sagte: „Übernehmen Sie die Trauung bitte! Sie predigen ja nicht sentimental."

Der Tag kam, das festlich gekleidete Paar schritt herein und bezog Stellung vor dem mit rotem Samt überzogenen Betstuhl. Hansjörg stand mit Chorrock und weißer Stola, auf der zwei ineinander verschlungene Ringe mit einem Kreuz und ein Dreifaltigkeitssymbol gestickt waren, vor den beiden. „Nun kniet nieder!" Die Braut versuchte es - vergeblich!

Von der Hüfte abwärts war das weiße Kleid so eng, dass eine Kniebeuge nicht mehr möglich war. So ging es also stehend weiter. Als
Hansjörg vorsagte: „Nehme ich dich, Karl Pankraz , zu meinem Ehemann ...", fing die Braut an zu japsen und schrill zu kichern. „Nehme
ich dich hihihihahaha-hohoho - (noch lauter:) nehme ich dich hi-
hihihihihoooh..." Der Bräutigam machte ein Gesicht wie „Erde ver-
schlinge mich!", der Brautvater wuchtete sich aus der Bank und
stürzte nach vorn zu seiner Tochter, grunzte „was ist denn los?", und
mit schon fast versagender Stimme kam es dann doch noch: „Karl
Pankraz zu meinem Ehemann." Hansjörg vermutete, dass die junge
Frau vielleicht zum ersten Mal den zweiten Vornamen ihres Liebsten
hörte und den komisch fand. Er fragte auch nicht, konnte es sich
aber nicht verkneifen zu bemerken: „Ich hoffe, dass die Ansprache
nicht zu sentimental war", als er der Braut danach gratulierte.

Eines Tages läutete es an der Pfarrhaustür Sturm. Als die Haushälterin öffnete, stand ein kleiner rundlicher Mann davor in farbigem
Hawaihemd und mit einem Pepitahütchen à la Adenauer schief auf
dem Kopf und fragte nach dem Pfarrer. In der Gemeinde war dieser
Herr nur als der Beppi bekannt. Als Hansjörg zu ihm ins Sprechzimmer kam, sprang er auf und rief: „Sie müssen mich trauen, ich
habe die Frau meines Lebens gefunden! Und wenn's eine schöne
Hochzeit wird, schenke ich Ihnen ein wertvolles antikes Weihwasserkesselchen."

Der Termin für das Brautexamensprotokoll wurde vereinbart, und
der bekannte Lebemann kam pünktlich mit einer schon etwas an-
gejahrten aber doch noch gut aussehenden Dame. Auf Hansjörgs
Frage nach Namen und Stand bekam er die Antwort „Mathilde
Kleinschmidt verwitwete von Saucken geschiedene Kreuzpointner
geschiedene Swoboda. „Na ja", meinte Pfarrer Kindler, „da müssen
wir erst mal feststellen, ob es überhaupt rechtlich möglich ist, Sie
kirchlich zu trauen." Und nun begann das große Rätselraten, denn
die Dame konnte sich anscheinend nicht daran erinnern, mit welchem der drei Ehemänner sie auch vor dem Altar geheiratet hatte,
und ob überhaupt noch einer lebte. Mehr konnte sie nicht sagen.
Hansjörg beschloss, den Fall beim Ehegericht im erzbischöflichen
Ordinariat persönlich vorzutragen. Er fuhr anderntags mit seinem
neuen weinroten R4, der erst 1000 km auf dem Tacho hatte, in die
Bischofsstadt. An einer Brücke nahm ihm ein silberner Alpha Ro-
meo die Vorfahrt und fuhr ihm voll in die Seite. Totalschaden! Da es

noch keine Anschnallmöglichkeit und -pflicht gab, schlug Hansjörg mit der Stirn gegen die Windschutzscheibe und war einige Minuten „weggetreten". Als er wieder zu sich kam, murmelte er vor sich hin: „Mathilde geborene Kleinschmidt verwitwete von Saucken geschiedene Kreuzpointner geschiedene Swoboda", und bemerkte beruhigt, dass sein Hirn anscheinend nicht gelitten hatte. Den Wagen bezahlte später die Versicherung.

Aber im Ordinariat lachte man sehr über den „originellen Fall". Eine kirchliche Trauung käme selbstverständlich nicht in Frage. Als Hansjörg zu Hause dies dem Beppi mitteilte, knickte der zusammen und rastete aus: „Herr Pfarrer, das können Sie mit mir nicht machen! Ich bin in der Gemeinde bekannt wie ein roter Hund. Alles ist schon vorbereitet, die teuren Einladungen für eine große Gästezahl sind verschickt, das Essen ist bestellt."

Hansjörg wusste auch keinen Trost und hörte danach nichts mehr von dem verhinderten Hochzeiter. Aber nach vierzehn Tagen stand Beppi wieder vor der Pfarrhaustür, ohne Hawaihemd und keckem Hütchen. In der Hand ein in Zeitungspapier gewickeltes Etwas - das „antike" Weihwasserkesselchen, es war ein kitschiges billiges Gipsschälchen mit einem rosa - himmelblauen Engelsköpfchen. Pfarrer Kindler bekam es zum Dank überreicht, weil er ihn nicht getraut hatte. Die Dame mit Vergangenheit und den vielen Namen hatte schon wieder das Weite gesucht.

Ein anderes Pärchen kam zum Brautunterricht. Hansjörg hatte die beiden noch nie gesehen. „Da ist nur noch eine Kleinigkeit, mein Verlobter war schon einmal verheiratet," sagte die junge Dame, und als sie an Pfarrer Kindlers Gesicht abzulesen glaubte, dass dieser das keineswegs als Kleinigkeit ansah, fuhr sie beschwörend fort: „Aber das gilt nicht, das war in Amerika mit einer Jüdin vor einem Rabbiner."

„Halt", sagte Hansjörg, „nach dem Kirchenrecht ist eine religionsverschiedene Mischehe, die vor einem anderen Religionsdiener geschlossen wurde, zwar keine sakramentale aber doch gültige Ehe. Eine zweite Eheschließung ist deshalb leider nicht möglich."

„Das ist ja allerhand", empörte sich die junge Frau, „da ist man direkt gezwungen, zu einem anderen Pfarrer zu gehen. Aber das war nämlich so: Er war auf einer Schule in den USA, auf der auch Mädchen waren. Und er wurde mit der Jüdin im Bett ertappt. Beide sollten von der Schule fliegen, wenn sie nicht heirateten. Er zeigte sich als Kavalier, und so kam die Ehe zustande, die er eigentlich gar nicht wollte."

„Nun ja", informierte sie Pfarrer Kindler, „wenn es Zeugen gibt, die bestätigen, dass hier der freie Wille fehlte und die Ehe nur unter Furcht und Zwang zustande kam, bestehen Aussichten, dass sie von einem kirchlichen Gericht anulliert wird. Aber dieser Prozess kann dauern." Und sie rauschte hinaus, den verblüfften Jüngling mit sich ziehend. „Viel Glück!", rief ihnen Hansjörg nach. Er hörte nichts mehr von ihnen.

Wegen einer Trauung hat sich Hansjörg noch jahrelang geschämt. Es ist so, dass für eine katholische Trauung immer der Pfarrer der Braut zuständig ist, wenn diese aus einer andern Pfarrei kommt. Von ihm muss die Dispens, eingeholt werden, sich von einem andern Geistlichen und in einem andern Gotteshaus trauen zu lassen. Nun war Hansjörg auch Kolpingpräses, also der verantwortliche Geistliche für die Handwerker, und einer der Kolpingsöhne, wie sie sich nennen, bat den Präses, in seiner Kirche heiraten zu dürfen. Hansjörg war noch Kaplan und ohne viel Erfahrung. Doch er erbat sich natürlich von dem zuständigen Mitbruder die Erlaubnis, die er selbstverständlich bekam.

Als nun der Hochzeitstermin herannahte, wurde die Kirche, in der Hansjörg wirkte, gerade renoviert, und im Altarraum lagen hohe Schutthaufen, von weißen Tüchern bedeckt. „Wir machen das in der Nachbarkirche, aus der deine Braut stammt", sagte Hansjörg dem Kolpingbruder, „ich regle das schon." Er rief dort an, erreichte aber nur die Pfarrsekretärin, deren Chef verreist war. „Selbstverständlich geht das", sagte die nette Dame, und Hansjörg versicherte ihr, dass sie keine weitere Mühe damit habe, weil er seine eigenen Messdiener, die Gewänder und die Blumen mitbringen wolle, und Kerzen würden ja sicher auf dem Altar stehen.

Es wurde ein festlicher Gottesdienst, alle gingen zur Kommunion: Und hinterher feierte man im geschmückten Schlosscafé, wo Tische reserviert waren.

Man hatte gerade das erste Glas Sekt geleert, die Neuvermählten drehten sich im Tanz, da kam die Bedienung: „Herr Kaplan, Sie werden am Telefon verlangt!"

Die aufgebrachte Stimme des Nachbarpfarrers bellte in Hansjörgs Ohr: „Herr Confrater, wo haben Sie Kirchenrecht studiert? Ich hatte Ihnen die Dispens für Ihre Kirche gegeben, aber nicht für meine. Die Trauung ist also ungültig. Holen Sie sie sofort nach!" Und Hansjörg bat mit hochrotem Kopf das Brautpaar und die beiden Trauzeugen hinter einen Fenstervorhang des Cafés und ließ sie das Jawort wiederholen, damit sie nicht „im Zustand schwerer Sünde" in die Flitterwochen reisten. Wie gesagt, Hansjörg schämte sich noch lange dafür, denn alles hätte mit einem Telefonanruf beim Ordinariat geregelt werden können, ohne die Leute zu belästigen.

Pfarrer Kindler teilte übrigens auch bei konfessionell gemischten Paaren eine große Hostie und reichte dem nichtkatholischen Partner die Hälfte, wenn er wusste, dass dieser in seiner eigenen Kirche zum Abendmahl zugelassen war. Das hatte Rom verboten, aber Hansjörg war der Meinung, dass es nicht der Pfarrer war, der einlud, sondern Jesus selbst : „Kommt und esst!"; und er fühlte sich nicht berechtigt, jemanden auszuschließen.

Der reichste Mann in der Gemeinde, Besitzer eines Supermarktes, kam zum Pfarrer. Er war geschieden und wieder verheiratet mit einer Frau, die drei Töchter mitbrachte. Sie führten eine vorbildliche Ehe, und die Stieftöchter liebten und verehrten den neuen Papa. Jeden Sonntag kamen sie zum Gottesdienst. „Herr Pfarrer, ich bin nicht mehr der Jüngste, habe schon einen Herzinfarkt hinter mir und weiß nicht, wieviel Zeit mir der Herrgott noch gibt. Die Sakramente fehlen mir so sehr. Darf ich wirklich nicht zur Heiligen Kommunion gehen als Geschiedener?" Hansjörg zeigte Verständnis: „Ich würde ja sagen, kommen Sie einfach, aber ich glaube, wenn die Pfarrangehörigen, die Ihre Situation kennen, Sie an der Kommunionbank sehen, gibt es bestimmt gleich böse Gerüchte: der hat dem Pfarrer Geld gegeben. Sie haben einen großen Wagen. Fahren Sie doch manchmal in den nahen Wallfahrtsort, wo Sie keiner kennt, und gehen Sie dort guten Gewissens zum Tisch des Herrn! Ich nehme das auf meine Kappe."

Jahre danach, als Hansjörg längst nicht mehr in dieser Gemeinde war, traf er zufällig eine der Töchter, die sich bei ihm bedankte, weil ihr geliebter Vater mit diesem Rat, den er befolgte, getröstet gelebt habe und gut gestorben sei.

Ein ganz besonderer Fall, bei dem Pfarrer Kindler das Kirchenrecht beiseite ließ, war dieser: Ein Ehepaar war neu in die Gemeinde gezogen, und bevor Hansjörg noch einen Hausbesuch machen konnte, kam es selbst ins Pfarrhaus. Die junge Frau hatte eine Kriegstrauung erlebt, und nach dem kurzen Zusammensein mit ihrem Mann beim Heimaturlaub kam ein Kind, ein kleines Mädchen zur Welt, das aber bald darauf starb. Der Mann hatte an der Front eine polnische Freundin; es kam zur Trennung. Die sehr gläubige Frau, die sogar längere Zeit hauptamtlich in einer Pfarrei gearbeitet hatte, wusste, dass eine kirchliche Wiederverheiratung nicht möglich war, als sie sich in den Untermieter ihrer Mutter verliebte. Sie heirateten standesamtlich und bekamen drei Söhne, von denen einer sogar Priester werden wollte. Der Mann war in einem Schweizer Gefängnis beim Lesen der Bibel zum Glauben gekommen. Er war an der Grenze verhaftet worden, weil ein Onkel von ihm, ein SS-Mann, während des 3. Reiches mehrmals unter dem Namen seines Neffen in der Schweiz war und dort polizeilich gesucht wurde. Er war nicht getauft und natürlich auch nicht christlich aufgewachsen. Das Ehepaar versuchte nun alles, bei den jeweiligen Pfarrern und Dekanen ihrer Aufenthaltsorte und beim Bischof selbst die Erlaubnis zu erwirken, den Mann taufen zu lassen, ihre Ehe zu legitimieren und zu den Sakramenten zugelassen zu werden. Überall erhielten sie eine Abfuhr mit dem Hinweis aufs Kirchenrecht. Eine Taufe sei nicht möglich, da sie ja danach weiter „in Sünde" leben würden.

Auch Pfarrer Kindler kannte nun die Situation der Familie; niemand sonst im Ort wusste Bescheid. Die beiden nahmen mit ihren Buben rege am Gemeindeleben teil und kamen zu allen Gottesdiensten. Hansjörg fragte sich: „Was würde Jesus jetzt an meiner Stelle tun?" Er nahm das Ehepaar zum Taufunterricht an, wohin beide regelmäßig kamen und eifrig lernten . Am Tag vor Ostern nahm er sie mit in die Kirche, die Haushälterin als Taufpatin und Zeugin, verschloss die Türe und spendete dem Mann das Sakrament der Wiedergeburt durch das Wasser und den Heiligen Geist. Dann lud er ihn ein, am Ostertag mit seiner Frau zum Abendmahl zu kommen.

Nach den Feiertagen bekannte er dann in einem Brief an die erzbischöfliche Behörde, was er getan hatte, fragte, ob er nun strafversetzt würde und fügte hinzu: „Aber nicht einmal der Heilige Vater in Rom kann diese Taufe rückgängig machen!"

Er bekam keine Antwort. Doch als er nach einiger Zeit den Offizial, den bischöflichen Richter, bei einer Konferenz persönlich traf, sagte ihm dieser: „Herr Pfarrer, als Jurist musste ich leider diese Absage erteilen, aber als Seelsorger hätte ich genauso wie Sie gehandelt." „Na ja", dachte da Hansjörg.

Ein andermal traf Hansjörg seinen Kirchenrechtslehrer von der Universität. Diesem bekannte er, dass er mit den ganzen dicken

Bänden, die dieser herausgegeben hatte und welche die Theologiestudenten durchackern mussten, in der Praxis nicht viel anfangen könne. Aber drei lateinische Sätze habe er behalten und könne damit alle rechtlichen Probleme lösen. In deutscher Übersetzung heißen sie: 1. Not kennt kein Gebot. 2. Das Heil der Seelen ist das oberste Gesetz. Und 3. Was ich aus menschlicher Schwäche vielleicht falsch mache, richtet und ergänzt die Mutter Kirche aus ihrem Gnadenschatz. Der berühmte Professor war zwar etwas schockiert, wusste aber keine Antwort mehr.

Jedes Jahr kam ein Ehehirtenbrief des Erzbischofs, der auf der Kanzel verlesen werden musste. Da darin immer auch das Problem der Mischehe angesprochen wurde und Hansjörg wusste, dass vor ihm eine ganze Anzahl konfessionell gemischter Paare saß, fügte er eigenmächtig einige Sätze in den oberhirtlichen Text. In denen dankte „der Bischof" ganz besonders diesen Menschen, die tagtäglich die wahre Ökumene vorlebten.

Manchmal musste er auch Feuerwehrmann spielen, wenn eine Beziehung zu zerbrechen drohte, weil die katholische Familie nicht damit einverstanden war, dass der Sohn oder die Tochter sich einen evangelischen Partner gewählt hatten.

So schüttete einmal einer seiner besten Jahrgangskameraden bei einem Heimaturlaub Hansjörg sein Herz aus. Er hatte, nachdem er jahrelang nur Arbeit im elterlichen Betrieb gekannt hatte, sich in ein Mädchen aus einer streng protestantischen Familie verliebt. Aber seine Eltern und Geschwister verkündeten lauthals, dass sie diesem Hochzeitsfest ganz sicher fernbleiben würden, vor allem, wenn es in einer evangelischen Kirche stattfände. Der Freund wollte verzweifelt Schluss machen mit der Liebsten, weil er ja die Firma, eine bekannte Druckerei, übernehmen sollte und das sein Beruf war. Außerdem würde er „sich niiie mehr verlieben!" Hansjörg, der nur noch einen Tag Urlaub hatte, schlug vor, einmal mit der Braut wegen einer katholischen Trauung (die ökumenische gab es noch nicht) zu reden. „Auf keinen Fall! Dadurch würde alles noch viel schlimmer werden", widersprach der Freund. Aber Hansjörg glaubte das nicht und ließ sich nicht beeindrucken. Er rief heimlich das Mädchen in der Nachbarstadt an und bat sie zu einem Gespräch. Das kam zustande, und sie begriff, dass sie bei einer katholischen Trauung nichts verlieren würde und auch nicht die Konfession wechseln müsste. Auch wegen der späteren religiösen Kindererziehung konnten Bedenken ausgeräumt werden. Nachdem ein paar Tränen geflossen waren, verabschiedete sich das Mädchen glücklich lächelnd.

Aber am nächsten Morgen war der Teufel los. Als sich Hansjörg von dem Freund verabschiedete , platzte der fast vor Wut und schrie ihn an: „Jetzt hast du alles kaputt gemacht, jetzt ist wirklich alles aus!"

Nach vierzehn Tagen bekam Hansjörg einen Brief mit der Bitte, die beiden zu trauen, in einer katholischen Kirche. Und die Verwandtschaft der jungen Frau lobte: „Das war ja noch schöner als in der evangelischen Kirche !" Unter dem Hochzeitsfoto im Album stand später der Satz: „Freund Hansjörg hat uns getraut - no wurd´s au hebbe - dann wird es auch halten!"

Solche Fälle gab es noch mehrere in den vier Pfarreien, in denen Hansjörg arbeiten durfte.

Wenn es allerdings um religionsverschiedene Ehen ging - meist waren es Mädchen, die mit dem Mann in ein anderes Land ziehen wollten, nach Äthiopien oder Marokko z.B. - konnte Hansjörg nur raten und auf einige mögliche Probleme hinweisen, die auftreten konnten. Aber Liebe macht ja bekanntlich blind und manchmal auch taub. Heute sind die Informationsmöglichkeiten für einen jungen Menschen doch ungleich größer.

Es gab einige große Enttäuschungen. Ein Mädchen aus Hansjörgs Heimatstadt Villingen folgte einem „braungebrannten Farmer", einem Besatzungssoldaten, in seine nordafrikanische Heimat. Er hauste dort in einem Zelt und verkaufte seine Frau gegen eine Ziege. Der Rat der Stadt erhielt von ihr einen verzweifelten Brief mit der Bitte, sie doch loszukaufen. Sie würde dann bereit sein, daheim die Straße zu kehren.

Einmal durfte Hansjörg eine Klassenkameradin trauen, für die er im Internat sogar geschwärmt hatte. Es war eine längere Autofahrt. Die Schwester seines Chefs, die Haushälterin, bat ihn, sie mitzunehmen, da sie einen Pfarrer in jener Gegend besuchen wollte, der einmal Kaplan in der Pfarrei ihres Bruders gewesen war. Sie würde Hansjörg auch den Koffer ganz schön packen. Unterwegs, man war fast schon am Ziel, fragte Hansjörg beiläufig, ob die Haushälterin auch seinen guten schwarzen Anzug richtig eingepackt habe. Es stellte sich heraus, dass wirklich nur die Hose im Koffer war, ohne Jacke. Im Pulli wollte Kaplan Kindler nicht an dem Fest teilnehmen. In dem Städtchen war schon Geschäftsschluss, aber in einem Herrenkonfektionshaus sah er noch Licht, und man öffnete ihm auf sein Klopfen hin. Einzelne Jacketts waren nicht da , und so musste Hansjörg einen ganzen Anzug kaufen. Er sagte der Hochzeitsgesellschaft nichts von seinem Missgeschick. Aber die Brautmutter schenkte ihm einen Geldbetrag, der gerade die Kosten für das neue Kleidungsstück deckte.

Viele „Gläubige" sah man fast nie in der Kirche, die „Österlinge" kamen wenigstens zum größten Fest der Auferstehung des Herrn. Pfarrer Kindler brachte diese Reimerei in sein Pfarrblatt:

CHRISTENTUM AUF RÄDERN

In den ersten Erdentagen
fuhrst du schon im Kinderwagen;
und zur Taufe - so ist's Brauch -
rolltest du auf Rädern auch.

Ließest kaum das Daumenlutschen,
fuhren schon die Hochzeitskutschen;
und auf Rädern du erschienst
zu dem Trauungsgottesdienst.

Und zum dritten Mal ein jeder
Christ muss haben dann vier Räder,
wenn im Wagen, unbedingt,
man ihn tot zum Friedhof bringt.

Was dazwischen, ist nicht wichtig,
dreimal fährt man, dann wird´s richtig.
Schau dich in der Kirche um:
wieviel Räderchristentum!

 KURZE NACHLESE

Die Lieblingsnichte des alten Pfarrers heiratet. Er bedauert, aus Gesundheitsgründen nicht zur Hochzeit kommen zu können. Aber er sendet ein Telegramm, ein ermutigendes Wort der Heiligen Schrift für die immer ein wenig lebensuntüchtige und ängstliche Nichte. Er wählt 1 Johannes 4,18: „Die vollendete Liebe treibt die Furcht aus, denn die Furcht hat es mit Strafe zu tun, wer sich also fürchtet, ist in der Liebe nicht vollendet." Und er diktiert die Schriftstelle dem Fräulein auf dem Postamt. Die junge Braut bekommt das Telegramm und eilt auf ihr Zimmer, um in der Bibel den frommen Wunsch des geistlichen Onkels nachzulesen. Doch auf der Post hat man leider die „1" vergessen. So steht nur da: Johannes 4,18. Sie schlägt also statt des 1. Johannesbriefes das Johannesevangelium auf - und fällt in Ohnmacht! Sie las: „Fünf Männer hast du gehabt, und der, den du jetzt hast, ist nicht dein Mann."

Recht verdrossen sitzt der junge Ehemann beim Abendessen. „Warum so verstimmt?", wollte die Frau wissen. „Hast du denn vergessen, was man uns bei der Hochzeit gesagt hat? Die Liebe erträgt alles, hofft alles, duldet alles." „Ja, das weiß ich schon", entgegnet der Mann. „Aber es hat nicht geheißen: Die Liebe frißt alles."

Zwei Lausejungen stehen an der Kirchentür, aus der eben ein frisch vermähltes Paar tritt. „Du, soll ich die mal erschrecken?", fragt der eine. „Wie denn?", meint der andere. „Ganz einfach", sagt der erste , und ruft dem Bräutigam zu: „Papi, Papi!"

Ein Redemptoristenpater hat sich vorgenommen, in der Standespredigt für Eheleute eine sehr deutliche Sprache zu sprechen. „Viele Ehemänner," so ruft er laut, „sind wie Zündhölzer, die überall Feuer fangen. Gute Ehemänner aber gleichen soliden schwedischen Streichhölzern. Diese entflammen sich nur an der eigenen Schachtel!"

In einer Berliner Kirche befindet sich über dem Altar ein Bild der Kreuzigung. Darunter stehen die Worte Jesu: „Vater vergib ihnen, denn sie wissen nicht, was sie tun!" Bei Trauungen pflegt der Küster diese Inschrift durch Blumen zu verdecken.

Der Pfarrer hatte eine schöne Predigt über den Ehestand und dessen Freuden gehalten. Nachher sprachen zwei Kirchgänger darüber. „Das war eine schöne Predigt, das muss man sagen!" meinte der eine. „Ja", antwortete der andere. „Ich wünschte, ich wüsste ebenso wenig über das Thema wie er."

Aus einem Schulaufsatz: Mohammedaner dürfen viele Frauen haben, ein Christ dagegen nur eine einzige. Das nennt man Monotonie.

„Was haben sich wohl die Hochzeitsgäste zu Kana gedacht, als sie die Wunder Jesu sahen?" Frisch kommt die Antwort von Louise: „Den laden wir uns auch einmal ein."

Agathes Mann ist sehr krank. Der Pfarrer besucht ihn. Nach einer Weile kommt er aus dem Krankenzimmer und sagt mit ernster Miene zu Agathe: „Ihr Mann gefällt mir gar nicht!" „Ja, mir eigentlich auch nicht, Herr Pfarrer," erwidert sie, „aber er ist so gut zu unsern sechs Kindern."

Der Religionslehrer examiniert einen Schüler: „Wer hat die Ehe eingesetzt?" „Gott." „Richtig! Und wo hat Gott die Ehe eingesetzt?" „Im Paradies." „Gut. Mit welchen Worten?" „Ich will Feindschaft setzen zwischen dir und dem Weibe."

DER MUTTERSEGEN UND
DIE GEHEIMNISSE DER BABYWÄSCHE

Die erste Tauffeier, die Hansjörg in Weinheim abhalten durfte, war eine dreifache. Der Chef wollte ihn gleich ins tiefe Wasser springen lassen. Als er ein paar Worte über die Aufgabe des Vaters sagte, fing eine der Frauen an, heftig zu schluchzen. Bei der gab es keinen greifbaren Vater. Hansjörg nahm sich vor, sich künftig genauer über die betreffenden Familien zu erkundigen, um nicht wieder in ein Fettnäpfchen zu treten.

Als er selbständiger Pfarrer wurde, kam die Tochter des Bürgermeisters einer seiner Filialgemeinden zu ihm. Sie hatte vor kurzem entbunden und fragte ihn: „Muss ich wirklich zu Haus bleiben, bis ich ausgesegnet bin, und darf nicht auf die Straße gehen?" Hansjörg verstand nicht. Aber dann begriff er. In Israel wurde eine Frau „kultisch unrein" durch eine Geburt , wegen ihrer Tage oder durch das Berühren eines Grabes. Das hatte nichts mit persönlicher Sünde zu tun. Aber weil sich Israel bewusst war „wir sind Jahwes heiliges und auserwähltes Volk", musste sich die junge Mutter einer Reinigungszeremonie unterziehen, um wieder am Synagogen- oder Tempelgottesdienst teilnehmen zu können.

So war diese alttestamentliche Vorschrift als Missverständnis auf den kirchlichen Muttersegen übergegangen. Pfarrer Kindler erklärte nun der Fragenden, dass dieser Segen eine Fürbitte für die Mutter und ihr Kindchen sei und ihr Dank an den gütigen Gott für dieses große Geschenk eines neuen Lebens. Außerdem würde er nicht einen Mutter- sondern einen Elternsegen spenden, denn er könne es nicht ertragen, den Vater dabeistehen zu sehen, als ob der nichts damit zu tun hätte. Er fragte sie, ob sie den Mut aufbrächte, als erste diese dörfliche Tradition zu durchbrechen? Sie tat es. Er predigte am nächsten Sonntag darüber, und schlagartig war damit diese Sache aus der Welt geschafft.

Großen Wert legte er auch darauf, dass jedes Kind seine eigene Taufkerze hatte. Was sollte das, bei drei Täuflingen dem ersten Paten eine Kerze aus der Sakristei in die Hand zu drücken, sie ihm dann wieder wegzunehmen und sie an den zweiten und dritten weiterzugeben?

Hansjörgs Erstkommunikanten waren später sehr stolz darauf, ihre eigene Taufkerze mitbringen zu können, die auch in den Jahren davor vielleicht immer am Tauf- oder Geburtstag gebrannt hatte.

Nur bei zwei Schwestern gab es einmal Tränen. Die hatten Jahresringe auf ihren Taufkerzen. Und als die jüngere Britta zählen gelernt hatte und feststellte, dass sie nur 90 und ihre ältere Schwester Ursula 100 Kerben im Wachs hatte, protestierte sie heulend, weil sie nun zehn Jahre früher sterben müsse.

Hansjörg beruhigte auch die ängstlichen Mütter, vor allem im Winter, mit der Versicherung, das Taufwasser sei angewärmt .

Eine ganz besondere Freude war es für Hansjörg , eine Taufe während des Sonntagsgottesdienstes mit der ganzen Gemeinde zu feiern oder gar in der Osternacht mit dem neu geweihten Taufwasser. Er selbst hatte es seinen Eltern nie verziehen, dass sie ihn im Krankenhaus taufen ließen. Obwohl sein Taufpriester später Bischof geworden sein soll. Alle sollten den neuen Erdenbürger begrüßen, der durch dieses erste Sakrament eingegliedert wurde in den mystischen Leib Christi und für ihn, seine Eltern und Paten beten, damit ihr gemeinsames Leben unter dem Schutz Gottes stehe. Einmal sagte ein Pate zu Hansjörg: „Herr Pfarrer, ich gehe nicht oft in die Kirche. Aber diese Tauffeier hat mir mehr gegeben als ein halbes Dutzend Predigten."

Der Spiritual im Priesterseminar, der mit den Weihekandidaten die praktische Spendung der Sakramente einübte, hatte ihnen einmal gesagt: „Meine Herren ,es kann nicht die Aufgabe eines Priesters sein, sich in den Geheimnissen der Babywäsche auszukennen. Aber ich versichere Ihnen, dass ein Baby niemals dicker eingewickelt ist als bei der Tauffeier."

Als Hansjörg das erste Mal erlebte, dass dann, wenn er den Säugling auf der Brust salben wollte, die Mutter auf der einen und die Patin auf der andern Seite an einem rosa oder blauen Band zerrten, um ein Stückchen Haut freizulegen, da bat er schon beim vorbereitenden Taufgespräch darum, das Jäckchen vorher etwas zu lockern, auch das Mützchen oder Käppchen. Denn das durfte ja nicht nass werden, weil er auch das Köpfchen mit dem Heiligen Chrisam salbte, dem Öl, mit dem früher die Könige unter der Krone gesalbt wurden.

Allerdings schnappte mal ein Säugling nach Hansjörgs Daumen, als der eingesalbt über ihm schwebte, und lutschte unter dem lauten Gelächter der ganzen Gesellschaft genüsslich daran.

Die Taufzeremonie war natürlich ausgiebig im Priesterseminar geübt worden, an einer Holzpuppe, die von den Seminaristen „Hugo" genannt wurde, das „meistgetaufte Kind der Erzdiözese". Der geduldige Kleine hatte schon ein ganz blankgewaschenes Köpfchen, und an der Stelle, die mit Chrisam gesalbt werden sollte, steckte ein glänzender Messingnagel. Es ist aber eine wüste Verleumdung, wenn behauptet wurde, dass ein Neupriester bei seiner ersten richtigen Taufe verzweifelt nach dem Nagel gesucht habe.

Der Pfarrer lud auch, wenn es möglich war, die Paten mit zu dem Gespräch ein, und sprach zu ihnen über die hohe Verantwortung dieses Ehrenamtes. Denn es könne durchaus sein, dass ein Pate für die religiöse Erziehung des Kindes sorgen müsse, wenn dies aus irgendeinem Grund den Eltern nicht möglich war. Sie könnten unter

Umständen sogar noch mehr und größere Aufgaben für das Patenkind übernehmen müssen bei einem Unfalltod der Eltern z.B., was gar nicht so selten vorkomme. So sollte auch wenigstens einer der Paten ein gläubiger und praktizierender Christ sein.

Wenn das Kind einen allzu ausgefallenen Namen hatte, schlug Pfarrer Kindler meist noch als zweiten den eines Heiligen vor, der ihm irgendwie passend erschien. Das Kind sollte ja auch Namenstag feiern können. Meist gingen die Eltern darauf ein. Einer der Professoren an der Uni hatte ein Buch geschrieben „Geburtstag und Namenstag" und meinte: „Den einen gibt es ohne den andern nicht. Feiern Sie beides!" Hansjörg bat auch die Familien, dem Baby das Taufkleid nicht schon daheim anzuziehen sondern erst dann, wenn der Priester es ihm mit den Worten überreiche: „Nimm hin das weiße Kleid! Zeichen des neuen Lebens in Christus!" Er hasste es, Symbole zu entwerten, hatte es auch schon erlebt, dass ein Priester dem Täufling eine weiße Serviette als Ersatz auf das Taufkleid legte.

Für den österlichen Pfarrbrief verfasste Hansjörg dieses Gedicht:

Oster-Alltag

Der Osterhase legt jetzt wieder,
der Ausflug ist schon lang geplant,
der Discjockey bringt Frühlingslieder,
und das Finanzamt ernstlich mahnt.

Von Auferstehung predigt einer;
mir fällt das Aufsteh'n immer schwer.
Doch Halleluja, mir kann keiner,
bemüht er sich auch noch so sehr!

Was mach ich mit dem Kinderglauben
der ist doch nichts mehr für den Mann!
‚s ist wie beim Fuchs mit sauren Trauben:
ich komm nicht an die Früchte ran.

Doch sag ich's Ihnen im Vertrauen:
zuweilen kotzt mich alles an.
Ich möchte auf das Wort gern bauen:
„Er lebt!" Vielleicht ist doch was dran.

10

DER TOD IST DOCH SCHWARZ

Hansjörg war zum Diakon geweiht worden. Jahrhundertelang war diese erste Stufe des Ordo, des Weihesakramentes, in der westlichen Kirche nur ein Übergang zur zweiten Stufe, dem Priester und dann zur dritten, dem Bischof. Erst das 2. Vatikanische Konzil brachte die Möglichkeit, auch verheiratete bewährte Männer zu Diakonen zu weihen, die zu allen geistlichen Diensten berechtigt sind außer der Feier der heiligen Messe und Spendung des Bußsakramentes. Als Hansjörg seinen Oberhirten bei einer Priestertagung fragte, wann dieser denn in seiner Diözese den ständigen Diakonat einführen werde, entgegnete dieser: „Herr Kindler, ich habe nicht den Ehrgeiz, der erste Bischof in Deutschland zu sein, der den Diakonat wieder einführt." (Manche befürchteten wohl, dass dann ein Zweiklassenpriesterstand entstünde und der Zölibat aufgeweicht würde.) Hansjörg antwortete frech: „Hoffentlich auch nicht der letzte!" Freiburg wurde später das Zentrum der Diakonsausbildung in der Bundesrepublik.

So darf ein Diakon also auch eine Begräbnisfeier leiten. Dazu wurde Hansjörg von seinem Heimatpfarrer Dekan Weinmann aufgefordert, als er ein paar Wochen „Diakonatsferien" bekam . Eine alte Dame in der Nachbarschaft war gestorben. Die Friedhofskapelle war das älteste Gotteshaus von Hansjörgs Heimatstadt Villingen, die ehemalige Pfarrkirche. Aus der kleinen Sakristei kam man nur hinaus, wenn die Küsterin die Lorbeerbäume wegräumte, die zu beiden Seiten des Sarges in dem engen Gang standen. Wenn die Ministranten sich ein wenig zu laut unterhielten, zischte sie mahnend: „Pscht, Bube, mer hört drusse jede Wort!" Hansjörg begleitete nun den Sarg zum Grab. Der wurde in die Grube versenkt, während der Diakon eindringlich die Botschaft Jesu verkündete: „Ich bin die Auferstehung und das Leben. Wer an mich glaubt, wird leben, auch wenn er stirbt und jeder, der lebt und an mich glaubt, wird in Ewigkeit nicht sterben!" (Joh 11,25). Dann griff Hansjörg zur kleinen Schaufel, die in einem Erdhügel steckte, um zu rufen: „Staub bist du und zum Staube kehrst du zurück," und dreimal etwas Erde auf den Sargdeckel zu werfen. Aber die Erde war gefroren, und Hansjörg erwischte nur einen dicken Klumpen, der auf einmal hinunter polterte. In der Aufregung kam er nicht auf die Idee, noch zweimal hinzulangen. Doch es war auch so gültig.

Nach der Beerdigung sollte er einem Pfarrer im Ruhestand, der bei seiner Schwester, der Frau eines Malermeisters, wohnte, einen Brief des Dekans überbringen. „Na, lieber junger Mitbruder, wie ging's denn?" Hansjörg schilderte sein Missgeschick und sagte dann dem alten Herrn, der mit seiner Schwester an der Wohnungstür stand: „Wenn ich mir etwas von der Stadt wünschen dürfte, dann bäte ich darum, diese düstere dunkle Friedhofskapelle zu renovieren. Da kann ja keiner mehr an die Auferstehung glauben!" „Die hat mein Mann ausgemalt", sagte die Malermeistersgattin. „Aber", meinte Hansjörg, „wenn wenigstens die beiden scheußlichen Engel neben dem Kreuz weg wären!" „Dazu bin ich Modell gestanden." Hansjörg konnte nur eine Entschuldigung stammeln, was alles noch schlimmer machte, und total erschlagen den Rückzug antreten.

Pfarrer Kindler musste später noch öfter erleben, dass auch in einer so ernsten Stunde, in der Angehörige und Freunde von einem geliebten Menschen Abschied nahmen, Unerwartetes und Komisches passieren konnte.

So starben einmal am selben Tag ein Mann und eine Frau im Krankenhaus. Die Frau wurde bald beerdigt. Der Sohn des Mannes lebte in Kanada. Er wollte den Vater noch einmal sehen, und so wurde dieser in seinem Sarg im Ruheraum aufbewahrt bis das Flugzeug aus Amerika ankam. Bei der Beerdigung der Frau, die im Ort sehr bekannt war, hatte sich eine große Trauergemeinde versammelt, unter ihr auch der Schreiner, der den Sarg angefertigt hatte. Viele hatten schon ihren Blumengruß und die Schaufel voll Erde in die Grube geworfen und Weihwasser gesprengt. Auch der Schreinermeister, der, nachdem der

Friedhof sich geleert hatte, dem Pfarrer nacheilte und ihm entsetzt zuflüsterte: „Das ist nicht der Sarg der Frau N. gewesen!" Wahrhaftig, der stand noch im Ruheraum, und man hatte den Sarg des Mannes im Grab versenkt. Nun wurde die Nacht abgewartet. Man hievte dann mit Hilfe städtischer Arbeiter und eines Unimog den Sarg wieder hoch, brachte ihn in die Leichenhalle zurück, wo ihn der Schreiner gründlich säuberte und neu polierte. Pfarrer Kindler holte still die Gebete und Zeremonien für Frau N. nach. Da aber eine Nachbarin, eine bekannte Tratschbase, von ihrem Fenster aus das nächtliche Treiben mit den dunklen Gestalten und ihren Taschenlampen auf dem Friedhof beobachtet hatte, kam das Malheur doch heraus und wurde Tagesgespräch.

Ein andermal hatte der Totengräber das Grab zu eng ausgehoben, der Sarg blieb an den Seitenwänden hängen, rumpelte von einer Seite zur andern, der teure Blumenschmuck rutschte herunter, und den Sargträgern blieb nichts anderes übrig, als den Toten in seiner letzten Wohnung wieder nach oben zu ziehen, den Sarg neben das Grab zu stellen und zu flüchten. Hansjörg Kindler bewahrte die Ruhe, streute die Erde auf den Sarg, segnete mit Weihrauch und Weihwasser und versicherte der Familie, dass das Grab bestimmt gleich erweitert würde.

Noch mehr erschraken ein andermal alle Trauergäste, als der Grabstein, der hinter der ausgehobenen Grube stand, plötzlich umkippte, weil die Erde dort eingesunken war. Der Ministrant, der mit dem Vortragskreuz davor stand, stürzte mitsamt diesem auf den Sarg hinunter.

Einmal starb ein betagtes Ehepaar in der selben Nacht im Abstand von einer Stunde. Der Mann war evangelisch, die Frau katholisch. Beide Geistliche waren dort und standen jeweils ihrem Gemeindemitglied in dieser letzten Stunde bei. Beide kamen auch zu der Doppelbeerdigung, und als Pfarrer Kindler den „katholischen" Sarg in das tiefer als gewöhnlich geschaufelte Grab sinken ließ, kam der lutherische Amtsbruder, und der „evangelische" Sarg wurde auf den ersten gestellt.

Ein Schüler Hansjörgs, der Sohn einer spanischen Gastarbeiterfamilie, war im Schwimmbad ertrunken. Um 14.30 Uhr sollte das Begräbnis sein und von einem spanischen Geistlichen geleitet werden. Pfarrer Kindler war der Religionslehrer des kleinen Julio gewesen und darum unter den Trauergästen. Aber der Spanier kam und kam nicht. Der Friedhofsverwalter wurde immer nervöser, weil schon wieder eine weitere Beerdigung angesetzt war, und schließlich bat er Hansjörg, doch einzuspringen. Dieser kleidete sich in der Sakristei der Kapelle um und versuchte trotz der Sprachschwierigkeiten, sein Bestes zu tun .Als alles vorbei war, kam der spanische Pater an und wunderte sich sehr, dass es für ihn nichts mehr zu tun gab. Diese Deutschen! Bei denen ist 14.30 Uhr wirklich 14.30 Uhr. Im Süden gehen die Uhren anscheinend doch ein wenig anders.

Die seltsamste Beerdigung, die Hansjörg erlebte, war diese: Das Grab wie der Erdhügel daneben waren mit knalliggrünem Kunstgras ausgelegt und bedeckt, in Metallschalen auf hohen Ständern flackerten Flammen, und die Sargträger hatten weiße Handschuhe an, die sie, nachdem sie den Sarg an Seilen hinabgelassen hatten, auf ein Kommando hin auszogen und als „Opfergabe" hinterherwarfen.

Natürlich wurde bei vielen Beerdigungen auch Reden gehalten Wenn der Verstorbene in vielen Vereinen war oder gar eine bekannte Persönlichkeit , fanden die Nachrufe fast kein Ende. Unter Katholiken geht ein Wort um: „Es wird nirgends so viel gelogen wie bei einer evangelischen Beerdigung". Da Hansjörg als Kaplan in zwei Gemeinden war, Weinheim und Schopfheim, in denen zwei Drittel der Bevölkerung evangelisch sind , erwartete man auch von ihm Grabansprachen. Aber er weigerte sich meistens, eine Biografie des Verstorbenen zu bieten, die womöglich noch die Familie wortwörtlich aufgesetzt hatte. Er sprach lieber über die christliche Hoffnung auf die Auferstehung und ein Wiedersehen mit dem Heimgegangenen.

Vor allem ärgerte er sich über die Sprüche der Redner, die dem Toten z.B. wünschten : „Möge dir die Erde leicht sein!" Oder wenn der Feuerwehrhauptmann von dem Spickzettel, den er mit zwei Fingern im abgenommenen Helm festgeklemmt hielt, ablas:

„Nun schaut er vom Feuerwehrhimmel auf uns herab."

Hansjörg wurde ins Kreispflegeheim zu einem Sterbenden gerufen. Er betete mit ihm, berührte seine trockenen Lippen mit dem kleinen Bronzekreuz, dem Werk eines Kölner Künstlers, das er sehr liebte und immer in seinem Versehköfferchen dabei hatte. Während der Salbung legte er es dem Mann auf die Brust, vergaß es dann leider, und so wurde es mit dem Toten im Krematorium verbrannt.

Es ist schön, wenn der Friedhof auf dem Dorf noch bei der Kirche sein kann, wo man ihn auch Gottesacker genannt hat. In Bayern und Tirol oft mit wunderbaren schmiedeeisernen Kreuzen geschmückt.

Die Toten nahe bei den Lebenden!

Früher war es ein Bekenntnis zum Atheismus, wenn man Mitglied in der „Flamme", im Feuerbestattungsverein, war. Heute akzeptiert auch die Kirche die Urnenbeerdigung. Es herrscht Platzmangel, und oft ist auch niemand von der Familie mehr am Ort, der ein Grab pflegen kann.

Der Priester sollte dann aber nicht von der „sterblichen Hülle" sprechen, die in die Erde gelegt wird, wie es Hansjörg auch schon hörte.

Doch die Bestattungsarten sind noch vielfältiger geworden: Ruhewälder oder Friedwälder, in denen sich jemand „seinen" Baum wählen kann, Bestattung auf See, auch wenn man nicht bei der Marine war. Wer das Geld hat, kann seine Asche ins Weltall schießen lassen oder zu einem Diamanten umarbeiten lassen, der dann einen Ring ziert.

Natürlich bleibt es immer noch am symbolträchtigsten, wenn der tote Leib „wie ein Samenkorn" in die Erde gesenkt wird. Doch andererseits sehen wir täglich in den Medien die zerfetzten Leiber der Opfer von Selbstmörderbomben, sehen die großen Augen und aufgedunsenen Bäuche der verhungernden Kinder, sehen die Erschlagenen und Erschossenen der Aufstände und Kriege überall. Haben wir uns daran gewöhnt? Wo sind ihre Gräber? Ein Vetter Hansjörgs hat die Asche seiner Mutter in einem Schweizer Weinberg verstreut. Sehe jeder , wie er's treibe! Auch Hansjörg wird einmal ein Urnengrab wählen. Er hofft, dass der Engel am Tag der Auferstehung ihn trotzdem finden wird.

Er entzündete beim Seelenamt, bei der Heiligen Messe für einen Verstorbenen, auch immer die Osterkerze, das Symbol für den auferstandenen Christus, und ließ ein Osterlied singen. So meinte er, den 14 Kreuzwegstationen, deren letzte die Grablegung Jesu zeigt, müsse unbedingt eine 15. hinzugefügt werden mit dem Bild des Siegers über den Tod.

Ein Wort im Volksmund sagt: „Es gibt nichts Fröhlicheres als eine schöne katholische Beerdigung!" Das gilt natürlich nicht immer, aber wenn der Tote ein gutes Leben gehabt hat und „alt und lebenssatt", wie die Bibel sagt, gestorben ist, dann wird beim Leichenschmaus in Erinnerung an den Heimgegangenen manche Anekdote zum Besten gegeben.

Neue Medien machen alles möglich, dachte Hansjörg Kindler, als er von einem Amtsbruder aus dem US-Staat Ohio las, der seine eigene Trauerrede per Video gehalten hatte. Der 27jährige Geistliche wusste seit zwei Jahren, dass er unheilbar an Krebs erkrankt war. Bei der Trauerfeier neben dem offenen Sarg mit der Leiche sprach ein Mitbruder ein paar kurze einführende Worte und schaltete dann das Videogerät ein, auf dem das Bild des Toten erschien, der zu den rund hundert Trauergästen seinen eigenen Nachruf sprach. Bei der Aufzeichnung hielt er eine Bibel in der Hand. „Ich weiß, dass es manchem seltsam erscheint, wenn jemand bei seiner eigenen Beisetzung die Trauerrede hält". Der Geistliche sprach dann über sein Krebsleiden und darüber, wie er damit bis zu seinem unausweichlichen Tod fertig geworden sei. Mehrfach zitierte er aus der Bibel und erklärte der Trauergemeinde, er wolle, dass seine Beisetzung zu einer „Siegesfeier" gestaltet werde. Der Bestattungsunternehmer, der die Beisetzungsfeierlichkeiten ausrichtete, erklärte nach der Trauerfeier: „Seit 28 Jahren betreibe ich nun das Geschäft mit den Beerdigungen, aber so etwas habe ich noch nicht erlebt."

Die Kartäusermönche, der strengste Orden der katholischen Kirche - Hansjörg besuchte einmal ihr Kloster La Valsainte in der Schweiz und auch die Große Kartause bei Grenoble in Südfrankreich- feiern den Tod ja auch in weißen Gewändern und singen Jubellieder, wenn es einer der Ihren wieder geschafft hat, den Heimweg anzutreten in die ewige Freude.

Man sagt, dass die Kartäuser sogar in ihrem Sarg schlafen. Das stimmt insofern, als sie in ihrer Kutte schlafen und in ihr, die auf einem Brett festgenagelt wird, auch begraben werden.

Heute kann man in Selbsthilfegruppen schon seine eigene Urne töpfern oder gar den eigenen Sarg zimmern. Weil es aber noch ein Weilchen dauern kann, bis der seinen Zweck erfüllt, darf man ihn zunächst als Garderobenschrank in den Flur stellen. Müssen es immer Extreme sein? Ist es nicht höchst makaber, wenn da ein Allgäuer Maler mit bunten Särgen auf Ausstellungen erscheint, auf denen man ihn nicht erwartet? Weil auch der Tod unerwartet „wie ein Dieb in der Nacht" kommt, begründet er sein Vorgehen. Wie wirkt das auf einen Todkranken oder auf jemanden, der gerade einen Angehörigen verloren hat?

Ein Mönch in La Valsainte, ein berühmter Mechanikus, hatte immer Mühe, zu den Gebetszeiten rechtzeitig aufzuwachen. Das Chorgebet findet ja auch zu nächtlicher Stunde statt. Die Glocke, die vom Gang aus von dem diensthabenden Bruder an seinem Bett in Bewegung gesetzt werden konnte, hörte er nicht. Da konstruierte er sich einen Wecker besonderer Art: Auf einer Standuhr, die am Bettende stand, zwitscherte ein künstlicher Vogel wie im Märchen die Nachtigall des Kaisers von China, dann krähte ein Hahn, es rasselte irgend etwas , und ein Brett in Messbuchdicke fiel ihm auf die Füße; zuletzt wurde auf einer Metallwalze ein Seil aufgerollt, das an seinem Gürtel befestigt war, und er flog im hohen Bogen aus seiner Schlafkoje. Heute können (nur männliche!) Besucher den ganzen Vorgang mit einer im Kartäuserhabit gewandeten Puppe verfolgen. Auf dem Sterbebett soll der müde Jünger des Heiligen Bruno mit hoffnungsvollem Blick gesagt haben: „Jetzt werde ich endlich aufwachen!"

Grundsätzlich soll nichts gegen die bunten Särge gesagt sein, soweit die Bemalung nicht gegen den guten Geschmack verstößt. In Ghana/Afrika werden die Toten sogar in kunstvoll hergestellten Holzfiguren beigesetzt, in einem kleinen Bus z.B. einem Panther oder irgendeinem anderen Tier. So wurde eine Frau, deren Freude zu Lebzeiten ihr Hühnerhof war, in ein großes hölzernes Huhn gesetzt und in einer tiefen Grube versenkt.

In jüngster Zeit hat die Idee eines deutschen Künstlers heftige Debatten ausgelöst. Er will einen Sterbenden oder einen gerade Gestorbenen in einem von ihm gestalteten Raum präsentieren- eventuell in einem Museum. Er verteidigt seinen Plan gegenüber der Öffentlichkeit so: „Die Realität des Sterbens in deutschen Kliniken, Intensivstationen und Operationssälen ist grausam, das ist der Skandal. Der Tod und der Weg dahin ist heute Leiden. Die Auseinandersetzung mit dem Tod, wie ich sie plane, kann uns den Schrecken vor dem Tod nehmen." Ein Künstler könne humane Orte für den Tod bauen, wo Menschen in Ruhe sterben können.

Kann allerdings ein womöglich inszenierter realer Menschentod mit „Besucherregelung" würdevoll sein?

Die Kulturbeauftragte der Evangelischen Kirche in Deutschland meinte dazu: „Immerhin hat die Diskussion auf einen blinden Fleck in der Gesellschaft gelenkt. Das ist mehr, als Kunst oft erreicht. Wer sich jetzt über den Künstler aufregt, muss sich fragen lassen: An welchen Orten richten wir denn Sterbezimmer ein, in denen die Ars moriendi, die Kunst des Sterbens, geübt wird? Wer nicht will, dass Sterben Kunst wird, muss die Kunst des Sterbens wieder üben, wie sie zur christlichen Tradition unserer Kultur gehört."

So ist die Hospizbewegung, die Sterbebegleitung anbietet, sehr zu begrüßen und sollte volle Unterstützung erhalten.

Ein Mensch ist Hansjörg Kindler begegnet, der diese Kunst schon vollkommen beherrschte. Sophia war erst vier Jahre alt und an einer agressiven Leukämie erkrankt. Sie sagte zu ihrem Vater: „Du hast mir versprochen, dass ich zu Hause sterben darf und nicht dazu in die Klinik muss." Hansjörg konnte sie besuchen, Freundschaft mit ihr schließen und sie mit Zaubern ein wenig zum Lachen und Staunen bringen. Sie umarmte ihn und sagte: „Jetzt geh' ich zu meiner Cindy". Das war ihr verstorbener Berner Sennhund. Dieses besondere weise Kind hat seine Umgebung mehr gelehrt als mancher große Theologe. Sie freute sich: „Im Himmel kann ich Schlitten fahren". Das ist auch der Titel des Buches, das ihr Vater über ihr kurzes reiches Leben schrieb.

Natürlich gab es auch ganz schreckliche Erlebnisse, die schwer zu verarbeiten waren. So saß Kaplan Hansjörg gerade beim Mittagessen bei seinem ersten Chef, da wurde er zu einem Unfall gerufen. Einer der Kolpingsöhne, deren Präses er war , hatte mit seinem Fahrrad an einer Ampel gehalten, sich dabei an einem LKW festgehalten, und als dieser anfuhr, stürzte der Radfahrer. Eine Schnapsflasche, die er in der Innentasche seiner Jacke trug ,zerbrach, ein Glassplitter drang ihm ins Herz und tötete ihn sofort. So fand ihn Hansjörg im Straßengraben liegen, von einem Tuch bedeckt, und gab ihm die Salbung mit den Worten „Se vivis - wenn du noch lebst." Denn wissen wir, wann die Seele wirklich den Leib verlässt?

Es lief die Karnevalssitzung „Mainz bleibt Mainz" im Fernsehen. Das Telefon klingelte, und Kaplan Kindler wurde ins Krankenhaus gebeten. Ein junger Mann, Opfer eines Autounfalls, lag tot auf der Bahre. Auch den kummergewohnten Schwestern liefen die Tränen herunter. Da niemand wusste, welcher Konfession er angehörte, spendete ihm Hansjörg auch bedingungsweise das Sakrament. Danach fuhr er zu der Unfallstelle, wo die Polizei noch tätig war. Der Kleinbus des Toten war mit einem Pkw zusammengeprallt, dessen Fahrer mit leichteren Verletzungen davonkam. Im Bus hatten sich keine Papiere gefunden. Aber der Kommissar fuhr mit dem Kaplan auf die Wache, und dort konnten sie anhand des Autokennzeichens die Adresse feststellen. Der Polizeibeamte bat den Kaplan sehr, in das betreffende Dorf im Hinterland zu fahren und die Todesnachricht zu überbringen. Der fuhr nun in der Nacht los, fand das Haus, an dem das Eingangslicht anging, als man drin das Motorengeräusch hörte und glaubte, dass der Mann und Vater heimgekommen sei. Eine junge Frau, hochschwanger, trat in den Lichtschein und bat erstaunt den fremden Mann mit dem umgedrehten Kragen in die Stube. Dort lief die Karnevalssendung aus Mainz. Der Schwager war da, und ein Kinderwagen mit einem Säugling stand neben dem Fernseher. Hansjörg schaltete den Fernseher aus und nahm die Frau in den Arm, da verstand sie sofort alles. Zwei Häuser weiter wohnte die Mutter des Toten, die auch gerade vor kurzem noch ein Kind geboren hatte. An diesem Abend machte Hansjörg sein Beruf keine große Freude.

Besonders bedrückend war es für Hansjörg, wenn es ein Kind war, das sein Leben verlor.

Der Bürgermeister eines Dorfes, das zu Kindlers Gemeinde gehörte, ein Bauer, hatte beim Rückwärtsfahren mit dem Traktor sein blondlockiges spielendes Töchterchen totgefahren. Ein junges Mädchen aus der Jugendgruppe ging von einem Abendgottesdienst heim und wurde unweit von seinem Elternhaus vergewaltigt und ermordet aufgefunden.

Ein junges Ehepaar war im Kino gewesen und hatte das einjährige Söhnchen schlafend daheim gelassen. Der Kleine hatte sich in den Laken verwickelt und war erstickt .Hansjörg kam in den OP - Raum, als die Ärztin gerade ihr Stethoskop wegnahm und resigniert „EX" sagte. Keiner von den Ärzten und Schwestern wagte es , den Eltern, die unten im Sprechzimmer warteten, die Hiobsbotschaft zu überbringen. Hansjörg wurde natürlich gebeten, ihnen die schwere Aufgabe abzunehmen. Der Vater, ein baumlanger Amerikaner mit seiner deutschen Frau, musste von Hansjörg wie ein Kind in den Arm genommen werden. Dann stürmte er schreiend die Treppe hinauf und warf sich über den kleinen Leichnam auf dem OP - Tisch, schüttelte ihn und rief immer wieder: „No, no, my little son, come back, you must live!"

Ein Elternpaar aus Norddeutschland war mit seinen drei Kindern zur Goldenen Hochzeit der Großeltern gefahren. Freunde hatten sich bereit erklärt, sie mit dem Wagen nach Süddeutschland zu bringen. Es war ein altes schwarzes Taxi, das genug Platz für alle bot. Die kirchliche und weltliche Feier mit dem Jubelpaar war sehr schön gewesen, und am nächsten Tag wollten die sieben Gäste noch einen kleinen Ausflug machen. Der Fahrer übersah dabei einen unbeschrankten Bahnübergang; die Lok des Regionalzugs schob den Wagen ein paar hundert Meter vor sich her. Als Pfarrer Kindler die Unfallstelle besichtigte und das total zertrümmerte Auto sah, hätte er nicht gedacht, dass da noch jemand lebend herausgekommen war. Doch die beiden Frauen und der Fahrer wurden mit leichteren Verletzungen ins Krankenhaus gebracht, ebenso die beiden kleinen Kinder, ein Junge und ein Mädchen. Nur den Papa, der auf dem Beifahrersitz gesessen hatte und die vierzehnjährige Tochter hatte man in die nächstgelegene Universitätsklinik geflogen, wo das Mädchen am nächsten Tag starb; der Vater musste sich einer langwierigen Behandlung unterziehen . Aber Hirnschäden blieben zurück. Im Krankenhaus hatte man nicht erlaubt, dass die Verletzten eine Zeitung mit dem Foto des Autowraks sahen. Als die Todesnachricht kam, ging Pfarrer Kindler in das Zimmer, in dem die beiden Frauen lagen, setzte sich ans Bett der Mutter und ergriff ihre Hand, ohne etwas zu sagen. Sie begann zu weinen und ahnte die schreckliche Wahrheit. Dann bekannte sie dem Priester, dass sie sich einer schweren Schuld bewusst sei und dies nun als Strafe Gottes ansah. Hansjörg versuchte, ihr das auszureden, vergeblich. Er nahm dann ein Foto von der Feier der Goldenen Hochzeit, auf dem die ganze Familie zu sehen war, fuhr zum Kolpingfotografen und ließ ihn das Bild der Vierzehnjährigen herauskopieren und vergrößern. Er steckte es in einen schönen kleinen Rahmen, ging zurück ins Krankenhaus und stellte es mit Blumen und einer Kerze auf den Nachttisch der verzweifelten Mutter, die immer das zerstörte blutige Gesicht ihrer Tochter vor sich sah. „So müssen Sie Ihr Kind in Erinnerung behalten!" Mehr konnte er im Augenblick nicht tun.

Es war kurz vor Weihnachten. Ein junger Bursche war mit seinem Wagen wegen überhöhter Geschwindigkeit und riskantem Überholmamöver mit einem entgegenkommenden PKW zusammengestoßen, in dem vier Familienväter saßen, die von der Arbeit heimfuhren. Alle vier waren sofort tot. Auch die fünfzehnjährige Schwester des Jungen, die mit ihm im Auto war, starb noch am Unfallort. Der Unglücksfahrer kam mit schweren Kopfverletzungen ins Krankenhaus, wo ihn Pfarrer Kindler besuchte. Die Ärzte hatten gebeten, nichts über das Geschehen zu sagen, da der Patient sich im Augenblick an nichts erinnern konnte. Als er später mit einem Messer einen Zimmergenossen angriff, kam er in eine psychiatrische Klinik.

Ob die Erinnerung zurückkam?

Beamte hatten das Verkehrsaufkommen auf der Bundesstraße gemessen, an der Hansjörg Kindlers Pfarrkirche stand. Sie beschlossen, einen Zebrastreifen zu entfernen. Der Pfarrer protestierte und rief auch die Gemeindemitglieder, vor allem die Eltern, zum Protest auf. Das war nämlich der Weg zur Kirche, zum Kindergarten und zum Lebensmittelgeschäft. Auf der anderen Seite war die Grundschule. Hansjörg fragte sich, zu welcher nachtschlafenden Zeit die Herren wohl die Straße beobachtet hatten. Vor kurzem war hier ein Schulbub tödlich überfahren worden. Pfarrer Kindler teilte der Verkehrsbehörde und den Zeitungen mit, dass ein totes Kind genug sei. Er malte ein Schild „Hier fehlt ein Zebrastreifen!" ,befestigte es an einem Laternenmast und drohte damit, ihn selbst wieder auf die Straße zu pinseln Er ließ den Verantwortlichen keine Ruhe, bis Ordnungsamt und Polizei auftauchten, alles noch einmal prüften und einen neuen Zebrastreifen anbringen ließen. Der war zwar ein paar Meter nach rechts versetzt, damit die Behörde ihr Gesicht wahren konnte, zusätzlich mit einer hohen gelben Peitschenleuchte auf jeder Seite.

Als die Fasnacht kam, bestellte Hansjörg bei einem Kostümverleih ein Zebrakostüm und steckte zwei Ministranten hinein. Die ganze Jugend ging mit ihrem Pfarrer an der Spitze beim Umzug mit hinter einer Tafel, auf der stand „Wir haben unser Zebra wieder!" Als Zigeunerprimas Joschi Papriko verkleidet sang der Pfarrer in vielen Gaststätten der Stadt u.a. den Vers: „Fahrt ihr mit Spikes oder Sommerreifen, dann bremst nur schön am Zebrastreifen! Damit auch ein Zigeunerkind sicher den Weg zur Schule find't! Faria, faria, ho!"

Hansjörg haderte schon sehr mit Gott, wenn er ein Kind begraben musste. Er fragte dann: „Herr, warum dieses kleine Wesen, das nun sein irdisches Leben nicht leben darf?" Er predigte zwar auch über den bekannten alten Gottesacker in Freiburg ,auf dessen Gräbern nicht nur Kreuze, sondern auch abgebrochene Säulen oder Pyramiden ohne Spitzen stehen als Zeichen dafür, dass hier ein hoffnungsvolles Leben anscheinend sinnlos abgebrochen wurde. „Aber", meinte er, „dann ergänzt bestimmt Gott in seiner Vatergüte, was hier fehlt. Wissen wir denn, ob der Verstorbene nicht vor einem schrecklichen Schicksal, z. B. einer langen Krankheit, durch seinen frühen Tod bewahrt blieb?" Versuche menschlicher Erklärung der undurchdringlichen und geheimnisvollen Gedanken und Wege des Schöpfers! Wie der Dichter Rainer Maria Rilke in seinem Stundenbuch sagt: „Ich lebe mein Leben in wachsenden Ringen, die sich über die Dinge ziehn. Ich werde den letzten vielleicht nicht vollbringen, aber versuchen will ich ihn."

Der Pfarrer musste ja auch Mütter trösten, die ein Kind vor oder bei der Geburt verloren hatten. An eines hatte er allerdings nie geglaubt, an den sogenannten „limbus puerorum", den Ort oder Zustand der ungetauften Kinder, die wegen der Erbsünde nicht ins Paradies kommen können, aber ohne persönliche Schuld auch nicht ganz von Gott verstoßen werden. Eine Erfindung von Theologen, die gottseidank in unseren Tagen von Papst Benedikt XVI. abgeschafft wurde. Hansjörg hatte den Müttern immer gesagt: „Sie werden Ihr Kind wiedersehen!" Denn er glaubte an Gottes Barmherzigkeit. „Auch wenn unser Herz uns anklagt, Gott ist immer größer als unser Herz!", das war einer seiner Lieblingsgedanken.

Hansjörg Kindler beerdigte auch Selbstmörder, obwohl diese früher außerhalb der Friedhofsmauer in ungeweihter Erde bestattet wurden. Er war der Meinung, dass ein Mensch, der seinem Leben selbst ein Ende setzte, so verzweifelt sein musste, dass er nicht mehr ganz Herr seines freien Willens war.

Allerdings hatte er auch Respekt vor der Entscheidung eines Todkranken, der bei klarem Verstand bestimmt hatte, ohne kirchlichen Beistand und Segen beerdigt werden zu wollen. „Herr Pfarrer, ich verrecke wie ich gelebt habe!", sagte einer zu ihm, als die gläubigen Verwandten den Pfarrer dann doch ans Krankenbett baten. Als der Mann ins Koma gefallen war, sprach Hansjörg zwar still eine Fürbitte, salbte ihn aber nicht, er konnte ihm auch nicht die Hostie zwischen die Zähne schieben. Er hätte das als eine Art Vergewaltigung angesehen.

„Bitte, hole mir den Pfarrer!", sagte eine sterbenskranke Mutter zu ihrer Tochter. „Ich möchte beichten und kommunizieren und die Krankensalbung empfangen." „Mama, so weit ist's doch noch lange nicht!"

Spät in der Nacht wurde er aber von der Nachtschwester angerufen; die alte Frau liege im Sterben. Während ihr Hansjörg die Stirne salbte - die Wegzehrung konnte sie nicht mehr empfangen- ergoss sich der Darminhalt der Kranken durch ihren Mund. Es war wie im Film „Der Exorzist", wo die Besessene einen Schwall stinkender Brühe von sich gibt. Hansjörg konnte sich gerade noch mit einem Sprung rückwärts retten und dabei die junge Nachtschwester auffangen, die ohnmächtig geworden war, weil sie so etwas noch nie erlebt hatte.

Eine andere Tochter stellte sich im Krankenhaus mit ausgebreiteten Armen und Beinen vor die Zimmertür, in der ihre todkranke Mutter lag. Sie sah aus wie der Apostel Andreas bei seinem Märtyrertod am X-Kreuz. Auf Bitten der Patientin hatte die evangelische Stationsschwester den katholischen Kaplan kommen lassen, aber die Tochter rief laut: „Nur über meine Leiche kommen Sie da rein! Die Verantwortung nehme ich auf mich." „Dann nehmen Sie mal!", sagte Hansjörg!

Die Frau starb ungetröstet, aber Hansjörg betete natürlich fest für sie.

Die falsche alte Bezeichnung „Letzte Ölung" hatte lange Zeit bewirkt, dass die Gläubigen meinten, danach wirklich sterben zu müssen. Hansjörg hatte es erlebt, dass manche mehrmals das Sakrament empfangen hatten und danach wieder gestärkt und gesünder aufgestanden waren.

Heute wird ja sogar zu eigenen Kranken- und Salbungsgottesdiensten eingeladen.

Ein Mann, der unweit der Kirche wohnte, stand jeden Sonntag als erster vor dem Kirchenportal, wartete bis der Sigrist kam und aufschloss und setzte sich dann in der hintersten Bank auf den ersten Platz. Die Bank ging nur bis zu einer Säule. Andere mussten über seine Beine klettern. Aber er war wirklich ein treuer Gottesdienstbesucher. Hansjörg traf seine Tochter eines Tages auf der Straße, die ihm sagte, dass der Vater morgen seinen 80. Geburtstag feiere. „Ich weiss das schon und werde selbstverständlich mit einer guten Flasche Wein aufkreuzen, ein Viertele mit ihm trinken und ihm den Segen geben." „Nein, das geht nicht", meinte ängstlich die Frau. „Da würde sich der Vater zu sehr aufregen, wenn ihm der Herr Pfarrer diese Ehre erweist, da kenne ich ihn zu gut. Das können Sie nicht machen!" Am übernächsten Tag war dann doch noch ein Hausbesuch angesagt. Der große alte Mann lag mit gespreizten Beinen tot an die Wand gelehnt im Hausflur. Herzschlag! Die jungen Rotkreuzler wollten mit ihrem Krankenwagen schon wieder abfahren, weil es für sie nichts mehr zu tun gab. „Kameraden," herrschte Hansjörg sie an, „wollt Ihr wohl den Toten wenigstens auf sein Bett legen!" Nachdem er die Worte der Absolution gesprochen hatte, sagte er zu der weinenden Tochter: „Lieber hätte ich ja gestern am Geburtstag ein Gläschen Roten mit ihm getrunken."

Den letzten Toten in seiner Pfarrei vergaß Hansjörg nie, denn der Weg zu ihm war sehr steil. Zwei Männer hatten auf einer Anhöhe einen Baum gefällt, dieser stürzte in die falsche Richtung und schlug dem einen eine Gesichtshälfte weg. Der Bürgermeister half dem Pfarrer, den Hang zu erklimmen, indem er ihn von hinten schob, und der Anblick verlangte sehr starke Nerven. Aber Hansjörg salbte halt das, was vom Kopf noch übrig war.

Doch es gab auch Besuche bei Sterbenden, die für den Pfarrer tröstlich waren, z.B. wenn eine alte Frau ihn bat: „Beten Sie nicht mehr für mich, dass ich wieder gesund werde! Ich bin müde und möchte heimgehen. Ich habe mein Leben gelebt und mein Werk getan."

Aber wenn es eine junge Mutter mit fünf noch nicht schulpflichtigen Kindern war, die Krebs hatte und den baldigen Tod vor Augen sah, oder der junge Handwerker mit kleiner glücklicher Familie, der sich vor nicht langer Zeit selbständig gemacht hatte und nun im besten Mannesalter gehen sollte, dann war es auch für den Priester sehr hart.

Anders, aber nicht weniger niederschmetternd war es, wenn der Tod selbst durch Dummheit oder Fahrlässigkeit verursacht war, wie bei dem Mann, der sich im Suff auf eine glühende Ofenplatte gesetzt hatte. Oder wenn der Tod bei den Hinterbliebenen keine große Trauer, sondern fast so etwas wie Genugtuung auslöste wie bei der Ehefrau mit einem Stall voll Kindern, der Hansjörg den Unfalltod ihres Mannes mitteilen musste. Er war bei seiner Freundin gewesen und auf dem Heimweg verunglückt.

Da bekamen Verstorbene plötzlich Mahnungen einer Versandfirma für angeblich gelieferte Sexliteratur. Die Angehörigen fielen aus allen Wolken, aber die Polizei klärte nach einer Haussuchung bei der betreffenden Firma den Fall schnell auf, und die findigen „Geschäftsleute" landeten im Kittchen.

Hansjörg musste seine Schäfchen auch vor einem „Medium" warnen, das öffentliche Sitzungen abhielt und verkündete, mit Verstorbenen in Verbindung treten zu können. Es hatte nicht viel Erfolg, aber manche fielen der Scharlatanerie zum Opfer, obwohl der Schwindel greifbar war. Die Dame, die Botschaften aus dem Jenseits übermittelte, verdiente gut dabei.

Hansjörgs Großmutter hatte immer gesagt: „Gell, wenn ich mal gestorben bin, dann heult nicht, trinkt ein gutes Tässchen Kaffee und erzählt ein bisschen von mir"!

Es war vor Ostern. Hansjörg war noch Kaplan und ging ins Krankenhaus, um in allen Patientenzimmern anzukündigen, dass am nächsten Tag Beichtgelegenheit ist und später dann eine Abendmahlfeier stattfindet Obwohl es keine Kapelle in dieser Klinik gab, waren die evangelischen Schwestern doch sehr bemüht, auch dem katholischen Geistlichen alles gut vorzubereiten. In einem Privatzimmer traf Hansjörg einen jungen Adeligen, einen Grafen. Da er selbst auf dem Internat viele adelige Schulkameraden hatte, wurden im Gespräch gleich gemeinsame Bekannte entdeckt. „Ich war früher gläubig", sagte der junge Mann, „aber ich gehe schon viele Jahre nicht mehr zur Kirche." „Vielleicht bietet Ihnen die Krankheit die Gelegenheit, ein wenig darüber nachzudenken. Ich lasse Ihnen etwas zum Lesen da und schaue morgen nochmals vorbei. Ich will Sie nicht drängen."

Am nächsten Morgen, als Hansjörg auf der Privatstation ankam, war dort alles in heller Aufregung. Die Oberschwester entschuldigte sich, dass noch kein Beichtzimmer gerichtet sei. Eine Besucherin sei eben umgefallen, und der Oberarzt wäre bei ihr, ein Afroamerikaner. Als Hansjörg ins Zimmer kam, drückte der Arzt der eben Verstorbenen gerade die Augen zu. Am Ende des Ganges saß der junge Graf in einem Sessel, eine Dame und ein Herr mit grauem Schnurrbart standen bei ihm. Sie sagten ihm, dass die Besucherin zu ihnen gehöre und katholisch sei. Hansjörg sprach die Sterbegebete, absolvierte und salbte sie.

Dann erfuhr er von dem Grafen folgendes: Die alte Dame war seine Kinderfrau gewesen, die ihn heute mit seiner Schwester und deren Mann besucht hatte. Er erzählte ihr auch vom Besuch des Kaplans und sie sagte zu ihm: „Fang halt wieder an, du warst doch früher ein eifriger Christ!" Dann fiel sie um, nach ein paar Minuten war sie tot, in dieser Zeit war Hansjörg auf die Station gekommen. Nachdem er kondoliert hatte, ging der Krankenhausseelsorger in das inzwischen vorbereitete Beichtzimmer, der junge Graf kam und legte eine Lebensbeichte ab. Er war auch dabei, als die Osterkommunion ausgeteilt wurde.

Pfarrer Kindler war mit einer Jugendgruppe nach Berlin gefahren. An der Zonengrenze schnauzte ihn ein Vopo an, der eine „Bildzeitung" im Kleinbus entdeckt hatte. „Wissen Sie nicht, dass es verboten ist, solche westlichen Dekadenzprodukte in die Hauptstadt der DDR einzuführen?" Hansjörg zeigte mit Genuss dem sozialistischen

Grenzsoldaten das Impressum des Blattes. Es war die SED, die diese Zeitung im Stil von BILD als Propagandaschrift mit Hetzartikeln schon an der ersten Grenze verteilt hatte. Dem bedauernswerten Wächter am „antifaschistischen Schutzwall" war das noch nicht bekannt, und er ging schweigend davon.

Übrigens hatte Hansjörg zwei Mäntel übereinander an und neben diesem Geschenk für einen Berliner Pfarrer auch theologische Schriften dabei, aber das merkte keiner.

Dann der Gedenkgottesdienst, den Hansjörg mit seinen Mädchen und Jungen unter einem stählernen T-Träger, dem Galgen im Hinrichtungsraum von Plötzensee, feierte. Der Richtblock für die Enthauptungen stand vor dem Altar. Da waren sie qualvoll gestorben, die Opfer der braunen Verbrecher, an Fleischerhaken aufgehängt. Der „Führer" schaute sich die Todeszuckungen im Film an. Es waren Männer des 20. Juli und unzählige andere. „Wir haben keine persönliche Schuld", sagte Hansjörg seiner Jugend, „aber wir müssen ewig Scham darüber empfinden, dass so Entsetzliches in unserm Volk geschehen konnte, dass aus einem Volk der Dichter und Denker einmal ein Volk der Richter und Henker geworden war."

Pfarrer Kindler wurde auch einmal gebeten, am Volkstrauertag auf einem deutschen Soldatenfriedhof zu sprechen. Viele der Zuhörer baten ihn später, ihnen die Rede schriftlich zukommen zu lassen. Obwohl das schon lange her ist, ist sie wohl im Kern leider heute noch genau so aktuell. Und darum steht sie hier:

Zum Volkstrauertag versammelte Zuhörer!

In diesen Tagen ging ein Foto durch die Weltpresse: Eine israelische Mutter küsst das Grab ihres Sohnes, der in diesem Jom – Kippur - Krieg gefallen ist. War sein Tod sinnvoll, starb er als Held auf dem „Feld der Ehre"? Ich meine, der gemeinsame Trunk aus einer Feldflasche, der Händedruck, das Gespräch zwischen Israelis und Arabern wären auch vorher möglich gewesen, nicht erst über Tausenden von frischen Gräbern junger Menschen. Lernt die Menschheit nichts dazu? Wie viele solcher Gräber müssen noch geschaufelt werden in allen Teilen der Erde, bis sich die Menschheit brüderlich zusammenfindet?

Einmal im Jahr, am Volkstrauertag, gedenken wir Deutschen der Gefallenen der Weltkriege. Sie sind gestorben entweder in jugendlicher Begeisterung und im guten Glauben an eine große Sache, verführt von gewissenlosen und größenwahnsinnigen Verbrechern, oder gezwungen und ohne Möglichkeit, sich diesem Schicksal zu entziehen.

Was sagen uns Lebenden diese Gräber? Kommen wir nicht, um einer lästigen Pflicht zu genügen und diese Zeremonie möglichst schnell hinter uns zu bringen? Sind uns diese Gräber mehr Mahnmal als Ehrenmal? Mahnung, uns Tag für Tag dafür einzusetzen, dass dieses Schreckliche sich nicht mehr wiederholt durch unsere Schuld oder unsere Unterlassung?

Wir sind abgestumpft gegen den Massentod; vielleicht bringt uns noch der Tod eines einzelnen, uns nahestehenden geliebten Menschen aus dem Gleichgewicht. Aber der Tod von Vielen per Fernsehen täglich frei Haus geliefert, wen erschüttert der noch? Der Tod von Unzähligen auf der Straße, der dritte Vietnamkrieg, der in Wirklichkeit schon begonnen hat, die tausend Äthiopier, die jede Woche verhungern, die Millionen in der Sahelzone . Wirkliche Anteilnahme ringt uns doch nur der zugedrehte Ölhahn ab.

Wir alle kennen das entsetzliche Wort des Massenmörders Heinrich Himmler an seine SS-Leute: „Von euch werden die meisten wissen, was es heisst, wenn 100 Leichen beisammen liegen, wenn 500 da liegen oder 1000 da liegen. Dies durchgehalten zu haben und dabei- abgesehen von Ausnahmen menschlicher Schwächen - anständig geblieben zu sein, das hat uns hart gemacht. Das ist ein niemals geschriebenes und niemals zu schreibendes Ruhmesblatt unserer Geschichte."

Nein, wir haben vielleicht noch keinen umgebracht. Aber sind wir nicht ebenfalls hart geworden? Geht es uns nicht auch darum, in diesem Hexenkessel „anständig" zu bleiben? Fragen wir uns, meine Zuhörer, ob wir wirklich schon alle unsere inneren und äußeren Feindbilder abgebaut, alle unsere Vorurteile beseitigt haben. Ich will es mir ersparen, Ihnen dafür konkrete Beispiele zu nennen. Sie finden sie mit gutem Willen sehr schnell schon bei Ihren Kindern. Ob sie bei denen angeboren sind, möchte ich bezweifeln.

Der Friede ist machbar, aber er ist ein hartes Stück Arbeit, und auch hier muss im Hause beginnen, was leuchten soll im Vaterlande und in der Welt.

Sie haben mich, einen Diener der Kirche, gebeten, Worte zum Volkstrauertag zu sprechen. Deshalb erwarten Sie wohl nicht, dass ich die Gedenkfeier mit einer hohlen Phrase beschließe, die den Kriegsopfern nicht gerecht wird. Der Glaube bleibt nicht nur in der Erinnerung stehen, ihm gehört die Zukunft. Er weiß auch um die Zukunft dieser Heere von Toten in einem neuen Himmel und auf einer neuen Erde. Er hält sich fest an dem, der den Tod in seinem freiwilligen blutigen Sterben überwunden hat und der wiederkommen wird, die Lebenden und die Toten zu richten. Er wird alle, die an ihn glauben und in ihm das Leben haben, auch wenn sie schon gestorben sind, heim holen in das ewige Friedensreich seines Vaters; das ist keine Utopie und kein frommes Märchen. Gott ist nicht tot, er lebt und er will, dass auch wir das Leben haben und es in Fülle haben.

Wenn wir immer wieder von diesen Gräbern zurückkehren in die Welt der Lebenden, in diese vom Bösen beherrschte und doch letztlich Gott geweihte Welt mit dem festen Vorsatz, mit allen unseren Kräften für den Frieden zu wirken, dann waren die Opfer der Kriege nicht ganz umsonst, und dann wird auch uns ein Wiedersehen mit unsern gefallenen Brüdern geschenkt. Selig nicht die Friedfertigen, selig die Friedensstifter: denn sie werden Kinder Gottes genannt werden.

Den Tod zweier Erzbischöfe hat Hansjörg Kindler erlebt. Unter dem ersten war er ins Seminar eingetreten; der Nachfolger hatte ihn zum Priester geweiht.

Der erste wurde in der Konviktskirche aufgebahrt, und die Alumnen konnten sich freiwillig melden, zu zweit jeweils für eine Stunde die Totenwache zu übernehmen. Seltsamerweise meldete sich für die Zeit um Mitternacht keiner außer Hansjörg, der dann allein am offenen Sarg des Oberhirten kniete und betete. Der Tote lag da in seinen bischöflichen Gewändern mit Hirtenstab, Brustkreuz und Ring, die vor dem Schließen des Sarges herausgenommen wurden. Im Todeskampf hatten sich die Zähne des Apostelnachfolgers in die Lippen gebohrt. Hansjörg meditierte über die Worte der Schrift „Keiner kennt den Tag und die Stunde!" Jeden trifft es!

Der Bischof, der Hansjörg geweiht hatte und in seiner ganzen Kaplans- und Pfarrerzeit sein oberster Chef war, (wenn man den Papst nicht berücksichtigt), starb an einem Wochenende in der kleinen Kapelle eines Schwarzwalddorfes. Dahin hatte er sich einige Tage zurückgezogen, um „aufzutanken". Am Sonntagabend ging er noch einmal in das schlichte Gotteshaus, um auf den Altarstufen den Rosenkranz zu beten; dabei starb er. „Ein wunderschöner Tod für einen Diener des Herrn", dachte Hansjörg.

Kaplan Kindler wäre fast sein Privatsekretär geworden. Das verriet ihm einmal der Sekretär und spätere Weihbischof. Aber Hansjörg rauchte damals noch, und der hohe Herr, der ein absoluter Nikotingegner war, entschied sich anders. Als Hansjörg davon hörte, betete er im Stillen: „Danke Herr, dass dieser Kelch an mir vorübergegangen ist"!

Die Beisetzung war an einem strahlenden Sonnentag in der Kathedrale mit Tausenden von Trauergästen wie es sich für einen „Kirchenfürsten" gehörte.

Das 2. Vatikanische Konzil hatte manche liturgischen Reformen und Veränderungen gebracht. So war es den Geistlichen nun auch gestattet, statt der schwarzen Paramente, der Messgewänder und Stolen, auch violette als Zeichen der Trauer zu wählen.

Hansjörg hatte in einer Stadt am Bodensee ein Seelenamt für eine Verwandte zu halten. Der dortige Mesner, ein Original, war ihm bekannt, und auch, dass dieser mit den vielen Neuerungen nicht einverstanden war. So sagte er, als der ihn fragte, ob er violette oder schwarze Gewänder richten solle: „Natürlich schwarze!" Strahlend meinte der dankbare Kirchendiener: „Gelletse, der Tod ist doch schwarz!"

Dieses Kindler-Gedicht rief in der Gemeinde unterschiedliche Reaktionen hervor. Einige nach Werner Bergengruen: „Manche Fromme runzelte die Stirne, gern bereit, ein Ärgernis zu nehmen." Hansjörg störte es nicht:

DIE LEICHE

Unser Opa ist verschieden,
und gerade jetzt - verd....
Nun, er ruhe halt in Frieden!
Auf zum Pfarr- und Standesamt!

Das Theater, das Gerenne!
Habt ihr schon den Sarg bestellt?
Hört doch auf mit dem Geflenne!
Wem vermacht er wohl sein Geld?

Wart ihr auch schon auf der Zeitung?
Ja, die wissen, was man schreibt;
haben weiteste Verbreitung,
und ein guter Eindruck bleibt.

Der Gesangverein wird singen,
und auch die Gewerkschaft spricht.
Blasmusik soll dann erklingen;
Opa zahlte, drum ist's Pflicht.

Die Verwandtschaft ist beisammen,
fast zu klein ist unser Haus.
Und beim Schein der Kerzenflammen
denkst du an den Leichenschmaus.

Alles drückt sich in die Bänke,
Frauen links und Männer rechts.
Opas ewiges Gezänke
ist vorbei, ich denk' nichts Schlecht's.

Und der Pfaff will, dass wir beten,
(früher war das doch Latein! ?)
Mensch, der kriegt doch die Moneten,
warum kann der's nicht allein?

Spricht von Tod und Auferstehung –
selig, wer dran glauben kann.
Bei mir gibt's da gleich ne Blähung:
einmal bin auch ich ja dran.

Die Verwandten, schwarze Dohlen,
ducken bei der Predigt sich.
Opas Seele, Gott befohlen,
darf nun ruhen ewiglich.

Nur bezahlte Klageweiber
gehen dann zur Kommunion.
Pfaffen sind doch Sklaventreiber,
ich hab' längst genug davon.

Schön war's trotzdem bei der Leiche,
so ein Anlass alle eint.
Meine erste Frau, die bleiche,
hat ein bisschen nur geweint.

Gibt es sowas, mögt ihr fragen.
Ja, das gibt's, doch irgendwo.
Uns trifft keine dieser Klagen,
gottseidank, w i r sind nicht so!

KURZE NACHLESE

Ein Kunde beschwert sich: „Wieso ist dieser Sarg so teuer? Im Geschäft an der Hauptstraße kostet er 200 € weniger!" „Ja", sagt der Bestattungsunternehmer, der sich jetzt Funeral Master nennt, überlegen „legen Sie sich mal da rein und versuchen Sie, es sich bequem zu machen!"

Durch einen urwüchsigen Humor zeichnen sich die Tiroler aus, und selbst vor dem Tod macht er nicht halt. Auf manchen Friedhöfen blüht der Humor an schmiedeeisernen Kreuzen. Man findet da derb - skurrile Grabsprüche, die mehr zum Schmunzeln als zu Betrachtungen über das Jenseits anregen. Ein Hersteller solcher Kreuze, ein Kunstschmied, sammelte etliche solcher kräftiger Sprüche. Damit sie recht zur Geltung kamen, legte er hinter seiner Werkstatt zwischen Bäumen und Sträuchern einen Scheinfriedhof an: an echten alten Grabkreuzen befestigte er Tafeln, auf denen jedermann lesen konnte, was den Vorfahren an kuriosen Nachrufen so eingefallen war. So entstand eine Sehenswürdigkeit ganz besonderer Art, ein „Schmunzelfriedhof" ohne Tote.

Aus dem 19. Jahrhundert stammt dieser Spruch: „In diesem Grab liegt Anich Peter, die Frau begrub man hier erst später. Man hat sie neben ihm begraben, wird er die ew'ge Ruh nun haben?"

Mehr kühl - sachlich, aber gerade darum so komisch, ist die Feststellung an einem andern Kreuz: „Hier ruht Michael Wiesner, und zwar bis zum Tag der Auferstehung."

Nicht gerade die Hochachtung seiner Mitbürger muss sich ein Johannes Weindl erworben haben, denn ihm schrieb man aufs Grab: „Hier liegt Johannes Weindl, er lebte wie ein Schweindl. Gesoffen hat er wie eine Kuh, der Herr geb' ihm die ew'ge Ruh." Und nicht weniger zartfühlend ist dieser Spruch: „Hier liegt der Lehrer Martin Krug, der Kinder, Weib und Orgel schlug."

Ein weiteres Glanzstück der Sammlung: „Es ruhet hier die ehr- und tugendsame Jungfrau Genoveva Voggenhuberin, betrauert von ihrem einzigen Sohn."

Todesursachen findet man auf den ergreifend ulkigen Grabsprü- chen: „Hier in dieser Gruben liegen zwei Müllerbuben. Geboren am Chiemsee, gestorben an Bauchweh" sowie „Hier liegt Elias Gfahr, gestorben im 60sten Jahr. Kaum hat er das Licht der Welt erblickt, hat ihn ein Wagenrad erdrückt".

Auf ein nicht gerade sonniges Eheleben lässt die Inschrift schlie- ßen: „Hier ruht in Gott Adam Lentsch, 26 Jahre lebte er als Mensch und 37 Jahre als Ehemann."

Es war noch zu Zeiten der Sowjetunion. Als die Russen von den Tschechen verlangten, den St. Veit-Dom in Prag in St. Leonid - Dom umzubenennen, bedauerten jene mit dem Hinweis, sie kennten keinen Heiligen namens Leonid. Darauf ergänzten die Russen die Weisung, dass es sich um ihren Parteivorsitzenden Leonid Bre- schnew handle. Hocherfreut telegrafierten die Tschechen zurück: „Sind einverstanden, bitte Gebeine schicken!"

Ein katholischer Kaplan aus der norddeutschen Diaspora ist ge- storben und wird von seinem Schutzengel durch die Himmelspfor- te geleitet. „Was ist eigentlich das typisch Himmlische hier oben?" fragt er den Heiligen Petrus mit seinem Schlüsselbund? „Zuerst bekommst du mal deinen größten Wunsch erfüllt", sagt dieser, und vor dem staunenden Neuankömmling steht ein nagelneues Motorrad, eine Yamaha. In seiner Diasporagemeinde hatte er nur ein klappriges Fahrrad, mit dem er die paar verstreuten Katho- liken in den verschiedenen Orten aufsuchen konnte. Er schwingt sich freudig in den Sattel und braust los. Hinter einer Wolkenbank begegnet er einem evangelischen Pastor in einem schicken Opel Astra. Empört fährt er zu Petrus zurück und beklagt sich: „Wer war hier Priester der Alleinseligmachenden Kirche? Ich bekomme ein Motorrad, und der Protestant fährt einen tollen Wagen !" „Das ist die ausgleichende himmlische Gerechtigkeit", sagt milde lächelnd der heilige Pförtner. „Der hatte eine böse Frau und du den Zölibat!" Beruhigt startet der Kaplan wieder, da kommt ihm plötzlich ein jüdischer Rabbiner in einem chromglänzende Cadillac entgegen. Zurück zum Himmelstor, protestiert der Kaplan lauthals: „Also das mit dem Pastor habe ich kapiert. Aber dass der Rabbi einen Cadillac fährt ist doch ein zu starkes Stück!" „Kann leider nichts machen", flüstert der Heilige Petrus hinter vorgehaltener Hand, „Verwandtschaft vom Chef."

Eine Dame kommt zum Pfarrer und fragt ihn: „Können Sie bitte meinen Rauhaardackel beerdigen?" „Wo denken Sie hin, ich begrabe doch keinen Hund!" „Dann muss ich eben mit d en 500 € zum evangelischen Pastor gehen." „Gnädige Frau, warum haben Sie denn nicht gleich gesagt, dass der Hund katholisch war?"

Der Mühlenbauer im Berchtesgadener Land ist gestorben. In der Schlafstube ist er aufgebahrt in der heimatlichen Tracht mit den Wadenstrümpfen, der Krachledernen und den gestickten Hosenträgern. In den wächsernen Händen hält er den Rosenkranz. Familie, Freunde und Nachbarn nehmen Abschied, beten und sprengen Weihwasser. Aber jeder, der ans Bett herantritt, kann ein Schmunzeln oder gar einen Lacher nicht unterdrücken. Auf dem Steg der Hosenträger steht bunt gestickt: Aber gsund samma!

Ein Ehepaar beschließt, dem kalten Winter für eine Woche zu entfliehen und in den Süden zu reisen. Aus beruflichen Gründen kann die Ehefrau erst einen Tag später nachfliegen. Der Mann, im Hotel im tiefen Süden angekommen, bezieht sein Zimmer, holt seinen Laptop heraus und schickt sogleich eine e - mail an seine Gattin. Dummerweise lässt er beim Eingeben der Adresse einen Buchstaben aus, und so landet die Nachricht bei einer Witwe, die soeben ihren Mann zu Grabe geleitet hat. Diese blickt auf den Computer, um nach eventuellen Beileidsbekundungen von Freunden und Bekannten zu sehen. Als der Sohn der jungen Witwe das Zimmer betritt, liegt diese ohnmächtig auf dem Boden, sein Blick fällt auf den Bildschirm des PC, wo zu lesen ist:

„Liebste, ich bin soeben gut angekommen, habe mich hier bereits gut eingelebt und sehe, dass alles für deine Ankunft morgen schon bestens vorbereitet ist. Wünsche dir eine gute Reise und erwarte dich, in Liebe, dein Mann. P . S. Verdammt heiß hier unten!!!"

# 11

EIN EINNEHMENDES WESEN

„Ohne Moos nichts los!"

Da die irdische Kirche aus Menschen und nicht aus Engeln besteht, ist sie leider auch auf Geld angewiesen.

Aber die Verwendung sollte durchsichtig sein in Pfarrei und Diözese; die Gläubigen müssen wissen, was mit ihrer Kirchensteuer und ihren Spenden geschieht. Wenn allerdings jemand gegen die Kirchensteuer wetterte, die bei uns vom Staat eingezogen wird, dann hielt Hansjörg Kindler ihm das Beispiel USA entgegen. Dort gibt es sie nicht, und die Kirche baut und unterhält trotzdem Kindergärten, Schulen, Krankenhäuser und sogar Universitäten. Der Nachteil ist allerdings, dass fast in allen Gottesdiensten über Geld gepredigt wird. Gut fand es Hansjörg auch nicht, dass ein Landpfarrer im Süden Frankreichs oder Italiens auf den Klingelbeutel angewiesen ist und oft nicht weiß, wie er sein altes Fahrrad reparieren soll oder was er am nächsten Tag zu essen hat. Natürlich bemüht sich die Weltkirche um Ausgleich, aber das klappt nicht immer. Und Hansjörg knirschte schon mit den Zähnen, wenn er von einem Missionsbischof hörte, der in seiner Heimat Spenden sammelte und dann inmitten der afrikanischen Grashütten ein pompöses Bischofspalais und eine große Kirche baute. Ein schwarzer Diktator errichtete sogar in seinem Heimatdorf als persönliches Denkmal einen kleinen Petersdom, und der Papst weihte ihn ein.

Auch die Mafia mischte schon mit in der „Bank des Heiligen Geistes"
im Vatikan. Der amerikanische Erzbischof, der „Finanzexperte" in diesem Fall, den die italienische Justiz ausgeliefert haben wollte, genoss
Asyl im Vatikanstaat, obwohl dieser Millionenverluste zu beklagen
hatte. Aber schon Jesus hatte große Probleme mit seinem Kassenwart
Judas Iskarioth, „der ein Dieb war".

Nun, Hansjörg brauchte auch Geld für seine Pfarrei und für die
Aufgaben der Erzdiözese. Aber er beschloss, seinen Pfarrangehörigen
mit Humor das Geld aus der Tasche zu ziehen, ihnen so das „ein-
nehmende" Wesen der Mutter Kirche etwas sympathischer und ver-
ständlicher zu machen. Ein Seelenhirte soll einmal dem Ordinariat
geschrieben haben, als er wegen einer nicht durchgeführten Kollekte
angemahnt wurde: „Ich bin dazu bestellt, meine Herde zu weiden
und nicht, sie zu melken!" Der Vergleich hinkt natürlich, denn jeder
Landwirt weiß, dass sein Vieh auch gemolken werden muss.

So beschloss Hansjörg zunächst einmal, nur bei den drei bis fünf
Jahreskollekten, wenn die Spendentütchen ausgeteilt wurden, ein
paar Worte auf der Kanzel dazu zu sagen.

Er schrieb dieses Gedicht ins Pfarrblatt:

Kusshymne

„Seid umschlungen, Millionen,
diesen Kuss der ganzen Welt!"
sing ich gern, doch wo wir wohnen,
reicht der nicht, man will auch Geld.

Unser Pfarrer sagt uns immer:
Streckt die Hand dem Bruder hin!
Ach, der hat doch keinen Schimmer,
warum ich dem böse bin.

Auch der Neger in der Wüste
sei mein Bruder! Sieh mal an!
Niemals ich nen Schwarzen grüsste,
weil ich Schwarz nicht leiden kann.

Helft ihm, nährt ihn, rettet einen,
denn Millionen hungern schon!
Tät ich's, wüsste ich doch keinen,
der mehr gäb' als Gotteslohn.

Ach's ist schwer, als Mensch zu handeln,
Samariter gar zu sein.
Und auf Jesu Spur zu wandeln,
fällt mir dann erst recht nicht ein.

„Seid umschlungen, Millionen,
diesen Kuss der ganzen Welt!"
Wird man strafen mich statt lohnen,
weil das Lied mir so gefällt?

Das Ergebnis der normalen Sonntagskollekte veröffentlichte Hansjörg einfach in seinem wöchentlich erscheinenden Pfarrbrief - ohne Kommentar. Und er bemerkte mit Freude, dass der Klingelbeutel automatisch schwerer wurde, wenn die Summe am vorhergehenden Sonntag geringer gewesen war.

Aber es gab auch die Forderungen der Kirchenbehörde, so etwa jeden zweiten Sonntag. Da musste gesammelt werden für die Büchereien, die Mädchenheime oder andere sicher wichtige Anliegen. Doch Hansjörg mochte es nicht, selbst die Kollekte zu teilen: soviel für meine Pfarrei, soviel für den Bischof. Er führte einfach eine zweite, die Türkollekte, ein, und zwar jeden Sonntag. Zwei Ministranten standen dann mit Körbchen am Ausgang. Wofür dieses Geld war, hatte man im Pfarrblatt lesen können. Jeder war nun frei, nach seiner Überzeugung für die Wichtigkeit des Spendenziels etwas zu geben oder nicht.

Dann stand zwischen den letzten Bankreihen z. B. ein Rasenmäher, der dringend für das Grüngelände um die Kirche herum benötigt wurde, und man begutachtete ihn fachmännisch. Oder es lag ein schwarzer Teppich da, auf dem die Osterkerze beim Seelenamt stehen sollte.

Die Minis wollten ein Zeltlager durchführen. Ein Zelt hatte ihnen der Pfarrer geschenkt, ein zweites hatten sie mit Altpapierverkauf selbst verdient, und nun stand noch eins vor der Kirche. Die Messdiener hielten den Gläubigen statt des Körbchens ein Kochgeschirr hin, und das dritte Zelt war finanziert.

Hansjörg suchte Spender für Bänke im Kirchengelände, auf denen sich Mütter mit ihren Kinderwagen beim Spaziergang ausruhen konnten. (Die Spendernamen wurden auf kleinen Messingschildchen an der Lehne angebracht). Er bekam alle benötigten Gelder mit Leichtigkeit zusammen, und seine Gemeinde war, gemessen an der Seelenzahl, mit an der Spitze der Erzdiözese, was die Spendenfreudigkeit betraf.

Der Ständer für die Osterkerze war eine primitive Holzstange, und Hansjörg wollte für dieses wichtige Symbol etwas Wertvolleres anschaffen, da die Kerzenflamme nicht nur in der Osternacht, sondern auch bei der Tauffeier und bei den Messen für Verstorbene leuchten sollte. Er ließ den Vertreter eines Fachgeschäfts kommen, der ihm verschiedene künstlerisch gestaltete Exemplare vorführte. Hansjörg entschied sich für einen Leuchter mittlerer Preisklasse, der in einigen Tagen geliefert werden sollte. Es kam aber dann doch ein anderer, der zwar schöner, aber auch erheblich teurer war. Bevor Pfarrer Kindler ihn zurückschickte, stellte er ihn mal neben das Taufbecken. Als er nach einer Abendmesse ins Pfarrhaus kam, klapperte der Briefkasten. In einem Briefumschlag lagen ein 50 DM-Schein und ein Zettel mit folgenden Zeilen: „Sehr geehrter Herr Pfarrer! Gottseidank haben Sie endlich den hässlichen Osterleuchter entfernt. Ich bin zwar ein alter Mann mit einer kleinen Rente. Aber ich beglückwünsche Sie zu Ihrem guten Geschmack und lege Ihnen 50 DM bei; vielleicht kann ich später noch ein wenig mehr geben." Keine Unterschrift.

Hansjörg stellte den Osterleuchter am nächsten Sonntag hinten in der Kirche auf, las den Brief des freigebigen Rentners vor, und mit der Türkollekte war auch dieses wertvolle Stück bezahlt.

Während eines feierlichen Amtes sollte eine Sängerin aus der Nachbargemeinde das „Ave Maria" singen. Hansjörg sagte bei der Begrüßung: „Heute singt Frau Erna Gebel zur Gabenbereitung. Es wäre schön, wenn sie nicht durch das Klappern der Münzen im Klingelbeutel gestört würde. Das Rascheln von Scheinen wäre leiser". Die Gemeinde schmunzelte und hielt sich daran.

Für eine wichtige Kollekte, die er im Pfarrblatt ankündigte, kaufte Hansjörg einige Bogen Metallfolie, ließ sie in kleine Rechtecke schneiden und in jeden Pfarrbrief einkleben. Die Folie, die jetzt ein Spiegel war, hatte die Unterschrift: „Ein großzügiger Spender schaut dich an."

Sogar mit „Sex in der Kirche" hat Hansjörg es einmal probiert. Die Kirchenbesucher erhielten am Eingang ein gefaltetes Blatt. Auf der Vorderseite sah man eine Zeichnung von Männern in Kirchenbänken, die ein paar Groschen in der Hand hielten, den Mesner mit der Klingelbeutelstange vor ihnen und den Pfarrer mit sauertöpfischer Miene im Hintergrund. Darüber stand „Diasporasonntag 19..", das Datum des Vorjahres. Auf der nächsten Seite dann das aktuelle Datum, der Pfarrer strahlt, und statt des alten Mesners sammelt eine hübsche junge Dame im Minirock die Kollekte ein. Die Männer in den Bänken haben ganze Bündel von Banknoten in der Hand.

An diesem Tag gab es bei Hansjörgs Frühmesse und Hauptgottesdienst nur jeweils zwei statt vier Ministranten. Bei der Gabenbereitung standen links und rechts zwei nette Mädchen im Minirock auf und sammelten. Das Ergebnis war überwältigend. Hansjörg hat es nicht gebeichtet.

Allerdings wollte Hansjörg seine Gemeinde auch nicht überstrapazieren. So ärgerte er sich, wenn er für die Fastenzeit die große Misereorkollekte gegen den Hunger in der Welt ankündigen und gleichzeitig in der ersten Fastenwoche die Caritassammlung durchführen sollte. Sein Freund Alfons in der Nachbargemeinde schickte manchmal einfach 1 DM an den Bischofssitz, und die Bürokratie war zufrieden. Der Eingang der Summe der Pfarrgemeinde X. wurde abgehakt. Die Kollektur beschwerte sich nicht.

Hansjörg passte das nicht. Er schrieb einen Brief an die Behörde, bat darum, die Sonderkollekten etwas einzuschränken und schickte gar nichts. Alfons meinte, die armen Würstchen, die Angestellten in der Kollektur, könnten doch nichts dafür, und niemand von Bedeutung würde Hansjörgs Schreiben lesen.

Pfarrer Kindler hatte z.B. auch darum gebeten, ihm einmal zu erklären, was mit dem sogenannten „Peterspfennig", der Abgabe für den Heiligen Vater in Rom, geschehe. Werden damit die Putzfrauen in der Peterskirche bezahlt oder die Träger der Sedia gestatoria, des päpstlichen Tragsessels, heute vielleicht der Chauffeur des Papamobils? Der humorvolle Johannes XXIII. hatte gleich nach seiner Inthronisation das Gehalt der Träger erhöht, weil sie mit ihm ja mehr zu schleppen hatten als mit seinem schlankeren Vorgänger Pius.

Es kam ein Anruf aus dem Ordinariat von einem gewissen Dr. G., von dem bekannt war, dass er Pfarrer, die Probleme machten, erst mal telefonisch zurechtweisen musste. „Sollen Sie wieder einen zusammenstauchen?", fragte Hansjörg. „Und was für einen!", antwortete Dr. G. , um dann über die Verantwortung der einzelnen Gemeinden für die Diözese und die Weltkirche zu referieren, was Hansjörg nie abstreiten wollte. „Bis wohin ist denn mein Brief gegangen?" „Bis zum Generalvikar." Mehr wollte Hansjörg in diesem Fall auch nicht erreichen.

Ob der Zimmermannssohn aus Nazareth wirklich ahnte, wie sein Wort „Gebt dem Kaiser, was des Kaisers ist und Gott ,was Gottes ist!" in den folgenden Jahrhunderten oft ausgelegt würde?

Hansjörg fiel einmal dieser Vers ein:

> Käm´ heut' der Herr zum Vatikan
> mit grobem Rock und mit Sandalen,
> tät man ihn gleich in Acht und Bann,
> und für sein Outfit müsst´ er zahlen.

Ein Erzbischof antwortete mal Kritikern, die meinten, ein dicker Mercedes sei doch nicht das richtige Gefährt für einen Nachfolger des Wanderpredigers aus Galiläa:

„Wenn es nach euch ginge, müsste ich noch auf einem Esel um den See Genesareth herumreiten!" Natürlich hat sich die Erde weitergedreht, und auch ein Bischof soll ausgeruht bei einer Tagung oder Firmung ankommen. Außerdem wird der Dienstwagen meist nicht von ihm allein benutzt. Als Hansjörg selbst einmal seinem Oberhirten eine ähnliche Frage bei einem Priestertreffen stellte, sagte dieser: „Jeder Metzger fährt heute einen Mercedes!" Und Hansjörg: „Die brauchen ihn aber, um den Anhänger mit dem Schlachtvieh zu ziehen."

Immerhin wurden die fürstlichen Schleppen der Kardinäle und Bischöfe schon vor längerer Zeit abgeschafft und mancher andere feudale Zopf wurde abgeschnitten.

Hansjörg Kindler lernte einen Herrgottsschnitzer aus dem Schwarzwald kennen und bewunderte dessen herrliche Krippenfiguren. In seiner Kirche gab es nur uralte aus Gips, die alle ziemlich lädiert waren. Da fehlten einem Heiligen König ein paar Finger, ein Hirte hatte nur noch einen halben Bart ,und zwei Schäfchen hatten große Löcher im Rücken. Wieder eine große Kollekte veranstalten, für eine neue Krippe betteln? Hansjörg hatte eine bessere Idee: Er bot der Gemeinde die Gipsfiguren zum Kauf an. Sie gingen weg wie warme Semmeln, vor allem bei der älteren Generation, denn diese war damit aufgewachsen . So erinnerte das einzelne Schäfchen, ein Hirte oder König, oder gar die Muttergottes mit dem kleinen Jesus an die Zeit der Kindheit und Jugend in der Pfarrkirche. An Weihnachten stand dann die neue geschnitzte Krippe auf dem Seitenaltar; der Künstler hatte dazu einen schlichten Stall gebaut. Vor einem dunkelblauen Vorhang, der das Altarbild verdeckte, leuchtete der Stern von Bethlehem. Die gipsernen Vorgänger hatten ihre handgeschnitzten Nachfolger total finanziert.

Ein romantischer Waldweg verband die Mutterpfarrei mit den beiden Filialgemeinden. Hansjörg kam jedesmal an der „Grotte am Heimbach" vorbei. Dort hing ein kleines Kruzifix an der Felswand. In einer Nische standen zwei unscheinbare Heiligenfiguren; einer fehlte der Kopf.

Hier hatte vor Zeiten ein „Wälder", wie man die Bewohner der oberen Dörfer nannte, am heiligen Sonntag Holz gemacht und war über die Wand zu Tode gestürzt. Die Grotte und eine Konservenbüchse mit vertrockneten Wiesenblumen, die manchmal von Spaziergängern ausgewechselt wurden, sollten daran erinnern .

Für Hansjörg war das Ganze ein Dorn im Auge. Aber es ersatzlos zu entfernen, ging natürlich nicht. Immer fragten ihn die Leute bei einer Taufe oder Hochzeit, was die Zeremonie kosten würde. Er hatte nichts dagegen, wenn der Sigrist ein Trinkgeld bekam. Aber die Ministranten mussten das, was ihnen eventuell in die Hand gedrückt wurde, „freiwillig gezwungen" in eine gemeinsame Kasse geben. Sonst hätte der Pfarrer sicher bei Hochzeiten mehr Freiwillige gehabt als bei Beerdigungen. Aus dieser Kasse wurden dann Geschenke zu Weihnachten und Ostern bezuschusst, und jedes Jahr gab es einen tollen Messdienerausflug.

Wenn die Leute darauf bestanden, doch etwas geben zu wollen, erzählte ihnen Hansjörg von seinem Plan, die Grotte am Heimbach zu einem richtigen Mahnmal gestalten zu wollen. So kam mit der Zeit eine Summe zusammen, die es ihm ermöglichte, einem bekannten Künstler den Auftrag zu geben. Dieser schuf eine Christusfigur aus Betonguss: Der Herr unter der Last des Kreuzes zusammengebrochen. Auf dem Längsbalken die Worte: „Gleichgültigkeit, Lieblosigkeit, Ungerechtigkeit, Egoismus, Unglaube, Neid, Krieg" ,auf dem Querbalken „Jesus Sohn Gottes unser Friede". Unter großer Beteiligung der Gläubigen, und in Anwesenheit des Bürgermeisters, weihte Pfarrer Kindler das Kreuz ein und sprach über unsere Kreuzesnachfolge. Der Bildhauer hatte auch in den Felsen eine Vertiefung gemacht, in der nun immer frische Blumen gepflanzt werden konnten. Der Künstler wurde durch dieses Werk noch bekannter und bekam so verschiedene weitere Aufträge wie für ein Gefallenendenkmal und einen Fasnachtsbrunnen.

Einen Traum hatte Pfarrer Kindler noch. Er wollte schon lange die Quelle, die auf dem Kirchengelände entsprang aber zugedeckt wurde, in einem Brunnen mit einer Statue des Kirchenpatrons Sankt Martin

Grotte am Heimbach, Obersäckingen   Foto-Forstmeyer, 79713 Bad Säckingen

fassen lassen. Die Stadt war nicht abgeneigt, etwas dazu beizu-
steuern. Hansjörg war aus seinem Urlaub im Tessin mit einem an-
sehnlichen Bart zurückgekehrt und ließ ihn zunächst mal stehen.
Die Meinung der Pfarrangehörigen darüber war geteilt. Von be-
geisterter Zustimmung bis zur Kritik an diesem „spätpubertären"
Erscheinungsbild war alles zu hören. Das Patrozinium, das Mar-
tinsfest, nahte. Es gab einen bunten Abend im Pfarrsaal. Hansjörg
hatte angekündigt, dabei seinen Bart gegen eine Spende für den
geplanten Martinsbrunnen abrasieren zu lassen. Bevor aber nicht
eine größere Summe im Hut war, ließ Hansjörg allerdings keinen
an seine neue Manneszierde heran. Der städtische Polizeichef verlas
das Wort eines großen Philosophen (Kant?), der den Bart als Halb-
maske bezeichnete, der von der Polizei verboten werden müsse.
Dann durfte der Gesetzeshüter als erster schnippeln. Einige Frauen,
die den Pfarrerbart schön fanden, hatten sich spontan geweigert,
etwas zu spenden. Einen großen Betrag wollte jemand geben, wenn
wenigstens der Schnurrbart ein weiteres Jahr stehen bliebe. Doch
dann vollendete ein eingeladener Friseur das Werk, das natürlich mit
Fotos dokumentarisch festgehalten wurde. Hansjörg zeigte sich wieder jugendlich und frisch rasiert seiner Gemeinde. Der Abend wurde
ein voller Erfolg. Als Hansjörg nach ein paar Jahren wieder in die
Pfarrei kam, sprudelte das frische Quellwasser aus dem inzwischen

errichteten Martinsbrunnen, der zwar nicht an der Stelle stand, die Hansjörg vorgeschwebt war, aber er war auch so zufrieden.

Über den geistlichen Bartwuchs wurde schon an anderer Stelle berichtet.

Natürlich versuchte Hansjörg immer wieder, den Blick seiner Gemeinde über die eigene Kirchturmspitze hinaus zu lenken. Wenn er für eine Patenpfarrei in Obervolta einen Brunnen oder Traktor finanziert hatte, dann wurde davon ein Foto im Pfarrblatt gebracht zusammen mit dem Faksimiledankesbrief des afrikanischen Geistlichen. Genau so geschah es mit den gestifteten Ziegen für die Sahelzone, den neu gebauten Häusern in El Salvador und dem Lernmaterial für blinde Waisenkinder in Indien. So wussten die Leute immer, wo ihr Geld hingekommen war, und die Spendenfreudigkeit ließ nie nach. Geld verdirbt nicht den Charakter, sondern macht den bereits vorhandenen sichtbar.

Als Hansjörg einmal den bekannten Volksprediger Pater Leppich, der mit seinen Reden Tausende in die Kirchen, Sportstadien und auf die Plätze lockte, sagen hörte: „Und, Gnädige Frau, wenn Sie jetzt nicht sofort Ihren Nerzmantel ausziehen und verkaufen, dann wünsche ich Ihnen eine verdammt schlechte Nacht!"

„Was", dachte Pfarrer Kindler, „macht dann die bedauernswerte Käuferin des Nerzmantels? Tritt der jetzt eine Rundreise an?"

Hätte man nicht sagen können: „Gnädige Frau, wenn Sie das unverdiente Glück haben, sich einen wertvollen Nerzmantel leisten zu können, glauben Sie nicht, dass darin für Sie eine ganz besondere Verpflichtung liegt?"

Pfarrer Kindler mochte es nicht, wenn man ihm „ein schönes Wochenende" wünschte. Für die Muslime ist der Freitag der heilige Tag, für die Juden der Schabbes, der Samstag. Für die Christen soll der Sonntag der erste Tag der Woche sein, jedesmal ein kleiner Oster- und Auferstehungstag. Die ersten Christen brachten zur Mahlfeier Speisen für die Armen mit; heute geben sie ihr Opfer in den Klingelbeutel.

Tag des Herrn

„Der Sonntag ist der Tag des Herrn!",
hat man uns eingedroschen.
Wir griffen zum Gesangbuch gern
und zum Kollektengroschen.

Heut ist das Angebot so groß
an Freizeitunterhaltung;
da geht sie schon am Freitag los,
die Herrentagsgestaltung.

Zur Kirche kommt man kaum noch mehr
vor lauter Telewischen!
O halt mich für entschuldigt, Herr,
ich ess an andern Tischen.

Doch die Erinn'rung meldet sich,
spricht mir von dem Gebote,
und leise regt der Hunger sich
manchmal nach deinem Brote.

KURZE NACHLESE

Der Blitz schlägt in eine bayerische Kirche ein. Das Gotteshaus brennt ab. Der Pfarrer sammelt für den Neubau. „Naa, Hochwürden", sagt der Seppenrieder, „an Hausherrn der wo sei eigens Haus ozündt, dem geb i nix!"

Ein ironisches Scherzwort sagt, die Katholische Kirche sei mit ihrem Latein am Ende. Nur vier lateinische Wörter seien noch übriggeblieben: ADVENIAT, MISEREOR, CARITAS und MISSIO. (Die großen Jahreskollekten!)

In einer Gemeindeversammlung, bei welcher der Neubau des Pfarrheims auf der Tagesordnung steht, erklärt der Pfarrer: „20 Prozent brauchen wir für den Bauplatz, etwa 85 Prozent machen die Baukosten aus, und 20 Prozent müssen wir für die Inneneinrichtung rechnen," „Aber, Herr Pfarrer," sagt einer aus dem Kirchenvorstand, „das sind ja 125 Prozent!." „Ja, sehen Sie", entgegnet der gewitzte Bauherr, „diese 25 Prozent muss die Kollekte noch bringen."

Tünnes und Schääl fliegen mit einer viermotorigen Maschine zur Papstaudienz nach Rom. Plötzlich fällt ein Motor aus. Die Stewardess beruhigt die Passagiere mit dem Hinweis auf die erfahrene Crew, die das alles in den Griff bekäme. Als der zweite Motor ausfällt, weist sie auf die Sauerstoffmasken über und die Schwimmwesten unter den Sitzen und die Ausgänge mit den Notrutschen hin. Als der dritte Motor auch noch aussetzt, sagt sie: „Meine Damen und Herren, die Lage ist jetzt doch ernst. Wenn jemand hier ist, der eine religiöse Handlung vornehmen könnte, wäre das der richtige Augenblick". Sagt der Tünnes: „Schäl, jib mer mol dinge Hut, isch fang an zu kollektiere".

Der Pfarrer liest zum Jahresschluss bei der Silvesterpredigt auch die Liste der im vergangenen Jahr verstorbenen Gemeindemitglieder vor. Das gläubige Volk lauscht entsetzt, und ein Zuhörer nach dem andern erbleicht. Denn die „Toten" sitzen alle sehr lebendig unter der Kanzel. Am Ende der Verlesung schlägt sich der Prediger vor die Stirn: „Meine liebe Gemeinde, ich bitte tausendmal um Entschuldigung. Leider habe ich die Listen verwechselt. Was Sie eben hörten, waren nicht unsere Verstorbenen, sondern die Namen derjenigen, die das Abonnement für die Kirchenzeitung noch nicht bezahlt haben."

Der Huberbauer muss aufs Finanzamt. „Woaßt mer nit an Heiligen, den i als Fürbitter in Steuersachen arufen kann?", fragt er seinen Nachbarn. „Woll", sagt der. „nimmst halt den Heiligen Bartholomäus. Dem habens bei lebendigem Leib die Haut abzoge."

12

BETTLER UND GANOVEN

An keinem katholischen Pfarrhaus steht ein Schild „Betteln und Hausieren verboten!" Als einige Pfarrer eine Türsprechanlage einbauen wollten, verbot das der Bischof. Bittsteller und Hilfesuchende sollten nicht nur eine Stimme hören, sondern gleich von einem wirklichen Menschen empfangen und angehört werden. Das war nicht immer ganz ungefährlich. So öffnete Hansjörgs Haushälterin einmal die Türe, als der Pfarrer auswärts war und bekam von dem abgerissenen Typen, der draußen stand, gleich einen Stoß vor die Brust. Er forderte einen größeren Geldbetrag. Verena konnte noch schreien, sodass die Nachbarin es hörte und zu Hilfe eilte. Der Bursche verdrückte sich.

Die erste Erfahrung mit Schwindlern machte der noch etwas naive und gutgläubige Hansjörg in seiner ersten Kaplansstelle an der Bergstraße. Ein durchreisendes Pärchen verlangte nach dem Pfarrer, und da dieser gerade Hausbesuche machte, wandte es sich an den Kaplan. Die Beiden erzählten eine rührende Geschichte von einem Friedhofsbesuch, wo die Frau am Grab des Vaters den Geldbeutel verloren und nicht wiedergefunden hätte. Nun baten sie um eine kleine finanzielle Hilfe, die sie von Hansjörg auch erhielten. Als dieser dann bei der Polizei das Verbrecheralbum durchblätterte, konnte er die Zwei als lang gesuchte Betrüger anhand der dort schon lange eingeklebten Fotos identifizieren. Ein andermal wartete ein junger Mann im Sprechzimmer auf den Kaplan. Es war ihm offensichtlich äußerst peinlich, hier um Hilfe bitten zu müssen. Sogar Schweißtropfen perlten von seiner Stirn. „Ich habe einen Beruf, der von Ihresgleichen nicht so geschätzt wird", sagte der Besucher. „Wieso, sind Sie Zuhälter?", fragte ihn Hansjörg. „Nein, ein Circusartist." „Für die habe ich viel übrig; ich selbst pflege als Hobbys die Zauberkunst und das Handpuppenspiel und besuche möglichst jeden Circus, der hier gastiert." Da taute der junge Mann auf, und es sprudelte nur so aus ihm heraus: „Sehen Sie, ich bin Parterre - Akrobat." Er zog ein zerknittertes Fotos aus der Tasche, das ihn zeigte, wie er einen Stuhl auf dem Kopf balancierte, auf dessen Lehne eine junge Frau in knappem Dress einen Handstand machte. „Das ist meine Frau, wir traten zusammen als die „Zwei Torellos" auf. Nun hat sie in Berlin bei ihrer Mutter entbunden und ist auseinandergegangen wie ein Pfannkuchen. Ich bin kein kräftiger Untermann, zur Zeit können wir die Nummer nicht zeigen. Sie muss erst mal gehörig abnehmen. Wir sind unterwegs zu einem französischen Circus, der uns eventuell engagiert. Wir haben auch das Kind dabei. Aber das Geld ist uns ausgegangen. Meine Frau könnte ein Weilchen als Animierdame in einem Nachtlokal arbeiten, aber das möchte ich nicht. Mit 40 DM wäre mir erst mal geholfen. Da das Kaplansgehalt am Anfang nur ein besseres Taschengeld war - Wohnen und Essen im Pfarrhaus waren ja frei - war das keine kleine Summe für Hansjörg. Aber ein Freund wartete im Zimmer auf ihn, der ihm noch mit 10 DM aushalf. „Wenn's Ihnen wieder besser geht, können Sie es ja zurückzahlen. Es kommt dann andern zugute." „Vielen Dank, Herr Kaplan, das war bestimmt das erste und letzte Mal, dass ich so etwas fertigbringe."

Am Nachmittag fuhr Hansjörg zu dem Pfarrer, den er gleich nach der Priesterweihe vier Wochen vertreten durfte und der auch sein geistlicher Berater und Beichtvater geworden war. Der war noch nicht daheim, und die „Dame des Hauses" fragte Hansjörg bei einem Tässchen Kaffee, wie es denn so mit der Arbeit im priesterlichen Alltag ginge. Hansjörg erzählte vom Besuch des Circusmannes. Die Haushälterin stutzte: „Das müssen Sie nachher dem Chef erzählen!" Als dieser zurückkam, schlug er - Kriegsteilnehmer und erfahrener Seelsorger - sich an die Stirn. „Ich Depp! Ich hätte dem Burschen alles geglaubt, schwören können, dass er die Wahrheit sagt. So gut hat der geschauspielert. Natürlich hat der auch 40 DM von mir bekommen." Als die Geistlichen des Dekanats sich beim nächsten Conveniat trafen, stellte sich heraus, dass der Parterreakrobat ganz schön abgesahnt hatte. Nur ein ganz alter Pensionär hatte auch den Ausweis verlangt, der schon längst abgelaufen war, und den Bittsteller mit 5 DM abgespeist.

In Hansjörgs Schwarzwälder Heimat sagt man von einem solchen Talent: „Den Kerle sott mer schdudiere lau - den Burschen sollte man studieren lassen!"

Einmal hielt ein schicker Wagen vor der Pfarrhaustür von Hansjörgs zweiter Kaplansstelle in Schopfheim. Ein schwarzhaariger Herr mit bräunlichem Teint verlangte den Pfarrer zu sprechen. Auch da war Hansjörg allein und hörte nun, dass der Herr ein Teppichhändler war, der in der nahen Kreisstadt im Auftrag seines großen Familienunternehmens eine Ausstellung veranstaltete. Er hatte mit seiner Mutter, der Chefin der Firma, telefoniert, und die riet ihm, wegen Transportschwierigkeiten ein paar wertvolle Ausstellungsstücke einer caritativen Einrichtung oder einem Pfarramt preiswert zu überlassen. Hansjörg war doch etwas misstrauisch und fragte, ob er in der Kreisstadt anrufen könne, um wegen der Ausstellung nachzufragen. Der dunkelhäutige Herr sagte bereitwilligst: „Ja, natürlich!" Hansjörg unterließ es daraufhin. Ein Begleiter des Händlers trug einige Teppichrollen ins Haus. Hansjörg konnte dabei das teure Innere des Wagens mit Ledersitzen und edelholzbestücktem Armaturenbrett bewundern. Die beiden Männer breiteten die bunten Teppiche vor dem Kaplan und der Pfarrhausfrau aus, die sich dann einen kurzen Fachvortrag über asiatische Knüpftradition, Originalfarben und Knotenzahl anhören durften. Beide verstanden nichts davon, aber es klang alles sehr glaubwürdig. Da Hansjörg nichts im Namen seines Pfarrers entscheiden konnte, beschloss er, zwei Teppiche für sein Zimmer und seinen späteren eigenen Haushalt zu kaufen. Es schienen ja wirklich Schnäppchen zu sein, und so eine Gelegenheit, echte Teppiche für so wenig Geld zu erwerben, käme vielleicht nie wieder. Sein Erspartes ging zwar drauf - die Haushälterin lieh es ihm. Der braune Herr brauste dann mit seinem Luxusschlitten davon, nachdem er Hansjörg herzlich zu seinem Kauf beglückwünscht hatte.

Nach einigen Wochen waren die billigen Maschinenteppiche aus der Fabrik total ausgebleicht; sie fanden in einem Werkzeugschuppen noch Verwendung.

Manchmal kamen auch Durchreisende, die fragten, ob es ein wenig Arbeit gebe. Vielleicht auch in der Absicht, das Herz des Pfarrers durch diese Frage zu erweichen. Doch Hansjörg hatte da schon manches zu bieten: Altpapier stapeln und bündeln für eine Aktion der Jugend, Laub zusammenrechen und den Hof kehren, Ziegel transportieren u.a. Der eine oder andere verduftete allerdings gleich, wenn es mit der Arbeit ernst zu werden drohte. Doch ein angeblich stellungsloser Gärtner auf der Walz, den seine Frau vor die Türe gesetzt hatte, brachte einen halben Tag lang den Pfarrgarten in Ordnung und wurde mit Essen und einem reichlichen Trinkgeld entlohnt. Er schrieb später sogar von unterwegs noch einmal an Hansjörg Kindler und bedankte sich für die „schönen Stunden in Garten und Haus".

Doch gab es auch kritische Situationen und weitere Betrugsfälle. Einmal sagte einer, er würde von der Polizei gesucht und wolle sich in die DDR absetzen. Er übergab dem Pfarrer im Beichtstuhl eine scharfe Pistole, die dieser dann bei der Kripo ablieferte, ohne natürlich zu sagen, von wem er sie bekommen hatte.

Das Beichtgeheimnis ist absolut, auch wenn in unseren Tagen ein Innenminister Überlegungen anstellte, dies gesetzlich ändern zu wollen.

Ein anderer, der an die Pfarrhaustür klopfte, behauptete, von der Polizei geschlagen worden zu sein und nichts mehr zum Anziehen zu besitzen. Er zeigte dem Pfarrer die blutigen Striemen an den Armen, und Hansjörg ließ ihn in seinem eigenen Badezimmer duschen und schenkte ihm einen Anzug. Die Verletzungen hatte er sich, wie sich später herausstellte, mit einer Glasscherbe selbst beigebracht.

Eines Nachts wachte Pfarrer Kindler von einem lauten Knacken und Krachen auf. Er erkannte sofort, dass jemand an der Wetterseite des Pfarrhauses unter seinem Schlafzimmer dabei war, die Kunstschieferplatten ,mit denen die Wand bedeckt war, gewaltsam abzureißen. Er riss das Fenster auf und schrie zu dem Kerl hinunter, er solle sofort aufhören. Der beschimpfte ihn mit trunkener Stimme und machte weiter. So rief Hansjörg bei der Polizei an, und bald kamen zwei Beamte mit Blaulichtwagen die den „Zerstörer" abführten.

Hansjörg prüfte nun, ob weitere Schäden zu entdecken waren. Ein Doppelfenster in der Küche war durch einen Steinwurf zerbrochen, im Wohnzimmer lag sogar ein dicker Feldstein aus dem Garten, der ebenfalls durchs geschlossene Fenster geschleudert worden war. Hier stand sonst der teure 16mm-Filmapparat fürs Pfarrkino; an diesem Tag gottseidank nicht. Bei einem Leihwagen, der vor dem Haus stand, war die Antenne abgebrochen. Am nächsten Morgen bei der Frühmesse bemerkte Hansjörg, dass auch die wertvollen Bleiglasfenster in der Bubensakristei zerbrochen waren.

Aber als er gerade wieder ins Bett wollte - die Haushälterin, die natürlich auch längst wach geworden war, hatte die kaputten Fenster notdürftig mit Karton abgedichtet - kam ein Anruf von der Polizei: der Pfarrer solle die Haustür genau untersuchen. Der Festgenommene hatte gestanden, eine Rasierklinge unter die Klinke gesteckt zu haben, an der man sich die Hand zerschneiden könne.

Der Verhaftete war ein entlassener Knastbruder, dem es draußen zu ungemütlich und kalt geworden war. Darum suchte er Mittel und Wege, um wieder ein Weilchen in die warme Zelle zurückzukommen.

Da stand Hansjörgs Pfarrhaus, - den Pfarrer kannte er gar nicht - günstig im Weg. Seinen Wunsch bekam er erfüllt, er durfte ins „Café Viereck" zurück.

Pfarrer Kindler bekam von der Versicherung keinen roten Heller. Die Schäden waren nicht durch einen Einbruch verursacht worden, und damals gab es noch keine Möglichkeit, sich gegen Vandalismus zu versichern.

Einen „schweren Jungen", der sich bei Hansjörg als Konvertit vorgestellt hatte, konnte die Polizei auch schnappen. Er gab sich als einer aus, der erst vor kurzem zum katholischen Glauben übergetreten war und nun eifrig in der neuen Konfession tätig werden wolle. Er wurde wegen vieler Einbrüche gesucht.

Da kam ein Eisenbahner in seiner blauen Uniform ins Pfarrbüro und meldete sich bei Hansjörg als Neuzugezogener. Der Pfarrer notierte die Adresse und versprach einen baldigen Hausbesuch, nachdem er ihm das aktuelle Pfarrblatt in die Hand gedrückt hatte. Aber da war gerade das zweite Baby auf die Welt gekommen und sollte am nächsten Sonntag möglichst nach dem Hochamt getauft werden. Wegen des noch nicht fertigen Umzugs war ein längeres Taufgespräch leider nicht möglich. Ausserdem hatte die Umzieherei die Finanzen der Familie sehr belastet. Die zweite Tauffeier sollte doch genau so schön und feierlich werden wie die beim ersten Kind. Hansjörg half daher gerne mit einem Betrag aus, damit Taufkleidchen und Kerze angeschafft werden konnten und auch noch etwas für eine Torte übrig blieb.

Als Pfarrer Kindler am Sonntag nach dem Hauptgottesdienst mit den Ministranten am Kirchenportal wartete, der Sigrist neben dem Taufbecken schon alles vorbereitet hatte, war weit und breit niemand zu sehen. Es kam auch kein Eisenbahner mit Familie mehr. Die angegebene Adresse stimmte natürlich auch nicht.

Beim nächsten Dies, der monatlichen Zusammenkunft der Pfarrer des Dekanats, stellte sich dann heraus, dass Pfarrer Kindler nicht der einzige war, der auf den Blauuniformierten gewartet hatte. Von dem Geld, das der findige „Papa" kassiert hatte, hätte man viele weiße Kleidchen und geschmückte Kerzen kaufen können.

Eines hatte sich Hansjörg als Kaplan trotzdem vorgenommen und es auch als Pfarrer verwirklicht:

Kein Bettler, der um eine Mahlzeit bat, sollte diese auf der Treppe sitzend vor der Pfarramtstür einnehmen müssen. Es gab bei ihm einen weißgedeckten Tisch mit Blumen darauf hinter dem Eingang im Pfarrhaus. Der Besucher aß aus dem gleichen Geschirr und mit dem gleichen Besteck wie der Pfarrer und auch das, was es an diesem Tag in der Küche gab. Wenn es gewünscht wurde, gab's auch einen Schnaps und eine Zigarre zum Nachtisch.

Es fiel Hansjörg zwar nicht immer leicht, solch einen Gast wie den Herrn selbst zu empfangen, wie es in der Regel des Heiligen Benedikt steht. Aber wer weiß denn, in welcher Gestalt uns Jesus erscheinen will? Da könnten wir beim Jüngsten Gericht ganz schön auf die Nase fallen, wenn der Ewige Richter uns vorwirft: „Ich war der stinkende ungepflegte stoppelbärtige Alte, der mit einem Blechnapf auf der Treppe sitzen musste, während du in deiner gemütlicher Pfarrstube von deiner Haushälterin kulinarisch verwöhnt wurdest."

Denken wir an den Heiligen Martin, dem der Herr im Traum erschien, bekleidet mit dem halben Soldatenmantel, den der römische Offizier und spätere Bischof einem frierenden Bettler gab! Dieser hörte die Stimme des Weltenherrschers: „Der Bettler war ich!"

So ein wenig provozierende Gedichte war die Gemeinde von Hansjörg inzwischen gewöhnt:

ZÖLLNER UND DIRNEN

Ob's wirklich in der Bibel steht
was ich da heute hörte?
Vielleicht ist das ja „ap tu deht",
obwohl's mich tief empörte.

Ich hoffe´s ist Verleumdung nur
und Kirchenfeindehetze.
Bei Gott, der Zöllner und die Hur
bekämen erste Plätze!

Der Zöllner, ja, das glaub' ich noch,
denn an der Schweizer Grenze
ließ er uns den Chianti doch,
den kauft' ich in Firenze.

Doch diese Damen, wie gemein,
aus unserm Eros-Center,
die sollten auch im Himmel sein?
Nein´s ist nicht wahr, die kennt er.

Ist's aber wirklich Gottes Wort
kann ich als Christ nur sagen:
tritt aus der Kirche aus, sofort!
Wozu sich dann noch plagen?

Der Himmel ist für mich ein Raum
wo and're Heilige wohnen.
Herrgott, sag´s ist ein schlechter Traum,
du wirst sie nicht verschonen!

 KURZE NACHLESE

*Zwei Tippelbrüder werden von einem schweren Gewitter über-
rascht und bitten in einem Bauernhof um Obdach und eine warme
Mahlzeit. Der Bauer lässt sie hereinkommen, stellt ihnen einen Teller
voll Eintopf auf den Tisch im Herrgottswinkel und legt einen Kanten
Schwarzbrot dazu. Die beiden wollen gleich reinhauen, da mahnt sie
der Bauer: „Bei uns wird vor dem Essen gebetet!" Hastig schlagen die
Kerle ein fahriges Kreuz und murmeln etwas in ihre Dreitagebärte.
Die Mahlzeit ist beendet, dann gibt's noch ein Kirschwässerle. Das
Gewitter hat sich verzogen, und die zwei wollen weiter. Da sagt der
Bauer: „Bei uns wird auch nach dem Essen gebetet!" Verlegen setzen
sie sich nochmals und senken die Köpfe über den gefalteten Händen. Draußen meint der eine zum andern: „Jetzt waren wir aber in
einem frommen Haus!" „Ja", sagt der, „ich hab's gesehen. Sogar auf
der Nähmaschine ist PFAFF gestanden."*

*Ein Landstreicher gibt seinem Kumpel einen Tipp, wie er im Pfarr-
haus mehr Geld bekommen kann. „Wenn der Pfarrer an die Tür
kommt, musst du ganz laut ‚Gelobt sei Jesus Christus!' sagen!" Der
Kumpel läutet an der Pfarramtstüre und kommt dann zu dem Freund
zurück, der hinter der Kirche gewartet hat. „Der Pfarrer war aber
nicht da, nur die Haushälterin, da hab' ich halt ‚Gegrüßet seist du,
Maria!' gesagt."*

*„Sie sollen einen Stein in das Küchenfenster des Pfarrhauses ge-
worfen haben, in dem Sie kurz vorher etwas zu essen bekommen
haben!", sagt der Richter zu dem angeklagten Bettler. Der verteidigt
sich: „Hohes Gericht, das war der Kuchen, den mir die Pfarrköchin
gegeben hat."*

*Ein römischer Kardinal besucht New York. Am Flughafen wird ihm
sein Brevier, sein in Leder gebundenes Gebetbuch, geklaut. Der amerikanische Gastgeber entschuldigt sich dafür. „Macht doch nichts", lächelt der Italiener. „Selig das Land, in dem man Gebetbücher stiehlt!"*

MENSCHEN HINTER GITTERN

An seiner zweiten Kaplansstelle in Schopfheim im Wiesental gehörte auch ein Verkehrssündergefängnis zu Hansjörg Kindlers Seelsorgebezirk. Von Zeit zu Zeit besuchte er die Strafgefangenen. Vom Direktor bis zum Hilfsarbeiter klebten sie Tüten oder verrichteten ähnlich eintönige Arbeiten. Er sprach mit ihnen und verteilte Zigaretten und Süßigkeiten in kleinen Mengen, so wie es die Gefängnisleitung erlaubte. Am Anfang ging immer ein Justizbeamter mit ihm. Als er sich gut auskannte, gab man ihm den großen Schlüsselbund mit, und er konnte die Zellen selbst aufschließen und musste sie auch wieder zusperren. Dabei hatte er aber ein ungutes Gefühl, bis in ihm die Erkenntnis dämmerte, dass das eigentlich nicht sein darf, dass ein Seelsorger Menschen einschließt, auch wenn sie dazu verurteilt sind.

Später hatte er mehrmals Gelegenheit, im Ausland deutsche Gefängnisinsassen vor allem an Weihnachten zu besuchen, und ihnen im Auftrag der Kirche und der Deutschen Botschaft Geschenkpäckchen zu überbringen. Natürlich kamen auch entlassene „Knastis" hilfesuchend ins Pfarrhaus, und dem einen oder andern, dessen guten Willen für einen Neuanfang er sah, konnte er sogar Arbeit besorgen.

Lebenslang aber hatte er Probleme mit Urteilen der deutschen Justiz, die z. B. brutale Mörder und Sexualtäter nach einigen Jahren als „geheilt" entließ, die jedoch manchmal gleich danach wieder ein scheußliches Verbrechen begingen.

Auch Pfarrkinder von ihm wurden Opfer, um die sich der Staat und die Medien kaum kümmerten, während eine „Therapie" für den Verbrecher Unsummen kostete. Er unterstützte darum die Aktionen des Weißen Rings, der Organisation für Verbrechensopfer. Hansjörg war in manchen Fällen für lebenslänglich, sogar für Kastration.

Allerdings lehnte er die Todesstrafe total ab und wies immer wieder auch auf die Justizirrtümer vor allem in den USA hin.

Da Hansjörg als Hobbyzauberkünstler Mitglied des Magischen Zirkels von Deutschland (MZvD) war, traf ihn besonders der Fall des Kindermörders Jürgen Bartsch, der ebenfalls im Zirkel Mitglied war und natürlich sofort vom Ehrengericht ausgeschlossen wurde, nachdem seine Verbrechen entdeckt wurden. In einer Höhle hatte er vier Jungen gefesselt, gefoltert und bestialisch umgebracht. Er starb im Gefängniskrankenhaus bei einer Kastration, die er selbst beantragt hatte. Zuvor heiratete er eine Schwesternhelferin.

Hansjörg war niemals gegen Versuche einer Resozialisation, wenn Aussicht auf Erfolg bestand. Sein von ihm verehrter Papst Johannes XXIII. hatte als eine seiner ersten Amtshandlungen das große römische Gefängnis Regina Coeli besucht und mit seiner humorvollen Ansprache die Gefangenen sogar zum Lachen gebracht.

Was Hansjörg sich allerdings für Deutschland wünschen würde, was in manchen andern Ländern praktiziert wird: dass die Täter Gelegenheit bekämen, durch harte Arbeit wenigstens finanziell ein wenig gutzumachen, was sie ihrem Opfer bzw. seinen Angehörigen angetan haben.

Hansjörg war später als Trixini in mehreren großen Justizvollzugsanstalten (JVA), bei Männern , Frauen und Jugendlichen und zeigte dort auf Einladung der kirchlichen Gefangenenbetreuung seine Zauberschau „Lachen und Staunen". Meist war das ein sehr internationales Publikum, und seine Sprachkenntnisse kamen ihm dabei zugute.

Damit erntete er allerdings bei Außenstehenden nicht nur Anerkennung und Applaus. Manche meinten, dass diese Verbrecher es nicht verdienten, noch unterhalten zu werden. Aber die Gefängnisleitungen in Ravensburg, Kempten oder wo auch immer, waren stets sehr begeistert, schickten Anerkennungsschreiben und luden den Zauberkünstler immer wieder ein.

Heutzutage sind auch sogenannte „Vorbilder" in Politik, Wirtschaft und Sport nicht mehr davor gefeit, vor die Schranken des Gerichts gerufen zu werden und hinterher für längere Zeit gesiebte Luft zu atmen. Vor Frau Justitia, neben der Legislative und der Exekutive die dritte Gewalt im Staate, sollte jeder gleich sein. Ihre Unabhängigkeit ist ja gottseidank im Grundgesetz unserer Demokratie verankert .

Der kleine Mann versteht es nicht, wenn irgendein Superreicher, der viele Millionen veruntreut oder Steuern hinterzieht, sich mit einer verhältnismäßig geringen Summe loskaufen kann.

Seit Petrus und Paulus waren Tausende von Dienern des Herrn im Gefängnis, waren Verfolgung, Folter und Tod ausgeliefert. Jesus prophezeite das seinen Jüngern: „Wenn sie mich verfolgt haben, werden sie auch euch verfolgen". (Joh 15,20). „Ja, es kommt die Stunde, wo jeder, der euch tötet, Gott damit einen heiligen Dienst zu erweisen glaubt." (Joh 16,2). Dazu muss einer bereit sein, und die Kardinäle tragen darum auch das rote Gewand und Birett, die Farbe des Blutes. Auch die eleganten roten Schuhe des Papstes sollen diese Bedeutung haben. Warum aber tragen die Bischöfe dann nur Violett?

Wir wissen von den zahlreichen Priestern vor Hitlers Tribunalen und in den Konzentrationslagern. Dieser größte Verbrecher aller Zeiten stand noch als „Ehrenpate" bei kinderreichen Familien im Taufbuch von Hansjörgs Pfarrei.

Die Verfolgung ging und geht weiter in vielen Ländern. Umso trauriger und furchtbarer ist es , wenn ein Priester wegen eines wirklichen Verbrechens, z. B. eines Sexualdeliktes, verurteilt werden muss.

In Deutschland sitzen derzeit rund 75000 Menschen in Gefängnissen. Das sind etwa 9,7 Personen pro 10000 Einwohnern. Der gleiche Anteil gilt für Bayern. Hier sitzen insgesamt 12500 Menschen ein. Im internationalen Vergleich liegt Deutschland auf Platz 103, knapp vor Frankreich und auf gleichem Platz wie die Türkei. Deutlich höher ist der Anteil in Österreich und Polen. An der Spitze liegen die USA und Russland. Jeder 100. Amerikaner sitzt in Haft.

Dieses Gedicht Hansjörgs ist eigentlich gar nicht mehr so lustig. Die Menschen sind gewaltbereiter geworden, auch viele Jugendliche. Schnell wird heute das Messer gezogen:

BEAMTENBESTECHUNG

Der Andraschek trifft Juraschek
nach sieben langen Jahren.
„Wo warst du denn die ganze Zeit?",
möcht' er von ihm erfahren.

„Ich bin gesessen in dem Knast."
„Was hast du denn verbrochen?"
„Ich hab', das hat man rausgekriegt,
die Polizei bestochen."

„Woher nahmst du das viele Geld
für solcherlei Verbrechen?
Ein armer Schlucker bist du doch,
wie konntest du was blechen?"

„Ach die Bestechung war ja nicht
mit Zaster oder Kröten.
Nein, mit nem langen Messer war's.
So ging die Freiheit flöten."

LIEBE DEINEN NÄCHSTEN!
ABER WER IST'S?

Auch in Pfarrer Kindlers Wirkungsort gab es immer mehr Menschen aus aller Herren Länder, die es zu integrieren galt. Manche finden „Multikulti" gut, andere wollen nicht wahrhaben, dass wir längst ein Einwandererland geworden sind.

Aber dann geschehen schlimme Dinge. Vor dem Rathaus soll eine Demonstration gegen die zunehmende Ausländerfeindlichkeit stattfinden. Man bittet Hansjörg, dabei eine Rede zu halten. Er lässt sich nicht zweimal bitten. Der Text mit dem Titel „Stoppt den rechten Terror!" erscheint danach in der einen oder andern Zeitung. Dies waren seine eindringlichen Worte, die hier gekürzt wiedergegeben werden :

Liebe ausländische Freunde, liebe Bürgerinnen und Bürger unserer Stadt!-

Wehret den Anfängen! Dieses Wort ist zu zahm für das, was in unseren Tagen geschieht, wofür die Namen einiger Städte, ehemaliger Konzentrationslager und jüdischer Friedhöfe stehen. Großalarm ist angesagt! Keiner darf mehr meinen: Ich halte mich da raus. Wir dürfen nicht schweigen, schreien müssen wir, bis die Verantwortlichen uns hören und endlich handeln. Der Beifall der Zuschauer wurde mit Recht als letztlich gefährlicher eingestuft als das Toben des braunen Mobs. Die braune Gefahr ist schon sehr groß, und wer den Kopf in den Sand steckt vor dieser Wahrheit, wird ersticken.

Brennende Asylheime als Begründung zur Änderung des Grundrechts auf Asyl heranzuziehen, macht die Perversion dieser Kampagnen deutlich. Opfer sollen zu Tätern gemacht werden. Niemand soll glauben, die Rechtsradikalen gäben sich mit dieser Änderung zufrieden.

Von den weltweiten Flüchtlingsbewegungen erreichen die Indutrienationen lediglich fünf Prozent.

Die Bundesrepublik ist schon lange Einwanderungsland. Von den fünf Millionen Ausländern leben zwei Drittel zehn Jahre und länger unter uns. Die Kinder sprechen schon teilweise nicht mehr ihre Muttersprache. Das Boot ist noch lange nicht voll. Viele sind keine Flüchtlinge, sondern Einwanderer.

Statt Zufluchtsuchende zu beschuldigen, muss über Fluchtursachen und die Erweiterung des Flüchtlingsbegriffs gesprochen werden. Kriegsflüchtlinge sind keine Asylanten. Die Integration von Zuwanderern muss als Daueraufgabe begriffen werden. Sich dieser Herausforderung zu verweigern heißt, das Anwachsen sozialer Konflikte hinzunehmen und zu fordern. Unsere Politiker müssen endlich handeln. Aber auch Arbeitgeber, Gewerkschaften und Kirchen sollten mehr Taten sehen und nicht nur schöne Worte hören lassen.

Es wird über wachsende Kriminalität unter Ausländern gesprochen. Ich nenne jeden, der Verbrechen begeht, einen Gangster, ob er Deutscher, Pole, Israeli, Kroate oder Serbe, Chinese oder Nigerianer ist. Aber jeder ist mein Nächster ‚mein Freund und Bruder, der mich braucht, der flieht vor Bürgerkriegen und Pogromen, der verfolgt wird aus rassistischen, religiösen oder politischen Gründen.

Aber, so heißt der Einwand, wir können nicht allen Hungernden helfen.. Solange aber in den Mülltonnen unserer Schulhöfe noch ganze Wurst- und Käsebrote liegen, solange in der EU Lebensmittel vernichtet werden, solange wir uns auf Kosten der armen Baumwollpflücker, Kaffee- und Tee - Bauern der Dritten Welt Luxus leisten, für Bananen, Lama- und Alpakawolle einen Schleuderpreis bezahlen, aber Waffen in Krisengebiete liefern, können wir noch viel mehr tun. Schuldenerlass und Teilen heißt das Gebot der Stunde.

»Vorwärts! vorwärts!
schmettern die hellen Fanfaren.

Vorwärts! Vorwärts!
Jugend kennt keine Gefahren.

Deutschland, du wirst leuchtend stehn
mögen wir auch untergehn.«

So ließ der „Reichsjugendführer" Hitlers, Baldur von Schirach, die Mädchen und Jungen singen. Heute ist der braune Resonanzboden wieder weit größer, als er auf den TV-Bildern erkennbar ist. Die braune Versuchung hat überall dort Chancen, wo Menschen sich in ihren sozialen und finanziellen Positionen bedroht sehen. Auch wenn der „Aufstieg" zu langsam geht oder Wunschbilder sich nicht erfüllen, wird nach dem großen Retter in der Not und dem „kurzen Prozess" gerufen. Diese für viele Deutsche neue Situation muss erkannt werden. Ein neuer „Führer" kann nur wieder ein „Verführer" sein. Darum stoppt den rechten Terror! Und verändert zum Guten den Acker, auf dem die braune Saat gedeihen kann, gebt der ziellosen Jugend Gerechtigkeit und Hoffnung!

Wir alle, die wir hier zusammengekommen sind, und alle, die uns hören und guten Willens sind, müssen sich schützend vor die Asylsuchenden und vor die Ausländer in Deutschland stellen. Es muss darüber hinaus das allgemeine Bewusstsein gefördert werden, dass die fast sechs Millionen Ausländer zu uns gehören, dass sie ihren Teil zum wirtschaftlichen Erfolg und zu einem vielfältiger gewordenen gesellschaftlichen und kulturellen Leben beitragen, und nicht nur die Wirte der italienischen, griechischen und chinesischen Restaurants, die Künstler, Sänger, Musiker und Schauspieler, die Sportler, die Geschäftsleute, die in ihren Läden Produkte ihrer Heimatländer anbieten, und die Studenten, deren Deutschlandbild, das sie hier gewinnen, später unsere Beziehungen zu vielen Völkern bestimmen und beeinflussen wird. Wieviel ärmer wären wir, wenn sie nicht mehr da wären.

Wir brauchen keine Feindbilder mehr, nie mehr!!!

Haben wir es nicht schon oft gehört und uns nicht gewehrt oder es gar selbst gedankenlos gesagt: Kümmeltürke. Knoblauchfresser, Kanake, Itaker, der stinkt wie zehn nackte Neger, hier geht es zu wie in einer Judenschule, mach doch keinen Negeraufstand, bin ich hier in einem Zigeunerlager oder bei den Hottentotten? Habt den Mut, bei solchen Sprüchen auf den Tisch zu hauen.

Zum Schluss zitiere ich Ihnen noch aus Carl Zuckmayers Drama „Des Teufels General". Der Fliegergeneral Harras tröstet einen seiner Offiziere, einen Rheinländer, über den misslungenen Ariernachweis seiner Urgroßmutter hinweg:

„Stellen Sie sich doch mal Ihre Ahnenreihe vor - seit Christi Geburt. Da war ein römischer Feldhauptmann, ein schwarzer Kerl, braun wie ne reife Olive, der hat einem blonden Mädchen Latein beigebracht. Und dann kam ein jüdischer Gewürzhändler in die Familie, das war ein ernster Mann, der ist noch vor der Heirat Christ geworden und hat die katholische Hauskultur begründet. Und dann kam ein griechischer Arzt dazu, oder ein keltischer Legionär, ein Graubündner Landsknecht, ein schwedischer Reiter, ein Soldat Napoleons, ein desertierter Kosak, ein Schwarzwälder Flößer, ein wandernder Müllerbursch vom Elsaß, ein dicker Schiffer aus Holland, ein Magyar, ein Pandur, ein Offizier aus Wien, ein französischer Schauspieler, ein böhmischer Musikant – das alles hat am Rhein gelebt, gerauft, gesoffen, gesungen und Kinder gezeugt- und – und- der Goethe, der kam aus dem selben Topf, und der Beethoven und der Gutenberg und der Matthias Grünewald und – ach was, schau im Lexikon nach. Es waren die Besten, mein Lieber! Die Besten der Welt! Und warum ? Weil sich die Völker dort vermischt haben..."

Freunde, ich würde liebend gern ein solcher Mischling sein. Keiner braucht seine Wurzeln zu verleugnen.

In meiner Gemeinde spielen und lernen Kinder verschiedener Nationen in Kindergarten und Schule friedlich miteinander.

Müssen ihre Seelen durch einen neuen ungesunden Nationalismus und Chauvinismus vergiftet werden? Das darf nicht geschehen. Ich habe meinen Heimatdialekt noch nicht vergessen, ich möchte aber als Deutscher auch Europäer und Weltbürger sein.

Der Apostel Paulus wollte Jude mit den Juden und Grieche mit den Griechen sein. Der amerikanische Präsident Kennedy rief den freiheitsliebenden Menschen in der Mauerstadt zu: „Ich bin ein Berliner"! Und wir sollten sagen können: Ich bin ein Kurde, ein Aramäer, ein Bosnier, ein Libanese, ein Eritreer, ein Tamile, ein Vietnamese, dann, wenn kahlköpfige, hakenkreuzverzierte, schlagringbewaffnete sogenannte Deutsche ihr „Deutschland den Deutschen" und „Ausländer raus"! brüllen. Shalom! Friede mit uns allen!

Heute gibt es noch viel mehr Ausländer bei uns. Aber trotz der islamistischen Bedrohung durch radikale Kreise und der zunehmenden Jugendkriminalität sollten Sie nun selbst entscheiden, was für Sie von meinen Worten noch gilt als Mensch, Deutscher und Christ.

Diese Verse fielen dem Pfarrer für den nächsten Gemeindebrief ein:

GASTARBEITER
Ein Haus in der alten Stadt,
schmalbrüstig und immer feucht,
vermietet ein Advokat,
obwohl es rattenverseucht.

Drin wohnen aus Portugal
drei brave Familien nun,
die kamen dorthin ganz legal;
zu Hause gab's nichts mehr zu tun.

Es arbeiten rund um die Uhr
Großvater, Vater und Sohn,
alle drei bei der Müllabfuhr,
doch die Miete frisst fast den Lohn

Sie kümmern sich um den Dreck,
nach dem sich keiner mehr bückt.
Der satte Bürger wirft weg,
womit man ihn täglich beglückt.

Die Miete treibt pünktlich ein
der Hausherr, ein sehr guter Christ
Um G a s t arbeiter zu sein,
musst du mehr sein als Optimist !

 KURZE NACHLESE

Die Mauer ist gefallen, die Wende gekommen, es „soll zusam-
menwachsen was zusammen gehört". Bei ALDI gibt es preiswerte
Computer. Eine lange Schlange hat sich vor dem Eingang gebildet.
Ein Sachse meckert: „Des is jo wie bei der HO in der DDR. Isch hob
gedacht, so was gibt's im Westen nischt mehr. Nu sachen se mol"!
Da dreht sich ein schnauzbärtiger Türke um und brummt : „Wir haben euch Ausländer nicht gerufen!"

Ein einflussreicher Lateinamerikaner hat zwei Indios angefahren.
Vor der Gerichtsverhandlung fragt der Weiße den Richter, ob es
nicht irgendeine Möglichkeit gebe, straffrei davonzukommen. Der
Richter überlegt. „Doch! Wir könnten den Indio, der Ihnen gegen die
Windschutzscheibe flog, wegen Einbruchs verklagen. Den anderen,
den Sie 20 Meter weit weg geschleudert haben, verklagen wir einfach wegen Fluchtversuch".

Ein Farbiger will in Südafrika zur Zeit der Apartheid, der strengen Ras-
sentrennung, eine Kirche betreten. Ein Polizist sieht ihn und schnauzt
ihn an : „Halt! Stehenbleiben! Siehst du nicht, dass die Kirche nur für
Weiße ist?" Entschuldigend der Farbige: „Aber ich gehöre zur Reini-
gungsfirma und muss saubermachen." „Gut", sagt der Polizist. „Dann
hopp hopp! Aber lass dich ja nicht beim Beten erwischen!"

182

15

DREI MANN - EIN VEREIN

Hansjörg Kindler freute sich sehr, dass es in seiner eigenen Pfarrei auch einen schönen Pfarrsaal mit mehreren Räumen und einer Küche gab. Der Saal wurde aber bisher nur vom Musikverein benutzt. Die Stadt hatte einen Baukostenzuschuss bezahlt, und dafür konnten die Musiker dort einmal in der Woche proben; für einen zweiten Abend mussten sie laut Vertrag den Pfarrer um Erlaubnis bitten.

Zur Begrüßung des neuen jungen Pfarrers spielte die Kapelle ein Ständchen, und Hansjörg gab jedem Musiker einen Gutschein für einen kräftigen Umtrunk im Gasthof. Aber die Rechnung fiel sehr viel höher aus. Hansjörg schwieg dazu, obwohl der Betrag ein großes Loch in seine Kasse riss.

Bald stellte er fest, dass alle möglichen Leute einen Schlüssel zum Pfarrsaal besaßen und dort ohne Kontrolle ein und aus gingen; sogar ein Liebespärchen kam ihm einmal verlegen entgegen.

Nach einiger Überlegung ließ er das Schloss auswechseln und gab Schlüssel gegen Quittung nur an Leute aus, die dort wirklich was zu suchen hatten. Er hatte nämlich vor, in diese schönen Räume neues Leben einziehen zu lassen.

Der Musikverein sollte laut Mietvertrag nach seinen Proben auch für die Reinigung sorgen, was er aber offensichtlich nicht tat. Außerdem blieben die Instrumente, die Hörner, Trompeten, Posaunen und auch die Pauken sowie die Notenständer mitten im Raum liegen und stehen, obwohl der Verein auch die ganze Schrankwand für sich beanspruchte. Das wollte Hansjörg schleunigst ändern, denn ihm schwebte vor, dass es in seiner Pfarrei bald wie in amerikanischen Gemeinden heißen sollte: „Ich gehe zur Kirche", und damit auch gemeint sein könnte „ich gehe zu einem Vortrag, zum Kaffeekränzchen, ins Kino oder zum Tanz." So gab es bald ein klärendes Gespräch mit dem Vereinsvorstand. Als Hansjörg andeutete, dass er keine Garantie dafür übernähme, wenn Instrumente bei einem Jugendabend kaputt gingen, verschwanden Pauken und Trompeten nach der Probe im Wandschrank, und auch mit der Reinigung klappte es besser.

In jeder Gemeinde gibt es Leute, die in jeder Suppe ein Haar finden. Aber nur, weil sie den Kopf so lange schütteln, bis eines hinein fällt.

Trixini und sein Zauberstab

Hansjörg freute sich über alle Helfer, die zur Mitarbeit und zur Teamarbeit bereit waren und förderte sie nach Kräften:

MÜNDIGE LAIEN

Die Laien sind kein Klerus nicht,
so ward es definieret.
Ruhe war erste Christenpflicht,
drum haben sie parieret.

Das Zweite Vatikanum dann
hat sie entdeckt von neuem.
Sogleich erwachten Frau und Mann,
manch Bischof tat's bereuen.

Ein Schlachtruf durch die Kirche geht:
„Gebt alle Macht den Räten!
Wo Unkraut zwischen Weizen steht,
da werden wir jetzt jäten".

Reisst nur den Weizen nicht mit aus!
Der Herr lässt beides gehen.
Fegt aus den Mist zwar aus dem Haus,
doch lasst den Hausrat stehen!

Dann gab es allerdings noch einmal eine heftige Auseinandersetzung mit den Musikern. Als Hansjörg am Gründonnerstag zum ersten Mal den Gottesdienst zum Gedächtnis an das Letzte Abendmahl mit Fußwaschung in der Kirche feierte, ertönte aus dem Pfarrsaal gegenüber in die Stille das Tschingdarassabum des Musikvereins. Am nächsten Morgen rief Pfarrer Kindler das evangelische Zwillingsbrüderpaar in der Nachbargemeinde an, das dem Verein vorstand. Auf den Einwand, die Musikproben seien i m m e r am Donnerstag, machte ihnen Hansjörg unmissverständlich klar: „Seien Sie sicher, meine Herren, solange Kindler Pfarrer in dieser Gemeinde ist, wird nie mehr am Gründonnerstag Musikprobe sein! Es soll auch allen katholischen Mitgliedern wenigstens die Möglichkeit geboten werden, an diesem Gottesdienst in der Heiligen Woche teilzunehmen." In solchen Dingen gab Hansjörg nie nach. Er eckte damit noch ein paar Mal an, da manche Leute andere Prioritäten setzten.

Wie aber jetzt wirklich mit Gemeindearbeit beginnen? Die Männer waren schon in allen möglichen Vereinen, die ihre Freizeit beherrschten. Also mussten zuerst die Frauen angesprochen werden. Noch nie waren die Frauen der drei Teilgemeinden zu einem gemeinsamen Abend zusammengekommen. Sollte er einen Bibelabend oder einen Vortrag anbieten? Was würde für alle interessant genug sein? Da besann er sich auf eine Pastoralprüfung während seines freien Studienjahres in Würzburg. Der Professor hatte ihn unter anderem gefragt: „Was halten Sie vom Schminken der Frauen und Mädchen?" „Es steht jeder Frau zu, ihre natürliche Schönheit zu unterstreichen oder kleine Mängel zu überdecken, wenn sie nicht übertreibt. Ich bin davon überzeugt, dass sich auch die Muttergottes geschminkt hat." „Wie kommen Sie denn darauf?" „Man weiß doch, dass sich die Frauen in Israel die Wangen und Handflächen mit Henna gefärbt haben. Ich glaube nicht, dass der Erzengel Gabriel das Maria verboten hat, weil sie jetzt den Messias gebären sollte." „Und wie würden Sie das einmal Ihrer Pfarrei weitergeben?" „Ich würde eine gute Kosmetikerin für eine Vorführung einladen."

Das setzte er jetzt in die Tat um. Regine, eine Schulkameradin aus Salem, hatte eine Apotheke mit Kosmetikabteilung am Titisee. Gerne folgte sie seiner Einladung zusammen mit ihrer Fachkraft. Wer aus den Filialen kein Auto hatte, wurde abgeholt, und vom Teenager bis zur Oma waren die Frauen da. Hansjörg begrüßte sie und ließ sie dann allein. Als er um 22.00 Uhr kam, um die Ergebnisse zu besichtigen, war man noch lange nicht fertig und hantierte eifrig mit Tages- und Nachtcremes und allerlei geheimnisvollen Tuben, Tiegelchen und Töpfchen. Die Veranstaltung war ein voller Erfolg, und von da an gab es jeden Monat einen Frauenabend, natürlich neben heiteren Programmen auch besinnliche Stunden: Adventssingen ,Gespräche über die Frauengestalten der Bibel und über Erziehungsfragen.

Den Sängerinnen und Sängern des Kirchenchores, die immer vollen Einsatz zeigten, widmete er dieses Gedicht:

DER KIRCHENCHOR

Die Heilige Cäcilia
darf im Kalender bleiben,
sonst würd' sie ja Frau Musica
gleich aus der Kirche treiben.

Drum gibt's auch noch den Kirchenchor,
(zwar meist mit Nachwuchssorgen);
wer keinen hat, das kommt auch vor,
tut ihn vom Nachbarn borgen.

Latein ist nicht mehr sehr gefragt,
drum wird halt deutsch gesungen,
und wo man kühn was Neues wagt,
ist's meistens auch gelungen.

So schafft nur ja den Chor nicht ab,
wir brauchen ihn noch lange,
und schaufelt ihm nicht selbst ein Grab,
dann bleibt er bei der Stange.

(Bei der Bereinigung des Heiligenkalenders sollte auch Cäcilia, die Patronin der Kirchenmusik, „gestrichen" werden, weil historisch von ihr zu wenig bekannt ist.)

Kurz vor Weihnachten wurde Hansjörg vom Bürgermeister der einen Teilgemeinde angesprochen: „Wir laden die alten Leute zu einem Kaffeenachmittag ein. Kommen Sie auch?" Hansjörg sagte Nein und gab keinen weiteren Kommentar dazu. Großes Erschrecken, und wie ein Lauffeuer ging es durch die Gemeinde: „Der Pfarrer hat was gegen die Alten." Kindler ließ sie zuerst mal reden, dann bekannte er: „Ich habe etwas dagegen, dass man kurz vor Weihnachten sein Herz für die Senioren entdeckt, die man das ganze Jahr über kaum beachtet und für die sonst nie etwas geboten wird. Ab jetzt gibt es bei uns monatlich Altennachmittage."

Die wurden immer gut besucht. Bald übernahmen zwei noch rüstige ältere Ehepaare die Organisation, und der Pfarrer wirkte als Motor und Katalysator, steuerte natürlich auch seine Ideen bei. Die Bäckersfrau besorgte den Kuchen, andere schmückten die Tische oder den ganzen Saal und kochten den Kaffee. Freiwillige Spenden waren willkommen. Da wurden mit Klavierbegleitung Lieder aus der Jugendzeit gesungen, die Kindergartenkinder spielten, tanzten oder trugen Mundartgedichte vor, die Polizei erklärte mit einem Film neue Verkehrsregeln und verteilte Leuchtmarken für die Gehstöcke, ein Arzt sprach über Altersbeschwerden,Kunstwerke wurden vorgestellt.

Monatlich gab es auch Jugendtanz mit fetziger Musik und einen Kindernachmittag. Einen Flohmarkt der Kleinen, Kasperltheater, ein Sioux - Club kam mit einem echten Tipi, der Pfarrer besorgte Ponys zum Reiten, entzündete ein Lagerfeuer vor der Kirche, und alle übten sich im Bogenschießen und konnten Karl May - Bände gewinnen. Die Ideen gingen nie aus .

Die Kinder und Jugendlichen, die etwas im Pfarrsaal und im Kirchengelände erlebten, waren auch bei den Gottesdiensten anwesend. Damals gab es nur wenige Fernsehprogramme und noch keine Videos oder DVDs. Der Pfarrer sprach darum mit der örtlichen Kinobesitzerin und schlug ihr vor, einmal im Monat einen Film zu zeigen, den er zusammen mit dem evangelischen Amtsbruder auswählte unter der Garantie, eine große Anzahl Eintrittskarten abzunehmen. Sie witterte aber kein großes Geschäft und lehnte ab. Da kaufte Hansjörg ein 16 mm - Tonfilmgerät, ließ einige Jungen und Mädchen in der Bildstelle zu Filmvorführern ausbilden und gründete ein Pfarrkino. Die Filme bekam er vom katholischen Filmwerk in Frankfurt, die Vorfilme von allen möglichen Firmen. Sogar „Pfarrhostessen" gab es in schicker Kleidung, die auch als Platzanweiserinnen fungierten.

Nun wollte die Kinobesitzerin ein Verbot erwirken und drohte mit einem Prozess. Doch Hansjörg gab Clubausweise aus für 1 DM, machte keine öffentliche Werbung und hatte doch immer ein volles Haus. Auch Freund Alfons in der Nachbarschaft bekam den Apparat mit Film ausgeliehen; so halbierten sich die Mietkosten. Das Programm konnte sich sehen lassen.

Ein Problem gab es noch. Wenn ein Pfarrfamilienabend oder sonst eine Veranstaltung mit Bewirtung war, musste jedesmal die Schankerlaubnis dafür beantragt und bezahlt werden. Als Hansjörg erfuhr, dass eine Dauerkonzession 200 DM kostete, legte er die beim Ordnungsamt sofort auf den Tisch und war nun in der Tradition seiner gastronomischen Verwandtschaft auch noch Wirt geworden. Mit drei Brauereien verhandelte er wegen der Getränkelieferung. Die erste wollte einen Vertrag für mehrere Jahre. Die zweite verlangte, dass jeden Monat ein bestimmtes Quantum abgenommen würde. Die dritte sagte, es sei für sie eine gute Werbung, wenn der bekannte Pfarrer Kindler - Trixini ihr Kunde sei. Sie stellte keine Bedingungen und lieferte die Theke, die Gläser und alles, was sonst noch gebraucht wurde. Da verschiedene Toiletten da waren, gab es auch keine Auflagen vom Ordnungsamt.

Die Männer der Gemeinde hatten immer wieder was zu meckern. Man wisse nicht, wo das Geld für die Caritas hinginge, in der Stadt klappe es nicht mit dem Verkehr, es würden zu viele neue Lieder in der Kirche eingeübt und gesungen und, und, und ...

Da lud Hansjörg Kindler zum Männerfrühschoppen nach dem Hauptgottesdienst ein. So konnten die Nörgler mit dem Caritasdirektor, dem Polizeichef, dem Organisten und Chorleiter oder wer auch immer gerade im Schussfeld stand, persönlich sprechen und ihre Anliegen vorbringen.

Manchmal wurden wirklich scharfe Klingen gekreuzt. Einem Mann aus der Filialgemeinde hatten gute Freunde gesagt: „Wenn du do hi gohsch un nu eimol s Muul uffmachsch, no bisch aber für immer undedure - wenn du dorthin gehst und nur einmal den Mund auf-

machst, dann bist du für immer untendurch". Aber solche Aussprachen waren gut und notwendig und klärten vieles. Es waren weitere
Schritte zur Zusammenarbeit von Pfarrer und Gemeinde.

Einmal aber gab es richtig Knatsch. In dem Jahr ereigneten sich unter Vereinsmitgliedern einige tragische Todesfälle. So war ein Mann
vom Dach gestürzt und hatte sich das Genick gebrochen. Hansjörg
brachte in seinem Pfarrblatt folgende Glosse:

GEDENKMINUTE

Der Vereinsvorsitzende spricht:
„Meine Herren, zum Beginn unserer Generalversammlung gedenken wir unseres verstorbenen Mitglieds XY. Ich bitte die Anwesenden,
sich zu einer Gedenkminute von ihren Plätzen zu erheben!"
(Verstohlenes Schielen auf die Armbanduhr, langsames Zählen
bis zehn, während alles mit hängenden Armen auf den Boden
blickt.)
„Meine Herren, ich danke Ihnen! Wir kommen nun zum Kassenbe-
richt..."

Christen gedenken eines verstorbenen Vereinskameraden. Wie wär's
statt mit einer Gedenkminute mit einem laut gesprochenen fürbit-
tenden Vaterunser, das auch die nichtkatholischen Mitglieder mit-
beten können? Oder erfordert das zuviel „Bekennermut"? Sinnvoller
wäre es auf jeden Fall als die doch sehr fragwürdige und oft lächer-
liche „Gedenkminute".

Da gab es heftigen Protest. Hansjörg bekam diesen Brief, jeweils
unterschrieben vom 1. Vorstand des Männergesangvereins und des
Musikvereins, vom Kommandanten der freiwilligen Feuerwehr und
vom Ortsvorsteher:

OFFENER BRIEF DER VEREINSVORSTÄNDE ZUM ARTIKEL „GEDENK-
MINUTE" IM LETZTEN PFARRBLATT.

„Sehr geehrter Herr Pfarrer Kindler!

Was Sie in Ihrem Artikel G e d e n k m i n u t e als fragwürdig
und lächerlich hinstellen, ist für uns Vereinsmitglieder keine lästige
Pflichtübung, sondern das ehrliche Bemühen, eines Vereinskameraden zu gedenken, der im abgelaufenen Vereinsjahr verstorben ist.
Ob Ihre Argumentation (verstohlenes Schielen auf die Uhr usw.)
glücklich gewählt war, möchten wir sehr bezweifeln und der Beurteilung der Leser anheimstellen.

Ihrem Vorschlag, statt einer Gedenkminute ein fürbittendes Vaterunser beten zu lassen, können wir nicht zustimmen.

Wir sind der Meinung, alles zu seiner Zeit und am passenden Ort.
Dass es uns an Bekennermut fehlt, können wir nicht unwiderspro-
chen hinnehmen. Wir nehmen geschlossen an der Beerdigung teil
und ebenso geschlossen am anschließenden Seelenopfer. Dies ist,
wie wir auch wissen, nicht mehr überall üblich. Wenn wir uns ebenso am abendlichen Rosenkranzgebet beteiligen, dann machen wir
dies nicht, um vom Pfarrer gesehen zu werden oder dem großen
Wort Bekennermut zu huldigen, denn dies ist für uns einfach selbstverständlich.

Hier ist nach unserer Meinung der richtige Ort, ein ehrliches Vaterunser zu beten, und nicht bei einer Generalversammlung das Gebet
des Herrn nachplappern zu lassen. Ihre mit billiger Polemik bedachte
Einmischung in den Ablauf einer Generalversammlung können wir
nur bedauern, denn sie wird dem Verhältnis zwischen Pfarrer und
kulturellen Vereinen kaum förderlich sein. Die Beurteilung dessen,
was bei einem Verein richtig ist, möchten wir uns selbst vorbehalten, zumal wir uns in den inneren Ablauf des kirchlichen Gesche-
hens auch nicht einmischen.

Wir maßen uns nicht an, die Gedankengänge der Vereinsmitglieder
während einer Schweigeminute zu kennen, wissen aber genau, dass
Ihre Beurteilung absolut unrichtig ist.

Lassen Sie uns zum Schluss die Feststellung treffen, dass es nicht
unsere Aufgabe sein soll, den Pfarrer zu kritisieren, möchten aber
andererseits nicht zur Zielscheibe billigen Spotts gemacht werden.

Wir würden es begrüßen, wenn Sie den Mut haben, diesen Brief im
nächsten Pfarrblatt zu veröffentlichen."

Hansjörg brachte den „Mut" auf, ihn im Faksimile abzudrucken mit dem Zusatz „Zur Diskussion gestellt".

Der Artikel und der Brief hatten keine weiteren negativen oder positiven Folgen.

Auch für einen Theologen ist es nicht immer leicht, die Heilige Schrift richtig zu verstehen. Man muss sich in die Zeit Jesu zurückversetzen, wissen, was literarische Gattungen sind, die semitische Denk- und Sprechweise kennenlernen, gescheite Kommentare über Inspiration und Redaktion studieren usw.

UNFAIR

Als Pimpf lernt' er den weisen Spruch:
„Die Bibel ist ein Judenbuch;
den Geist, der aus dem Buche spricht
versteht ein deutscher Junge nicht!"

Als deutscher Wirtschaftswundermann
fing er dann mal zu lesen an,
als er in einem fernen Land
die Bibel am Hotelbett fand.

Zum Bibelkreis lud der Kaplan,
da meldet unser Freund sich an
und startete voll Zuversicht;
am zweiten Abend kam er nicht.

„Es tut mir leid, es ist zu schwer"
so sagt der Mann - das war nicht fair,
nach e i n e r Stunde, denn allein
braucht vierzig er zum Führerschein!

Es gab noch keine bischöfliche Anordnung, einen Pfarrgemeinderat wählen zu lassen, ein beratendes und beschließendes Laiengremium, das dem Pfarrer in allen die Gemeinde betreffenden Fragen zur Seite stehen sollte.

Aber Hansjörg Kindler suchte schon vorher solche Mitarbeiter. Doch die ganze Pfarrei sollte hinter diesen Frauen und Männern stehen, und darum bereitete er eine Wahl vor. Ganz leicht war es nicht, Kandidaten zu finden. Denn geeignete Leute waren meist schon in vielerlei Aufgaben eingebunden. Doch bekam er mit geduldigem Werben und langen Gesprächen bei Hausbesuchen die erforderliche Anzahl zusammen. Unter anderem zeigte sich ein Sägewerksbesitzer, Vater von einem halben Dutzend Kindern, bereit dazu. Alle wurden mit Foto und Kurzbiografie im Pfarrblatt vorgestellt. Als aber der Holzfachmann erfuhr, dass auch „Wiiber" gewählt werden konnten, wollte er sofort zurücktreten. Das ging aber nicht mehr. Da bot er dem Pfarrer eine Geldspende an, wenn er ihn von der Liste streichen würde. Die Wahl wäre jetzt nicht mehr durchführbar gewesen. So wurde er Mitglied, kam auch zu den Sitzungen, machte aber in den Jahren bis zur nächsten Wahl nicht einmal den Mund auf und verschwand dann wieder. Was hatten ihm die Frauen angetan?

Eines konnte Hansjörg auf den Tod nicht leiden: wenn man hintenherum kritisierte. Da waren ihm solche Vereinsbriefe und offene, wenn auch manchmal hitzige, Aussprachen viel lieber.

Wenn es im Pfarrgemeinderat hieß: „Man müsste mal ...", dann fragte er sofort: „Wer macht es und wann?" Er fotografierte die Arbeitswilligen mit seiner Polaroidkamera und brachte sie mit ihrem Vorhaben ins nächste Pfarrblatt. So konnte keiner mehr kneifen, und die guten Ideen wurden möglichst bald realisiert, ob es ein Geländer am steilen Kirchweg war, ein Spielgerät für den Kindergarten oder ähnliches.

In liturgischen Dingen legte er aber als „Fachmann" sein Veto ein, wenn es ums „Abschaffen" ging und kein vollwertiger Ersatz angeboten wurde. So ließ er sich nicht überstimmen, die Orchestermesse an Weihnachten zu streichen. Der heftigste Gegner davon war überhaupt (wegen der Kinder) noch nie in der Mitternachtsmette gewesen. Das Orchester kam von auswärts und war am Tag irgendwo anders eingesetzt. Der Kirchenchor hatte lange geprobt, und die Menschen kamen auch von der Stadt und von weiter her, weil es das dort nicht mehr gab. Trotz der lateinischen Messtexte war alles andere deutsch, und alle beliebten Weihnachtslieder wurden auch dabei gesungen.

Wenn die Jugend eine Jazzmesse erbat, ging der Pfarrer darauf ein. Aber sie musste ebenso gut vorbereitet werden wie andere Gottesdienste und durfte nicht nur ein „Event" aus dem Stegreif sein.

Pfarrer kommen ohne Vereine nicht aus. Sie bereichern das Gemeindeleben, ob weltlicher oder kirchlicher Verein.

Wenn aber die „fremden Götter" wie König Fußball oder irgend welche Popstars allzu heftig ihre Verführungskünste zeigten und das religiöse Leben darunter litt, sprach Hansjörg mal ein offenes Wort.

Die Kirche kann nur Angebote machen, zwingen und drohen sollte sie niemals! Gott spricht durch das Gewissen, aber das muss gebildet und geschult werden, sonst kann es auch irren, und die Stimme wird missverstanden .

Immer wieder predigte Pfarrer Kindler: „Kirche sind wir alle, nicht nur die Amtsträger!" „Wo zwei oder drei in meinem Namen versammelt sind, da bin ich mitten unter ihnen," sagt der Herr. Das ist Gemeinde Jesu Christi, ob „Kirche von unten" oder „von oben".

Einer Gruppe gedenkt Hansjörg mit besonderer Dankbarkeit: des Kinderchors . Viele Jahre sang dieser unter der Leitung des Organisten und Chorleiters bei verschiedensten Anlässen, und die frischen Stimmen ließen die Herzen von Jung und Alt aufgehen.

Einmal machte Pfarrer Kindler einen Hausbesuch bei einem Mann, den er selten unter seiner Kanzel sah. Er war Mitglied in einem Jagdverein und zeigte ihm seinen Lieblingsspruch, der in Brandmalerei auf einer Holztafel unter einem Hirschgeweih hing:

„Ihr glaubt, der Jäger sei ein Sünder,
weil er nicht oft zur Kirche geht.
Im grünen Wald ein Blick gen Himmel
ist besser als ein falsch Gebet."

Hansjörg meinte, es müssten ja nicht nur falsche Gebete sein, war aber nicht so deutlich wie eine evangelische Pastorin, die ihrer Gemeinde sagte: „Die, die glauben, Gott am Sonntagmorgen in der Natur

finden zu können, und deshalb meinen, nicht in den Gottesdienst gehen zu müssen, sollten sich auch vom Oberförster beerdigen lassen."

Weil Hansjörg mit den Vereinen und Gemeinschaften der Pfarrei
nicht nur positive Erfahrungen hatte, schrieb er diese Verse:

VEREINSMEIER

Der Deutsche ist in Stadt und Land
gern Mitglied im Verein.
Dafür ist er ja weltbekannt
wie guter Wein vom Rhein.

Ob Kegeln, Turnen oder Skat,
ob Blechmusik, Gesang.
Ob Trachtler, Kicker, jeder hat
dran Spaß sein Leben lang.

Gibt's eine Ehrennadel gar
für lange Mitgliedschaft,
ist selig dann der Jubilar,
spürt wieder Saft und Kraft.

Wird er gewählt als Präsident,
ist's Lebensziel erreicht.
Das ist für ihn das Happy-End,
die Arbeit fällt ihm leicht.

Sie sind auch Stützen der Pfarrei:
Vereine aller Art.
Doch manchmal gibt es viel Geschrei,
dann kommen sie in Fahrt.

Wenn mal dem Pfarrer was nicht passt,
er auch mal kritisiert,
wird im Duell nicht mehr gespaßt
und eifrig demonstriert.

 KURZE NACHLESE

„Der Pfarrgemeinderat berät und beschließt, was der Pfarrer tut, oder der Pfarrer berät, was der Pfarrgemeinderat tut und beschließt, oder der Pfarrgemeinderat beschließt und tut, was der Pfarrer rät, oder der Pfarrer tut und berät, was der Pfarrgemeinderat beschließt, oder der Pfarrgemeinderat tut, was er beschließt und berät den Pfarrer, oder der Pfarrer beschließt, was der Pfarrgemeinderat berät und tut, oder der Pfarrgemeinderat berät und beschließt, was der Pfarrer tut." Das ist kompliziert, meinen Sie? Ja sicher, das ist ja auch die Theorie - die Praxis können Sie mit EINEM Satz zusammenfassen; DER PFARRGEMEINDERAT RÄT, WAS DER PFARRER WOHL TUT.

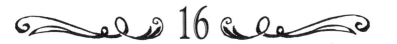

CHRISTLICHE NARREN UND WAHRE HEILIGE

In Hansjörgs Vaterstadt Villingen waren die Tage der alleman-
nischen Fasnacht die „höchsten Feiertage" nach dem Motto: „Es
ist besser, nur an der Fasnacht närrisch zu sein als das ganze Jahr
über." So wollte er das auch seiner Pfarrei übermitteln. Für den
Sonntag bereitete er eine Predigt vor über den Humor in der Kirche.
Er erinnerte sich an die Aufregung, die entstand, als ein Künstler
ein Poster mit einem lachenden Jesus auf den Markt brachte. Sein
Herr, der nach den Aussagen der Bibel wahrer Mensch und wahrer
Gott ist, durfte weinen über den Tod seines Freundes Lazarus und
über den drohenden Untergang der Heiligen Stadt Jerusalem. Und
er sollte nicht gelacht haben? z. B. als die Jünger ziemlich bedep-
perte Gesichter machten, als der Herr auf die Frage, wer von ihnen
der Größte im Himmelreich sein würde, einen kleinen schmutzigen
Straßenjungen in ihre Mitte stellte und sagte: „Wenn ihr nicht wer-
det wie dieses Kind …". Oder als er den Petrus rief, zu ihm übers
Wasser zu kommen und dessen Kleinglauben ihn sinken ließ, und
der schmunzelnde Herr ihn am Schlawittchen herausziehen musste.
Oder als die Juden eine auf frischer Tat ertappte Ehebrecherin zu
ihm brachten, um sie zu steinigen. Wie wir wissen, schrieb der Herr
mit dem Finger in den Sand und sagte: „Wer von euch ohne Sünde
ist, werfe den ersten Stein!" (Joh 8,7-9). Sie schlichen davon, die
Ältesten zuerst, so heißt es. Wird Jesus bei diesem Anblick nicht
wenigstens still in sich hineingelacht haben?

So lud Hansjörg die Gemeinde zum Gottesdienst ein und erlaubte auch den Kindern, verkleidet zu kommen. Er lehnte es ab, den Erstkommunikanten zu verbieten, beim Kinderumzug und -ball mitzumachen. Die Buben und Mädchen, die zum ersten Mal zum Tisch des Herrn gingen , würden sich sonst nur daran erinnern, dass sie in diesem Jahr vom bunten Treiben ausgeschlossen waren.

Und das predigte Pfarrer Kindler:

Liebe Gemeinde -

Die Zunft der Narren hat in vielfacher Gewandung , bei häufiger Verwandlung , unter immer anderen Namen doch stets das gleiche Gesicht gewahrt und der Menschheit gegenüber immer die gleiche Aufgabe erfüllt. Die Narren haben zu allen Zeiten das schwere und verantwortliche Amt erfüllt, ihren Mitmenschen die Wahrheit zu sagen. Und das haben sie mit den Propheten und Predigern gemeinsam. Die Wahrheit zu sagen ist nicht leicht, und dem, dem sie gesagt wird, oft unangenehm. Deswegen haben die Narren die Wahrheit immer in ein fröhliches Kleid gesteckt. So bunt, so lustig wie die Kleidung war, so fröhlich verstanden sie es auch, dem Nächsten die Wahrheit beizubringen. Sie stellten sich dumm, damit der andere über diese Dummheit lache und spielten doch in Wahrheit dem anderen seine Dummheit vor. Sie spotteten über die Welt, damit die Welt in diesem Spott sich selbst erkenne. Sie führten den lieben Nächsten hinters Licht, damit er sehen lerne und es bei ihm selber hell werde.

Eulenspiegel spielte anderen das Leben vor, damit sie sich selber erkennen und aus dieser Erkenntnis den Willen gewinnen sollten, in Zukunft das Leben besser, vernünftiger, klarer und wahrer zu leben. Immer hielt er seinen Mitmenschen einen Spiegel hin. Unvermittelt zeigte er ihn auf, damit die Menschen sich ungeschminkt in ihm sahen; denn im Spiegel sieht man sich am liebsten nur in geputztem Zustand. Doch dem Eulenspiegel kam es darauf an, den Menschen das Leben in seiner Wahrheit zu zeigen und dies doch in einer versöhnlichen Weise zu tun, so dass die Wahrheit nicht nur zu ertragen war, sondern sich auch freundlich zeigte. Das ist der Wunsch aller Narren.

Schlüpfen wir selbst in diesen Tagen ins Narrengewand, dann sollten wir versuchen, solche echte Narren zu sein . Wird uns der Spiegel vorgehalten ,dann sollten wir den Mut haben, hinein zu schauen und über uns selbst zu lachen.

Hansjörg beendete seine Predigt mit den Sätzen des von ihm so verehrten Heiligen Johannes Bosco, des Patrons der Artisten:

„Fröhlich sein, Gutes tun und die Spatzen pfeifen lassen!"

Er fügte noch hinzu: „Für ein lachendes Gesicht brauchst du dreizehn Muskeln, für ein miesepetriges aber sechzig. Warum willst du dich überanstrengen?"

Als er noch Kaplan war, sollte Hansjörg am Rosenmontag Religionsunterricht in der Schule halten. Das passte ihm gar nicht, denn in der Heimat war dieser Tag schulfrei gewesen. So hatte er seinen Schülern gesagt, sie dürften mit Hüten und Masken kommen, und er würde mit ihnen lustige Lieder singen und ihnen vom Ursprung der närrischen Tage erzählen. Das ging aber böse aus.

In der Pause wurde er zum Rektor befohlen. Der Klassenlehrer hatte schon einige Buben unter den Kaltwasserhahn geschleppt, ihnen grob die Schminke abgerieben und ihre Pappnasen und bunten Hüte mit den Füßen zertreten.

Der Rektor sagte wütend: „Herr Kaplan, ich bin Calvinist, und diese heidnischen Bräuche dulde ich nicht in meiner Schule. Ich selbst war noch nie in meinem Leben verkleidet!" Hansjörg antwortete nur: „Herr Rektor, das ist sicher ein echtes Versäumnis und eine Bildungslücke", und er beschloss, im nächsten Jahr mit einer erfundenen Erkältung im Bett zu bleiben.

In seiner eigenen Pfarrei veranstaltete Pfarrer Kindler am Fasnachtsdienstag im Pfarrsaal einen Bunten Abend. Ein Kirchengegner hatte ihn vor kurzem als „schwarzen Zigeuner" beschimpft, dem man das Pfarrhaus in die Luft sprengen werde, weil er sich in einem Leserbrief in der Tageszeitung für einen evangelischen Bürgermeisterkandidaten eingesetzt hatte. Darum schlug Hansjörg das Motto „Schwarzer Zigeunerball" vor.

Alle hielten sich daran von der Jugend bis zum Organisten und Pfarrgemeinderat. So versammelten sich um das künstliche Lagerfeuer unter den Wäscheleinen Musikanten, Kesselflicker, Scherenschleifer und Wahrsagerinnen.

Eine Tante im schönen bayerischen Reit im Winkl hatte den Neffen Hansjörg einmal nach dem Aschermittwoch für ein paar Tage eingeladen, und er genoss bei ihr manche Maß Salvatorbräu aus München. Da schrieb er ihr zum Dank dieses Gedicht ins Gästebuch:

DAS STARKBIER

Brave Mönche brachten einstens
starkes Bier ins Bayernland.
Nicht nur Herren, nein, auch Knechte
waren außer Rand und Band.

Sie genossen diese „Speise"
in der fünften Jahreszeit;
dieser Anstich stets vor Ostern
war für Bayern Seligkeit.

Doch es gab auch böse Neider,
schrieben an den Vatikan
und verklagten alle Trinker,
führten viele Gründe an.

Trotz der schönen frommen Namen,
die das Starkbier macht bekannt,
forderten sie harte Strafen,
Aus für das Schlaraffenland.

Da kam dann aus Rom die Botschaft:
schickt ein Fass zur Probe her!
Und das Bier ging auf die Reise,
fiel's den Bayern auch sehr schwer.

Und die weingewöhnten Zungen
der Prälaten dort in Rom
kosteten und spuckten aus es
in der Bar am Petersdom.

Aufgesetzt ward gleich ein Schreiben,
das die Bayern bald erreicht.
Sie soll'n es zur Buße trinken!
Und ihr wisst, das fällt uns leicht.

So sind jetzt die Fastenwochen
Starkbierzeit bei uns im Land.
Nehmt den Maßkrug, und dann gsuffa!
Dies Gebräu ist gottgesandt!

Der Pfarrer selbst kam als Zigeunerprimas Joschi Papriko. Der ganze Saal sang, was Hansjörg gereimt hatte auf die Melodie „Lustig ist das Zigeunerleben...", und viele bekamen ihr Fett weg, ohne beleidigt zu sein.

Alle blieben bis Mitternacht. Dann half Jung und Alt mit, die Dekorationen abzubauen und einen Behelfsaltar aufzustellen, denn der Gottesdienst am Aschermittwoch musste hier im Pfarrsaal stattfinden, weil die Handwerker in der Kirche waren. Alle waren in der Frühe wieder da, um das Aschenkreuz zu empfangen.

Der „geistliche Chefredakteur" hatte für sein Pfarrblatt dieses Gedicht geschrieben, das zwar eine etwas verkürzte Theologie bot, aber doch sehr gut ankam und während der folgenden Wochen über manchem Schreibtisch hing:

DER NARR

Ob Fasnacht, Fasching, Karneval:
die Narren sind im Kommen.
Zwar sagt der Spießer: nicht mein Fall!
Schockiert sind manche Frommen.

Der starb als „Narr" am Kreuzesholz
zählt auch zu den Ver-rückten.
Es waren ja stets Neid und Stolz,
die sich nach Steinen bückten.

Doch Brüder sind der Narr, der Christ,
sie lächeln unter Schmerzen.
Obwohl so viel zum Heulen ist,
vermögen sie zu scherzen.

Drum holt euch euer Narrenkleid
nur wieder aus dem Kasten!
Der Christ kennt beides, Freud und Leid,
das Festen und das Fasten.

In seiner zweiten Kaplansstelle war Hansjörg am Aschermittwoch immer ein wenig in Erklärungsnot geraten, wenn seine Buben und Mädchen zum Schülergottesdienst kamen. Sie mussten nämlich am Bahnhof vorbei, wo gerade zu dieser Zeit mit Hallo und Blechmusik Prinz Karneval empfangen wurde. Denn in einem evangelischen Dorf im bergigen Hinterland fing jetzt erst die Fasnacht an. Man hatte das früher eingeführt, um „die Katholischen zu ärgern" und den Brauch beibehalten.

In Goa, der ehemaligen portugiesischen Kolonie in Indien, (Hansjörgs Schwester Christine lebte mehrere Jahre in New Delhi und auch er selbst besuchte das geheimnisvolle Land), das in seiner Vergangenheit blutige Religionskämpfe erlebte, gibt es an Karneval stets einen symbolischen Akt. Der bunte Umzug aus katholischer Tradition wird von drei Männern angeführt, einem Christen, einem Moslem und einem Hindu. Die Streitereien sollen für immer beendet sein; man ist aufeinander zugegangen, denn man hat nur Angst vor dem, was man nicht kennt.

Im berühmten mit Sean Connery verfilmten Roman von Umberto Eco „Der Name der Rose" geht es um eine Schatzsuche. Dieser Schatz, nach dem in einer Benediktinerabtei im nördlichen Apennin im Jahr 1327 gesucht wurde, ist „Das zweite Buch der Poetik" von Aristoteles, in der es um die Komödie geht, also auch ums Lachen. Gefährlich, gefährlich! Denn „Lachen tötet die Furcht, und ohne Furcht kann es keinen Glauben geben.", warnt der blinde Pater Jorge de Burgos.

Dem Herrn sei gedankt, dass es in der Kirche auch noch andere Meinungen gab und gibt.

 **KURZE NACHLESE**

Einer, der in der Nacht zum Rosenmontag viel zu oft und zu tief ins Glas geschaut hatte , schaffte es nur bis zum Kirchenportal, wo er sich trotz der Kälte zum Schlafen hinlegte. Ein streunender Köter hob über ihm das Bein. „Bitte nicht mehr einschenken!", brummte der wackere Zecher. Und dann eilte der Pfarrer zur Frühmesse, sah den Mann da liegen und vermutete einen Schwerkranken oder gar Sterbenden. Er holte aus der Sakristei das heilige Öl, um ihm die Krankensalbung zu geben. Doch als der den Daumen auf seiner Stirne fühlte, protestierte er heftig: „ Um Gottes Willen, jetzt nur nichts Fettiges!"

Ein Missionar aus Südamerika ist auf Heimaturlaub und überbringt dem Bischof von Mainz als Geschenk einen grünen Papagei. Er versichert ihm, dass er eine Reihe von lateinischen Gebetsrufen kenne wie „Dominus vobiscum!", „Miserere nobis !" und „Pax tecum!" Der Bischof kleidet sich zum Pontifikalamt an, und als ihn der Vogel in vollem Ornat erblickt, kreischt er: „Helau, helau!"

Merke: An Fasnacht hat der Mann die Möglichkeit, sich so zu benehmen, wie seine Frau ihn das ganze Jahr über sieht.

204

17

PROBLEMFACH RELI

Hansjörg Kindler unterrichtete schon als Kaplan das Fach Religion von der Förderschule (früher Hilfsschule) bis zum Gymnasium. Am liebsten war er natürlich in Klassen, in denen ihn die Schüler kannten, weil sie zur Pfarrei gehörten und ihn auch außerhalb der Schule erlebten. Daher kämpfte er darum, dass die Grundschule in seiner eigenen Pfarrei blieb und die Kinder nicht zu Fahrschülern wurden, die dann während der freien Stunden in der Stadt durch die Warenhäuser und Eisdielen zogen. Er hatte Erfolg. Ob das heute noch möglich wäre?

Einmal hielt eine Diplompädagogin einen Vortrag für Katecheten, wie ein richtiger Unterricht auszusehen habe. Hansjörg fragte sie, wie er das in seiner Filialgemeinde machen solle, wo er eine gemeinsame Religionsklasse von Erst- bis Viertklässlern habe. „Das geht überhaupt nicht!", war die Antwort der diplomierten Fachfrau. „Ja, morgen früh muss ich da wieder hin." Er versuchte trotzdem alles, um den Kindern gerecht zu werden.

In der „Hilfsschule" geschah es dann öfter, dass Schüler aus sozial schwachen Familien, die bei ihm zur Erstkommunion gingen, von der Pfarrei einen finanziellen Beitrag zum Fest erhielten. Diese verkündeten im Konfirmationsalter: „Herr Kaplan, ich lasse mich umtaufen!" Das heißt, sie wurden jetzt „protestantisch", bekamen vom Pastor auch etwas, feierten mit und nahmen dann endgültig Abschied von der Kirche.

In Gymnasien war Hansjörg nicht so gerne, obwohl er alles versuchte, den jungen Leuten den Unterricht so interessant wie möglich zu gestalten, alle ihre Fragen zu beantworten - wenn welche kamen. Da war oft Religion in der ersten Stunde; Fahrschüler kamen zu spät oder gar nicht. Oder beim Nachmittagsunterricht war zuerst Sport, dann wurde lange geduscht, und die Stunde war schon halb zu Ende, bis er anfangen konnte. Die Mädchen, die ihre Tage hatten und vom Turnen befreit waren, kamen auch nicht zur Reli.

Einige wenige Gymnasiasten konnte er trotzdem mit einem finanziellen Zuschuss dafür gewinnen, ein Exerzitienwochenende in einem Studienhaus der Diözese mitzumachen. Als er einen in der nächsten Religionsstunde fragte, wie es war, bekam er eine begeisterte Antwort: „Zum Frühstück gab es frische Brötchen, Butter ‚Wurst und Käse soviel man wollte, um 10.00 Uhr nochmals eine Brotzeit, mittags Suppe und ein Riesenschnitzel mit Pommes und Salat und Nachtisch, um 16.00 Uhr Kaffee und Kuchen und abends nochmals eine große kalte Platte und verschiedene Säfte oder Tee. Ich fand es ganz toll. Und zwischendurch waren so religiöse Vorträge."

Als er Pfarrer wurde, bekam er gleich am zweiten Tag einen Anruf des alten Monsignore aus der städtischen Münsterpfarrei, der freudig den neuen jungen Mitbruder begrüßte und ihm verkündete, dass er über dreissig Wochenstunden zu unterrichten habe. Und das, obwohl er noch lange nicht ins Pfarrhaus einziehen konnte und drei Teilgemeinden zu versorgen hatte und fast mit allem ganz von vorne anfangen musste.

Er war rechtzeitig zur ersten Stunde im Gymnasium und ging sofort zum Zimmer des Direktors, wo aber weder die Sekretärin noch der Chef anwesend waren. Da ging Hansjörg ins Lehrerzimmer und stellte sich den Kolleginnen und Kollegen als der Neue vor. Plötzlich schoss der Direktor herein, fast ein Zweimetermann der Hansjörg anbrüllte: „Hören Sie, Sie haben sich zuerst einmal bei mir vorzustellen!" Das Lehrerkollegium duckte sich. Es stellte sich später heraus, dass dieser selbsternannte „Oberkatholik" der Stadt ein ziemlicher Tyrann war, dem kein Untergebener zu widersprechen wagte. Aber Hansjörg verzog keine Miene und brüllte ebenso laut zurück: „Herr Direktor, ich war bei Ihnen, aber weder Ihre Sekretärin noch Sie selbst waren auf Ihrem Posten. Da habe ich mir erlaubt, hierher ins Lehrerzimmer zu gehen." Dem „Anstaltsleiter" verschlug es die Sprache, so etwas hatte er anscheinend noch nie erlebt. Das Lehrerkollegium auch nicht. Er wurde ganz zahm. Allerdings musste ihn Hansjörg später noch einmal anfauchen, sogar vor einer Klasse. Ohne anzuklopfen stürzte der Direx mitten im Unterricht herein und fuhr Hansjörg an: „Komm' mal raus, ich muss dir was sagen!" Kindler entgegnete ruhig: „Herr Direktor, Sie stören. Ich werde nach dieser Stunde zu Ihnen kommen. Und außerdem habe ich noch keine Pferde mit Ihnen gestohlen, bitte duzen Sie mich also nicht!" Der Gewaltherrscher zog sich schweigend zurück.

Hansjörg las den Bericht eines Mitbruders:

„Denken Sie bitte nicht, den Religionsunterricht heute könne man mit früher vergleichen, wie er noch vor einigen Jahren möglich war. Wenn ich in die Klasse komme, stehen einige Schüler auf, aber viele kümmern sich gar nicht um den hereinkommenden Lehrer, bleiben sitzen und reden und schreien munter weiter. Nur mit einigem Stimmaufwand wird die Unruhe zum Schweigen gebracht. Dann wird der Stoff durchgenommen, möglichst in lebendigem Gespräch, das Abfragen von Katechismussätzen findet weder Interesse noch wird es der lebendigen Sache unseres Glaubens gerecht.

Beispiel der letzten Stunde: Um die Aussageabsicht des biblischen Schöpfungsberichtes (6-Tage-Werk) herauszustellen, lasse ich die Schüler berichten, wie nach naturwissenschaftlichen Erkenntnissen Welt, Erde und Menschheit entstanden sein mögen. Einige wissen überraschend gut Bescheid, vielleicht deshalb, weil sie die Berichterstattung über den Mondflug von Apollo 16 gut verfolgt haben. Leider nur einige, andere hören nicht zu, zeigen Desinteresse, machen Unfug oder stören absichtlich. Ich kann mich natürlich auf den Unterrichtsstoff gar nicht so konzentrieren, wie das für ein wirklich lebendiges Gespräch notwendig ist; immer wieder muss ich einen oder mehrere Schüler ermahnen, oft sogar Streit schlichten. Das Ergebnis der Stunde ist bedrückend für den Katecheten, enttäuschend für die wenigen interessierten Schüler, nutzlos für die meisten, die die Stunde absitzen.

Ich bin überzeugt, viele von Ihnen kennen die Lage. Aber aus Verlegenheit oder aus Rücksichtnahme schweigt man, hofft auf ein Wunder. Wir müssen die heutige Lage im Religionsunterricht zur Sprache bringen und nach Lösungen in dieser Lebensfrage unserer Gemeinde suchen."

In manchen Klassen erlebte Hansjörg ähnliches. Und die Abmeldung vom Religionsunterricht aus „Gewissensgründen"?

Die Gründe mussten ja nicht genannt werden! Aber er hatte den starken Verdacht, dass dieser Gewissensgrund oft die Stunde war, die einer länger schlafen konnte.

Über den Religionsersatz „Ethik" oder „Moral" konnte er sich kein genaues Urteil erlauben , weil er nur das wusste, was er ab und zu von den Schülern hörte.

Einmal beklagten sich einige Pfarrer über die heutigen Probleme im Religionsunterricht. Ein Pater aus dem Jesuiteninternat St. Blasien meinte lächelnd: „Bei mir gibt es überhaupt keine Probleme." „Warum bei Ihnen nicht?", fragten die anderen verwundert. „Ich unterrichte Religion und Mathematik. Wer in Reli nicht spurt, kriegt es mit dem Mathelehrer zu tun."

In unserer Bundesrepublik sind die Schulpläne Ländersache. Da gibt es die verschiedensten Ansichten und Praktiken der Kultusminister. Die Frage Staatsschule oder Privatschule, Abitur in 8 oder 9 Jahren, Hauptschule ja oder nein, Ganztagsschule, Integration der Ausländer mit den Sprachproblemen usw. sind in aller Munde und Diskussionsgegenstand vieler Medien.

Es geht hier nur um einige grundsätzliche Überlegungen zum Religionsunterricht und um persönliche Erfahrungen eines Pfarrers.

Einmal fuhr Hansjörg nach der letzten Stunde in der Handelsschule mit seinem R 4 nach Hause, und auf der Straße stand ein kleiner Junge, den er nicht kannte - und der ihn auch nicht kannte- und machte Autostop. „Können Sie mich mitnehmen?" „Steig ein! Sag mal, du wärst doch jetzt bei jedem eingestiegen?" „Ha ja, ich bin zu spät dran." Kindler brachte ihn zu seinen Eltern und hielt denen eine kleine Predigt. Sie gaben sich ahnungslos. In der nächsten Ausgabe seines Pfarrblatts brachte er diesen Aufruf, weil das anscheinend nicht der einzige Fall war:

„Wir wollen den Teufel nicht an die Wand malen.

Aber wenn ich die kleinen Grundschüler sehe, die an der Handelsschule Autostop Richtung Wald machen, dann sehe ich so einige Zeitungsberichte vor mir: Berichte von entführten, geschändeten und ermordeten Kindern.

Liebe Eltern, wissen Sie, dass vielleicht auch Ihr Kind sich von jedem im Auto mitnehmen lässt? Oder sind Sie ahnungslos? Dann sage ich es Ihnen und weise Sie auf Ihre Verantwortung hin. Bis jetzt ist alles immer gut gegangen? Und nichts ist passiert? So zu reden wäre einfach sträflicher Leichtsinn - ja verbrecherisch! Wir haben zwar einen hübschen Friedhof auf dem Wald, aber auf solche Beerdigungen verzichte ich gerne. Wollen Sie Ihren Sohn oder Ihre Tochter mal gleich ins Gebet nehmen? Und nach dem Rechten sehen, ehe es zu spät ist?

Nichts für ungut. Aber Sie sind ja schließlich auch nicht hinterm Mond daheim. Ihr Pfarrer"

Einmal gab er den größeren Schülern einen „Steckbrief" in die Hand mit der Frage „Was bedeutet dir Jesus Christus?" Eine kleine

Auswahl der anonymen Antworten soll hier folgen. Nicht alle haben mitgemacht.

Die Ergebnisse der Frageaktion sprechen für sich. Wir finden neben Ablehnung, Zweifeln und Glaubensschwierigkeiten, neben primitiven und kindlichen Vorstellungen auch schlichte, herzliche und echte Glaubenszeugnisse .

Aber die Mehrheit der Schüler kann mit der Gestalt Jesu nichts anfangen. Hansjörg kam zu der Überzeugung: wir unterrichten Ungläubige. Ein Bekenntnis zu Jesus Christus muss nicht immer auch Kirchlichkeit im traditionellen Sinn bedeuten.

Welches „christliche" Elternhaus haben diese Kinder erlebt? Welche Vorbilder hatten sie? Was hat sie der Kirche entfremdet? Jeder, der zur Verkündigung bestellt ist, muss das überdenken und das Gespräch mit den Jugendlichen suchen. Es müsste die wichtigste Aufgabe sein, sie dahin zu führen, dass sie auch in der Kirche von heute immer mehr das Antlitz Christi finden.

Beispiele von Schülerantworten:

Jesus ist Gottes Sohn. Ich glaube zwar an ihn, aber ich gehe nicht in die Kirche.

Jesus ist der Inhalt meines Lebens. Zu ihm habe ich Vertrauen und suche in jeder Not bei ihm Hilfe. Er bedeutet mir sehr viel.

Ich gehe zwar sonntags nicht in die Kirche, passe auch nicht immer im Religionsunterricht auf, trotzdem glaube ich an Jesus. Ich zeige es zwar nicht, aber ich glaube an ihn.

Ich glaube zwar an einen Gott, ein Wesen, das uns geistig hoch überlegen ist, und ich erkenne Jesus als historische Persönlichkeit, aber ich glaube nicht an seine Auferstehung und an den größten Teil des Alten Testamentes und auch nicht alles im Neuen Testament.

Seit ich sprechen konnte, lehrte man mir von Jesus Christus, zuerst meine Eltern, dann der Pfarrer in der Kirche. Jesus war mir oft ein Vorbild, und in Not bat ich ihn um Hilfe. Das tat ich oft, und seltsamerweise half mir nur mein Wille und nicht er. So hörte ich auf, an ihn zu glauben, jetzt fragt sich ein jeder, warum ich dann in den Religionsunterricht gehe. Ich gehe dorthin, um über die katholische Religion zu lernen und nicht, um an sie zu glauben.

Jesus war nichts anderes als ein Weltveränderer, der die Massen an sich ziehen wollte wie Gurus und ähnliche Gottheiten, die „noch" leben...

Ich glaube an ihn nicht ganz, es fällt mir schwer, an ihn zu glauben bei den heutigen Ereignissen: der Mensch landet auf dem Mond, richtet eine Raumstation ein, hier ein Mord, da eine Revolution und so weiter. Das Weltall kommt näher - aber kein Gott.

Jesus nimmt in meinem Leben keinen wichtigen Platz ein. Ich muss sogar sagen, dass ich keineswegs an das glaube, was ich im Religionsunterricht über ihn erfahren habe. Ich glaube nicht, dass ich schlechter bin als so manch ein Gläubiger, und ich glaube auch nicht, dass sich mein Leben wesentlich verändern würde, wenn ich gläubig wäre. Es gibt Leute, die glauben, dass Jesus Leben, Licht, Güte, Liebe usw. bedeutet. Ich respektiere diese Menschen und ihre Meinung. Andern Leuten bedeutet Jesus „Auferstehung oder Leben nach dem Tod". Dies nimmt ihnen die Angst vor dem Ungewissen, dem Tod. Ich habe keine Angst vor dem Tod, und ich glaube nicht an eine Auferstehung, eher an eine Art „Überleben des Geistes", das aber keineswegs etwas mit Gott oder Jesus zu tun hat. Ich gehöre nicht zu den Menschen, die alle Ereignisse ihres Lebens in die Hände Gottes oder Jesu Christi legen. Diese Menschen haben keine Courage, den Gefahren des Lebens ins Auge zu sehen. Sie schieben alle Verantwortung von sich. Leider merken sie es gar nicht. Jedenfalls kann man mich nicht zu diesen Leuten zählen.

Jesus Christus bedeutet mir sehr viel. Meine Eltern haben mich christlich erzogen, und ich versuche, genau so christlich zu sein wie meine Eltern.

Ja zu Jesus - Nein zur Kirche!

Er bedeutet mir nicht viel. Für mich hatte er eine über dem Durchschnitt liegende Intelligenz. Er war ein Revoluzzer seiner Zeit und wollte die Welt verändern. Wegen seiner Intelligenz wurde er vielleicht heilig gesprochen. Ich halte ihn für einen gewöhnlichen Menschen und kann nicht glauben, dass er Gottes Sohn ist.

Aus den folgenden Antwortbögen der höheren Klassen können nur einige Kernsätze wiedergegeben werden, sonst gäbe es ein Extrabuch:

Ich glaube daran, dass Jesus als Messias auf die Erde gekommen ist und an das, was er verkündet hat. Der Glaube bedeutet mir sehr viel. Aber ich glaube nicht an die Kirche, an den Papst und habe keine Achtung vor dem, was die Kirche vorschreibt.

Jesus bedeutet mir, im Gegenteil zu Gott, nichts. Es gibt keine Beweise dafür, ob es ihn überhaupt gegeben hat, und wenn, ob er Gottes Sohn ist. Das glaube ich einfach nicht. Ich kaufe eben nicht die Katze im Sack.

Ich finde, dass auf der Erde so vieles falsch ist, dass es schwer fällt zu glauben, Jesus Christus, der doch Erlöser sein sollte, habe wirklich existiert. Und es wird ja immer schlimmer. Ich glaube an Gott, aber auf meine eigene Art, und dazu brauche ich nicht unbedingt die Kirche, und die Gebete schon gar nicht.

Ich bete nicht, ich gehe nicht zur Kirche und gehe gegen meinen Willen in den Religionsunterricht. Ich muss sagen, dass Jesus mir gleichgültig ist, er ist für mich ein Stück Vergangenheit. Ich lehne die Kirche ab und glaube, dass ich auch ohne Jesus leben kann.

Für mich war Christus nicht der „Sohn Gottes", sondern ein Mensch wie wir, den Gott sich auserwählt hat, uns zu zeigen, wie wir handeln sollen, und um uns Gottes Allmächtigkeit zu beweisen. Ich versuche, soweit es mir möglich ist, so zu handeln wie er es uns gezeigt hat.

Eine Begleitung für jeden Tag, eine Unterstützung, Zuflucht, Tröstung. Ein inneres Gefühl der Freude und des Dankes, wenn ich an ihn denke. Eine ständige Suche und Frage nach seiner Existenz. Er ist ein Gesprächspartner für mich, wenn ich alleine bin, wenn mir etwas unverständlich vorkommt, für alle Mitteilungen, die ich zu machen habe.

Jesus ist für mich der Begründer der christlichen Religion, der Erlöser und manchmal eine große Stütze. Der strahlende Mittelpunkt meines Lebens ist er jedenfalls nicht. Leider.

Jesus Christus ist für mich Gott. Ich bete nicht zu Jesus Christus, sondern zu Gott. Christus war nur der Gesandte Gottes, der die Menschen bekehren sollte.

Ich habe mich für Jesus entschieden und will mich deshalb auch daran halten. Aber manchmal bin ich unsicher und kann nicht richtig glauben. Ich meine aber, dass das an meinem Alter liegt und deshalb vergehen wird, dass ich also später einen unerschütterlichen Glauben haben werde, denn das wünsche ich mir.

Mir bedeutet Jesus Christus nicht mehr als andere Religionsstifter (Buddha, Mohammed, Konfuzius etc).Da er aber diejenigen Möglichkeiten, die er laut Neuem Testament hatte, nicht ausnützte, dient er mir nur als Beispiel, wie man es nicht machen sollte. Kurz gesagt: eine interessante geschichtliche Figur!

Jesus Christus ist der Sohn Gottes, und wer an ihn glaubt, glaubt an Gott und seine Dreifaltigkeit. Der Glaube an Gott ist für mich eine lebenswichtige Sache geworden. Wo Gott nicht anwesend ist, fehlt viel. Er ist für mich ein Helfer, ein ständiger Mitarbeiter , und die Suche nach ihm bedeutet für mich eine der schönsten Sachen.

Für mich bedeutet Jesus Christus die Erlösung. In ihm kommt alles Gute zusammen, und alles Gute geht von ihm aus. Ich glaube an ihn, weil dieser Glaube mich, besonders in schlimmen Zeiten, aufrecht erhält. Ich bemitleide denjenigen, der nicht glaubt; er weiß nicht, was er vermisst. In Jesus Christus sehe ich einen Freund.

Gottes Bewusstsein, das uns mehr und mehr vor Augen tritt, je mehr wir uns damit beschäftigen. Mensch, in dem sich Gott und Göttliches offenbaren, der das voraussagte, was sich bis heute immer wieder erfüllt hat. Was wären wir, wenn es ihn nicht gäbe?

Pfarrer Kindler fasste alle Antworten ungekürzt in einem Büchlein zusammen und stellte es den Eltern und Schülern zur Verfügung. Er hoffte darauf, dass es in den Familien, von denen ja die wenigsten zu seiner Pfarrei gehörten, Anlass zu Gesprächen böte.

Auch diese Antwort des Literaturnobelpreisträgers Heinrich Böll druckte er darin ab, die dieser auf die Frage „Was halten Sie vom Christentum?" gegeben hatte:

„Selbst die allerschlechteste christliche Welt würde ich der besten heidnischen vorziehen, weil es in einer christlichen Welt Raum gibt für die, denen keine heidnische Welt je Raum gab: für Krüppel und Kranke, Alte und Schwache, und mehr noch als Raum gab es für sie: Liebe für die, die der heidnischen wie der gottlosen Welt nutzlos erschienen und erscheinen...

Ich glaube an Jesus Christus, ich glaube, dass 800 Millionen Christen auf dieser Erde das Antlitz dieser Erde verändern könnten. Und ich empfehle es der Nachdenklichkeit und Vorstellungskraft der Zeitgenossen, sich eine Welt vorzustellen, auf der es Christus nicht gegeben hätte, ich glaube, dass eine Welt ohne Christus selbst die Atheisten zu Adventisten machen würde."

Pfarrer Hansjörg Kindler bekam ein Angebot, das den Generalvikar veranlasste, ihn etwas weniger Religionsstunden am Gymnasium halten zu lassen. Er wurde nämlich „Kalendermann" des Heimatsenders und sprach über verschiedene Themen in den Sendungen „Das Kalenderblatt" und „Treffpunkt im Dritten". Der Vertreter des Erzbischofs fand es wichtig, ein solches Angebot anzunehmen, bei dem ein Mann der Kirche von seiner Sicht aus auch über weltliche Themen sprechen konnte.

Die Sendungen wurden im Pfarrhaus aufgenommen, und man bestätigte Hansjörg, dass es nur wenige Mitarbeiter wie ihn gäbe, die frei ins Mikrophon sprechen könnten. Auch diese Aufgabe sah Hansjörg als ein wichtiges Stück Seelsorge an. Die Schule mit ihren Licht- und Schattenseiten blieb ihm immer noch.

Die Berufsschüler waren sehr nett, und das Gedicht bezieht sich auf ein wahres Erlebnis Hansjörgs. Nachdem er einmal auf dem Jahrmarkt ein paar Runden Skooter mit ihnen gedreht hatte - der Schausteller stiftete Freifahrten - fraßen sie ihm aus der Hand:

NEUE FARBEN

Auch die Berufsschul´ bietet an
den Unterricht in Religion.
So kommt dorthin auch der Kaplan,
und eine Klasse kennt er schon.

Friseusen und auch Maurer sind
in einem Raume bunt gemischt.
Wenn er die Stunde dann beginnt,
wird er von Düften sanft erfrischt.

Die jungen Damen mit Parfüm,
dem neuesten aus dem Salon.
Die Maurer etwas ungestüm
empfinden's als Provokation.

Die Namen hat er schon notiert;
er sagt zu allen ja noch Du.
Ist darum bestens informiert;
sie machen mit - so ab und zu.

Doch eines Tags ne Neue kommt,
karottenhaarig, grell geschminkt,
stellt sich nicht vor und setzt sich prompt
und ist von Maurern gleich umringt.

„Hallo, mein Mädchen, bist du neu?
Dann sag den Namen bitte mir!
Ich sehe, du bist gar nicht scheu,
doch ich brauch' von dir ein Papier."

„Oh, Herr Kaplan, ich bin die Ruth
und schon ne ganze Weile hier.
Steh'n mir die roten Haare gut,
die mir gefärbt mein Starbarbier?"

 KURZE NACHLESE

Der Religionslehrer fragt die Kinder, wann sie beten. „Immer am Morgen", sagt Peter, „denn vor der Schule ist eine große Kreuzung, und da bitte ich jedesmal den lieben Gott, dass ich heil hinüberkomme." Fragt der Lehrer den kleinen Tom: „Na, betest du auch am Morgen?" - „Nein", sagt Tom. „Ich gehe durch die Unterführung."

Manche Gebote Gottes gelten besonders für bestimmte Personenkreise, hat der Religionslehrer ausgeführt. Nun knüpft er daran die Frage: „Wer kann mir dazu ein Beispiel anführen?" „Das 8. Gebot ist hauptsächlich für die Lehrer da!"- „Oho, wie meinst du das denn?" Es heißt: „Du sollst kein falsches Zeugnis geben!"

Um beim Schulratsbesuch ganz sicher zu gehen, hat der Lehrer eine Reihe von Fragen, die sehr wahrscheinlich gestellt werden, mit den Buben durchgenommen und gleich eingeteilt, wer bei welchen Fragen aufzeigen soll. Der Schulrat ist da und will von dem am nächsten Sitzenden wissen: „Warum beten wir: Ich glaube an Gott, den allmächtigen Vater?" Da antwortet der erschrockene Bub: „Der an den Gottvater glaubt, sitzt in der dritten Bank."

Der Kaplan nimmt die leiblichen Werke der Barmherzigkeit durch. Für jedes malt er ein Symbol an die Tafel. Die Hungrigen speisen - ein Brot, die Durstigen tränken - einen Krug, die Nackten bekleiden - ein Hemd, die Kranken besuchen - ein Bett, die Fremden beherbergen - ein Haus mit qualmendem Schornstein, die Gefangenen erlösen - ein vergittertes Fenster und ein Stück Stacheldraht und die Toten begraben - ein Grab mit Kreuz. In der nächsten Religionsstunde frägt er ab und malt nur die Symbole - durcheinander -hin. Die Kinder sollen das Werk dazu schreiben. Schorschi weiß alles, nur mit dem Bett kann er nichts anfangen. Dann kommt ihm die Erleuchtung: „Die Müden schlafen lassen!"

18

DER „PFÄLZER" IM BEICHTSTUHL

Pfarrer Kindler war überzeugt: Jeder beichtet einmal! Wenn nicht beim Pfarrer, dann bei einer Geliebten, beim Barmixer, auf der Couch beim Psychiater oder bei dem Mann mit den Kopfhörern, der nachts auf dem Fernsehschirm zu sehen und per Telefon zu erreichen ist. Allerdings regte er sich schon während des Studiums der Moraltheologie auf, wenn irgendein Kapuzinerpater in seinem Buch glaubte, die Sünden genau aufgliedern zu können in leichte, schwere und Todsünden und z.B. jeden Zungenkuss sogar in der Ehe als Todsünde bezeichnete. Oder gar, wenn er den von Gott erschaffenen Menschenleib, den der Heilige Paulus „Tempel des heiligen Geistes" nannte, in ehrbare, weniger ehrbare und unehrbare Teile zerlegte. So ein Machwerk sollte dann den zukünftigen Priestern als Leitfaden dienen!

Natürlich freute sich Hansjörg, als das Konzil die Bußandacht oder Bußfeier einführte, nach der eine Einzelbeichte nicht mehr unbedingt nötig sein musste, wenn man sich keiner schweren Schuld bewusst war. Aber er bot auf Wunsch weiter das anonyme Bekenntnis im Beichtstuhl an oder auch das Gespräch im Beichtzimmer. Er hätte sich und vielen Mitbrüdern aber gewünscht, dass sie während des Studiums ein wenig mehr über Psychologie gehört hätten. Als Gnade empfand er es, wenn Menschen ihre Last bei ihm abgeladen hatten, dass er sehr schnell alles vergessen konnte. Sonst wäre das Amt manchmal nicht zu ertragen gewesen.

Den Kindern, die er auf den Empfang des Bußsakramentes vorbereitete, versuchte er, alle Angst zu nehmen. Er ließ das Licht im Beichtstuhl an, und hinterher warfen alle ihre Beichtzettel auf einen kleinen Scheiterhaufen und tanzten fröhlich um das Feuerchen herum.

In einem Dorf seiner Gemeinde hatte er eine 3. und 4. Grundschulklasse gemeinsam in Religion zu unterrichten. Wieder sollten die Drittklässler auf den Weißen Sonntag vorbereitet werden. Aber die kleine Ulrike war als einzige schon im vergangenen Jahr mit ihrer ein Jahr älteren Schwester zur Erstkommunion gegangen und wusste über alles Bescheid. Als Hansjörg nun das 8. Gebot durchnahm „Du sollst nicht lügen!", da schnellte Ulrikes Finger hoch, und zum Entsetzen der ganzen Klasse sagte sie mit fester Stimme: „Herr Pfarrer, ich habe beschlossen, jetzt wieder zu lügen!" Da war natürlich eine Erklärung fällig, und die hat Hansjörg Kindler wörtlich behalten. Man muss dazu sagen, dass die Familie, - der Vater ein deutscher Lehrer, die Mutter eine Schweizerin, - sieben Kinder hatte. Nun Ulrike: „Das war nämlich so: Ich bekam eine Tüte Bonbons geschenkt, habe mich damit in meinen Bettkasten zurückgezogen und mir einen vergnügten Nachmittag gemacht. Die Papierchen habe ich rings ums Bett verstreut. Am Abend fragte meine Mama: ‚Wer hat das gemacht?' Aber ich traute mich nicht, und meine Geschwister haben mich nicht verraten. Die Mutter sagte: ‚Ich will wissen, wer das war; er wird nicht bestraft.' Aber ich hab trotzdem nichts gesagt. Als der Muttertag kam, wollte ich ein kleines Blumengesteck machen und habe vom Taschengeld dieses grüne Schwammzeugs gekauft, in dem die Blumen gehalten werden. Es war aber zu groß für die Schale. Da habe ich ein Stück abgeschnitten, und das war so weich und ging so leicht, ich konnte nicht anders und habe alles zerschnitten. Als Mama die Schweinerei sah, fragte sie wieder: ‚Wer war das?' Da habe ich mich gemeldet, und sie hat mich verhauen. Darum habe ich beschlossen, wieder zu lügen!"

Mit Erlaubnis Ulrikes hat Hansjörg mit der Mutter gesprochen, und sie sah ihren pädagogischen Fehler ein. Meinte aber, dass es bei sieben Rangen immer wieder regelrechte Verschwörungen gebe und sie manchmal in der Erziehung ein wenig überfordert sei. - Was Hansjörg, der Zölibatär, auch einsehen konnte.

In einer Gemeinde gab es viele spanische Gastarbeiter. Manche der spanischen Ehefrauen, die am Sonntag kommunizieren wollten, bekannten in der Beichte, dass sie aber vorher mit ihrem Mann geschlafen hatten. Was war da im heimatlichen Religions- oder Brautunterricht schief gelaufen? Wenn ihnen Hansjörg erklärte, dass der eheliche Verkehr Vollzug des Sakraments sei, mit keinerlei Schuld behaftet, war das für sie eine Erlösung. Auch die Entscheidung, wie viel Kinder in einer Ehe erwünscht sind und verkraftet werden können, sollte allein den Eheleuten vorbehalten bleiben. Seit der „Pillenzyklika" Pauls des VI. hat die Kirche nochmals bekräftigt, dass sie als einzige Methode der Empfängnisverhütung die von Knaus-Ogino anerkennt, welche die unfruchtbaren Tage im weiblichen Zyklus berücksichtigt. Von Spöttern wird sie als „Vatikanisches Roulette" bezeichnet. Sie war lange in Vergessenheit geraten, Neues versprach mehr Zuverlässigkeit, gewährte mehr Spontaneität.

Doch ehrlicherweise muss man zugeben, dass sie laut Studien eine Renaissance erlebt. Immer mehr Frauen wollen eins mit sich und ihren natürlichen Prozessen verhüten. Mit der sogenannten „Königsteiner Erklärung" reagierten die deutschen Bischöfe damals auf die Enzyklika „Humanae Vitae". Sie betonten, dass Gläubige von einer nicht mit Unfehlbarkeit verkündeten Entscheidung des kirchlichen Amtes abweichen können und ihrem Gewissen folgen müssten. „Die Methoden der Verwirklichung verantwortlicher Elternschaft wurden vielfach dem verantwortungsbewussten Gewissensurteil überlassen, ohne dass dabei dem Ungehorsam gegen die Kirche das Wort geredet werde" heisst es.

Trotzdem blieb Rom bis heute bei seinem Verbot auch für Kondome bei Gefahr von Aids.

Wenn es nicht unbedingt nötig war, stellte Pfarrer Kindler im Beichtstuhl keine Fragen. Aber manchmal war es nicht zu vermeiden. Wenn ein Kind beichtete, dass es nicht im Gottesdienst gewesen war, weil die Eltern schon ganz früh am Sonntag mit ihm wegfuhren, erwies sich eine kleine Frage als Segen.

Im Studium wurde von einem Dozenten ein lustiges Beispiel für Beichtgespräche gebracht: Ein altes Mütterchen bekannte, es habe seiner Schwiegertochter ein Ei aus der Speisekammer gestohlen. Als der Pfarrer nach dem Warum fragte und hörte, dass es fast nichts zu essen bekam, obwohl es die ganze Rente ablieferte, sagte er ihm: „Nehmen Sie das nächste Mal zwei Eier!"

Übrigens hatte er sich für ausländische Kirchenbesucher einen Beichtspiegel mit Fragen in zwölf Sprachen zugelegt.

Es war interessant, dass elf mit den Worten „Gelobt sei Jesus Christus!" begannen, aber nur der spanische mit „Ave Maria purissima! - Sei gegrüßt, reinste Maria!" anfing.

Es ist doch eine wunderbare Sache, dass der Begriff „Fringsen" in deutschen Wörterbüchern steht. Und damit gemeint ist, dass man in der Not Mundraub begehen darf, für die hungernden Kinder z.B. Lebensmittel und Kohlen organisieren kann, wie es nach dem Krieg im Rheinland an den Verpflegungszügen der Besatzungsmacht geschah, und der Kölner Kardinal Frings dies den Müttern ausdrücklich erlaubte.

Einmal fragte Hansjörg eine junge Frau im Beichtstuhl, ob sie ledig oder verheiratet sei. Sie antwortete: „Ich kann jeden Augenblick mein erstes Kind bekommen!" Und dann erfolgte die schnellste Lossprechung in Pfarrer Kindlers Priesterleben.

In Weinheim, Hansjörgs erster Kaplansstelle, lebte eine alte Frau, eine ehemalige Altenpflegerin, die lange in sibirischer Gefangenschaft gewesen war. Der Dekan und einige Aushilfspriester empfanden sie als ein wenig lästig. Sie zündete während der Messe am Marienaltar umständlich Kerzen an, wuselte vorn herum, und wenn sie sah, dass irgendwo ein Priester in den Beichtstuhl ging, husch, war sie auch drin.

Hansjörg tat die Frau leid, die soviel Schweres mitgemacht hatte. Sie war groß und hager und hatte eine ungesunde gelbe Gesichtsfarbe, eine scharfe Nase und wasserhelle Augen. Weil Hansjörg sie nicht immer gleich abwimmelte, da sie ja wirklich keine Sünden zu bekennen hatte, nur eigentlich ein menschliches Gespräch suchte, kam sie nur noch zu ihm zum Beichten, sogar nur noch in seine Gottesdienste und Predigten. Beim Schlusssegen nahm sie ihr Sitzkissen, das sie immer dabei hatte, legte es auf den Boden im Mittelgang, kniete dort hin und empfing nun den Segen des Zelebranten „direkt". Immer wieder lagen Blumensträuße auf der Eingangstreppe zum Pfarrhaus mit einem Kärtchen für Hansjörg. Sie sprach ihn auch auf der Straße an und wollte ihn zum Essen in ihre Wohnung einladen. Denn sie habe ein Besteck, mit dem noch niemand gegessen habe, das sei nur für ihn reserviert. Und außerdem könne sie lieben, wen sie wolle. Hansjörg ging natürlich nie hin.

Aber dann besuchten ihn zwei evangelische ehemalige Schulkameradinnen aus dem Internat. Sie waren auf der Durchreise und besichtigten die eben renovierte Kirche. Sie kamen auch an Hansjörgs Beichtstuhl. „Ach, das sind die Kästen, in denen die armen Katholiken ihre Sünden sagen müssen", meinte eine der Klassenkameradinnen schnippisch. Und sie schaute links und rechts zu den Kniebänkchen und den kleinen Gitterfenstern, um dann die Türe in der Mitte zu öffnen. Hansjörg dachte: „Mich trifft der Schlag!" Auf dem Sitz neben seiner violetten Stola stand in buntem Geschenkpapier eine Flasche Wein. Von wem wohl? Von seiner Verehrerin natürlich! Hansjörg ließ ein gequältes Lachen hören, trank den Pfälzer Weißwein später mit den beiden jungen Damen, die trotz aller gegenteiligen Beteuerungen sicher daran glaubten, dass die Beichtväter so bestochen würden - siehe Ablasshandel! - um Sünden und Sündenstrafen schneller zu vergeben.

Da Hansjörgs Kaplansstelle nahe der Grenze zu einer anderen Diözese lag und es damals noch kein gemeinsames Gebet- und Gesangbuch für alle deutschen Bistümer gab, hatte er immer zwei verschiedene Bücher im Beichtstuhl liegen, um die Bußgebete je nach Herkunft des „Sünders" aufgeben zu können.

Nachdem er oft am Samstag viele Stunden im Beichtstuhl gesessen hatte, auf der andern Seite des Kirchenschiffs sein Chef, der Dekan, gingen beide, sobald die Bänke sich geleert hatten, in die Seitenkapelle, um gemeinsam die Complet, das kirchliche Abendgebet , zu sprechen. Wenn sie sich dann auf einen kleinen Imbiss, ein Gläschen Bier und eine Fernsehsendung freuten - es gab damals nur zwei Schwarz – Weiß - Programme - konnte es sein, dass inzwischen wieder ein Bus aus dem Nachbarbundesland angekommen war und beide Beichtstühle belagert wurden. Mit einem Seufzer ging es wieder in den hölzernen Kasten. Hansjörg dachte dann an Johannes Vianney, den Heiligen Pfarrer von Ars, den Patron der Beichtväter, der stundenlang fast stehend in einem engen Gehäuse ausharrte, nur mit ein paar kalten Kartoffeln als Stärkung, der aber dafür die Gabe der „Seelenschau" besaß. Das ist alles anders geworden - leider oder gottseidank? Wer will das letztlich beurteilen? An Wallfahrtsorten oder in Taizé kann man es noch erleben.

Der große deutsche Theologe Karl Rahner sagte einmal, man solle das Wort „Reue" zehn Jahre nicht mehr gebrauchen. Denn die Sünde ist ja verlockend. Man „bereut" nicht, dass man etwas bekommen hat, was einem nicht zusteht, und erfreut sich am unrechten Besitz. Einer hat seinem Zorn Luft gemacht und fühlt sich besser. Ein anderer hat jemanden übervorteilt und klopft sich deswegen selbst auf die Schulter. Ein Ehemann hat seine Frau betrogen bei einem heißen Liebesabenteuer und schwelgt in der Erinnerung. So kann man den ganzen Dekalog, alle zehn Gebote, betrachten. Aber statt „Reue" sollte man Umkehr sagen, einsehen, dass man auf dem falschen Weg war, so sonnig und gut begehbar er zunächst schien. Gott beleidigt und Nein zu ihm gesagt zu haben, das ist das Entscheidende! Vor allem muss man den Willen haben, etwas wieder gut zu machen so weit es möglich ist und neu beginnen.

Tante Martha, die Schwester des Dekans, ging jeden Monat beichten, aber in die Nachbarpfarrei. Einmal verließ sie fluchtartig den Beichtstuhl, als sie die ersten Worte des Beichtvaters vernahm. Es war die Stimme ihres Bruders, der an diesem Tag ohne ihr Wissen mit dem Nachbarpfarrer getauscht hatte. Das machten die Priester eines Dekanats öfter, um den Gläubigen die Möglichkeit zu bieten, einmal bei einem fremden Geistlichen das Bußsakrament zu empfangen.

Ganz genau und gewissenhaft nahm es einmal ein Pfadfinderkaplan, der in einem Mädchenzeltlager einen Feldgottesdienst hielt. Vorher bot er den Pfadfinderinnen Beichtgelegenheit. Da es keinen Raum gab, in dem ein anonymes Bekenntnis möglich war, hängte er ein großes Küchensieb an den Ast eines Baumes, verhüllte sein Haupt und legte sein Ohr an dieses Ersatzgitter.

Im Wallfahrtsort Tschenstochau bei der Schwarzen Madonna in Polen erlebte es Hansjörg, dass der Büßer ohne Gitter auf dem Boden kniete vor dem Stuhl mit dem Beichtvater, laut seine Sünden bekannte und die ganze Warteschlange dahinter mithören konnte.

Das Schlimmste, was Hansjörg Kindler passierte und wobei der Beichtstuhl eine entscheidende Nebenrolle spielte, war folgendes: Er erlebte es in seiner zweiten Kaplansstelle in Schopfheim . Er saß am Samstagnachmittag zum Beichthören in der Kirche; in den Bänken knieten einige alte Leute und ein paar Jugendliche, die sich betend vorbereiteten. Da klopften zwei junge Polizisten in Uniform an seinen Beichtstuhl und baten ihn, mit ins Pfarrhaus zu kommen. Er sagte den Wartenden, er käme sicher bald zurück und ging inmitten der beiden Beamten über die Straße ins Sprechzimmer des Pfarramtes. Sie hatten zuvor an der Türe geläutet, nach dem Kaplan gefragt, und die Haushälterin hatte ihnen gesagt, wo sie ihn fänden.

Hansjörg war ja Kolpingpräses, und dieses war geschehen: Ein eingetragenes Kolpingmitglied, ein schon älterer Mann, den Kindler aber noch nie in einer Versammlung gesehen hatte und nur dem Namen nach kannte, hatte an einer wüsten Schwulenparty in einer kleinen Feldkapelle teilgenommen. Die jungen Polizisten wurden beauftragt, zu seiner Mutter zu gehen, bei der er wohnte, und sie zu befragen. Da die Frau schwer herzkrank war, hatte die Polizei einige Bedenken und wollte einen Rat vom Kaplan, wie sie mit Fingerspitzengefühl vorgehen konnte. Hansjörg sagte seine Meinung, und die beiden machten sich auf den nicht leichten Gang. Der Kaplan ging zurück in die Kirche und konnte und wollte natürlich zu niemandem über diese Sache sprechen. Der Ort war nicht groß, und bald sagte es einer dem andern, dass Kaplan Kindler von zwei Polizisten aus dem Beichtstuhl geholt und abgeführt wurde. Bald war auch der Grund des Polizeieinsatzes bekannt. Und da war ein Schüler im Gymnasium, ein ewiger Störenfried in Hansjörgs Religionsklasse, dem dieser vor kurzem eine Strafarbeit aufbrummen musste. Dessen Mutter war Sekretärin in der Redaktion der örtlichen Tageszeitung. Jetzt war das Gerücht da und bekam Flügel: Der Kindler ist ein Schwuler, und er war bei der Orgie in der Kapelle dabei. Der Pfarrgemeinderat gab eine Ehrenerklärung für den Kaplan ab , die herzkranke Mutter hat es überlebt, und von dem Sohn und seinen „Freunden" hörte Hansjörg nichts mehr.

Früher gab es ja noch die Osterbeichtzettel. Ein Diakon im Allgäu besitzt eine Sammlung aus den letzten hundert Jahren. Der älteste stammt aus dem Jahr 1835, ein von Hand geschriebenes Papier, auf dem steht „Bringet würdige Früchte der Buße!" Es sind Bildchen nach dem Zeitgeschmack, zuerst Stahlstiche mit dem aufgedruckten Namen der Kirche. Auf der Rückseite finden sich meist Ablassgebete. Sie geben Auskunft über reichere und arme Kirchenjahre. Sie wurden damals aufbewahrt zum Vorzeigen beim Meister, beim Dienstherrn. Ein Zettelchen daran zum Abreißen diente dem Pfarrer als Bestätigung, dass man seine „Christenpflicht" zur Osterbeichte absolviert hatte. Denn der sammelte den Kontrollzettel ein, führte oft ein Register, weil er ja die Schäflein im Beichtstuhl nicht sehen und auseinanderhalten konnte. Oder auch, weil sie ihre Sündenlast lieber woanders abluden. Oft geschah das in einem Kloster z.B. bei den Franziskanern, die als Beweis der Osterbeichte einfache schmucklose Beichtzettel mitgaben.

Seit den siebziger Jahren war dieser strenge Brauch am Aussterben. Heutige Beichtväter greifen auf Darstellungen der Kunst wie z.B. Rembrandts „Emmausgang" zurück. Ein Gebet oder eine Meditation regt zur Vertiefung an, öffnet den Weg zum bewusst gefeierten Ostern.

Dass strenge Gesetze zu Tricks verführen, wussten schon die Alten zu erzählen. Scheinbar fromme Zeitgenossen gingen demnach mitunter auch öfter zur Osterbeichte und gaben die so erhaltene Zettelsammlung an sündige Zeitgenossen weiter - gegen Bares, versteht sich.

Einmal sah Hansjörg bei einem reichen Fabrikanten einen antiken Beichtstuhl, der zu einer Hausbar umgearbeitet war. Irgendwo gab es auch ein barockes Messgewand als Kaffeedecke und eine goldene Monstranz mit dem Foto der Hausfrau drin. Über Geschmack lässt sich bekanntlich nicht streiten!

Als Hansjörg seinen Heimatpfarrer einmal zu einem Urlaub nach Pontresina in der Schweiz fuhr, der dort ein Ferienzimmer im Pfarrhaus gemietet hatte, entdeckte er einen etwas außergewöhnlichen Beichtstuhl. Das Gehäuse war ziemlich breit, und der Sitz des Priesters darin fuhr auf Schienen. Wenn der Sünder am einen Gitterfensterchen absolviert war, konnte sich der Beichtvater mit dem Fuß abstoßen und sanft zur anderen Seite hinüber gleiten, wo schon der nächste Pönitent wartete. Sachen gibt's!

Heute gibt es sieben neue Sünden; der Vatikan formulierte zeitgemäße Laster. Seit dem Mittelalter kennt die katholische Kirche sieben Todsünden: Stolz, Geiz, Neid, Zorn, Wollust, Völlerei und Faulheit. „Es gibt auch neue Formen sozialer Sünde" verkündet Rom. So sieht die überarbeitete Liste aus: Die Manipulation menschlicher Gene; Umweltverschmutzung; insbesondere das Einleiten von Giftstoffen in die Natur; Verletzung der Menschenrechte, wie etwa Sex gegen Bezahlung; soziale Ungerechtigkeit; die Anhäufung von exzessivem Reichtum; Drogengebrauch und -handel.

Die schlimmsten Sünden seien jedoch Abtreibung und sexuelle Vergehen an Kindern. „Gestern hatte die Sünde noch eine ziemlich persönliche Dimension", so wird ergänzt. „Aber heute hat sie vor allem auch soziale Bedeutung und Resonanz aufgrund des großen Phänomens der Globalisierung". Das Bußsakrament stecke aber in einer Krise. („Wie lange schon?", fragt Hansjörg). Deshalb müssten Priester besser vorbereitet werden, im Beichtstuhl nicht nur Fingerspitzengefühl und Geduld zu zeigen, sondern auch auf neue Formen der Sünde zu achten.

Jeder Leser, ob gläubig oder nicht gläubig, möge sich nun seine Gedanken darüber machen.

Als Pfarrer Kindler dieses Gedicht auf der Kinderseite seines Pfarrbriefs abdruckte, brachte er seine Erstkommunikanten zum Lachen:

DER BEICHTZETTEL

Der Max geht heut zur ersten Beicht,
sorgfältig hat er aufgeschrieben -
es fiel ihm wirklich gar nicht leicht –
was er so Schlimmes hat getrieben.

Da war das Fenster vom Friseur,
das ging -mit Absicht! - ja in Scherben.
Und manches andere Malheur
schnitt ihm in seine Seele Kerben.

Die Lügen und ein wüster Fluch,
geklautes Geld, geraubte Küsse
von Bäckers Kathrin, und zu Bruch
ging auch die Schale für die Nüsse.

Dann Witwe Möllers schwarze Katz,
an ihrem Schwanz die Coladose!
Und nach der letzten wilden Hatz
der Riss in Erichs Sonntagshose.

Zur Pfarrkirch' schleicht er nun dahin,
den Zettel in verschwitzten Händen.
Er denkt: wär ich nur erst mal drin.
Und hofft, dass alles gut wird enden.

Doch bei der Kirche angelangt
ist nicht mehr da, was er geschrieben.
Ganz bleich er in den Beichtstuhl wankt;
er wäre lieber weggeblieben .

Er kriegt die Absolution,
doch fand ein anderer indessen -
und freut sich auf die Folgen schon -
den Zettel als gefund'nes Fressen.

Die Witwe Möller wartet schon
und der Friseur vor seinem Laden.
So muss der Max zu Spott und Hohn
ertragen nicht geringen Schaden.

 KURZE NACHLESE

„Kinder", fragte der Pfarrer im Religionsunterricht, „was müssen wir zuerst tun, damit unsere Sünden vergeben werden?" „Wir müssen zuerst einmal sündigen!", rief ein Schüler.

Jochen geht zum ersten Mal zur Beichte: „Ich habe einmal gewöhnlichen Dingen göttliche Eigenschaften beigelegt." Der Pfarrer erstaunt: „Was hast du?" „Ich habe ‚heiliger Strohsack' gesagt."

Anna schmollt, weil sie wieder einmal so früh ins Bett musste. Als Mama ihr einen Gutenachtkuss geben und ein Kreuzchen auf die Stirne zeichnen will, dreht sie sich beleidigt auf den Bauch und stellt sich schlafend. Bei der nächsten Kinderbeichte bekennt sie: „Ich habe einmal den Kindersegen verhütet."

Der Franzl war bei der Schülerbeichte. Sie sind wieder alle weg, die Sünden, und er fühlt sich leicht und frei. Fröhlich pfeifend macht er sich auf den Heimweg. Da begegnet ihm der Otto, sein größter „Feind". Der schreit ihm solche gemeinen Schimpfwörter nach, dass eigentlich sofort eine saftige Keilerei fällig wäre. Aber Franzl beherrscht sich, ruft seinem Widersacher nur zu: „Du kannst von Glück sagen, dass ich jetzt gerade im Stand der heiligmachenden Gnade bin! Aber du kannst Gift drauf nehmen: ich komm' auch mal wieder raus!"

Xaver ist mit auf Romwallfahrt. In der großen Beichtkapelle des Petersdoms mit Beichtstühlen für viele Sprachen, sogar für Esperanto, will er seine Sünden abladen. Wo das Schild „Deutsch" anzeigt, kniet er sich rein. Er beginnt: „´s sin Johre..." Der Beichtvater, der „Signore" verstanden hat, unterbricht ihn gleich und weist darauf hin, dass er kein italienischer Priester sei. „Losse se mich doch mol usredde, ´s sin Johre her, sit dem ich's letschte Mol bichtet ha."

Auf die Frage, warum sie immer zum Pater Thaddäus beichten ginge, antwortet die Bergmooserin: „Der frogt eim oiwei nach so schöne Sünden, dass man sich um zwanzg Johr jünger fühlt."

Kommt ein Mann in den Beichtstuhl und bekennt, dass er einen Rehbock gewildert hat. Der junge Kaplan, der erst ein paar Wochen in der ländlichen Gegend ist, weiß kein angemessenes Bußwerk. Also fragt er den Pfarrer: „Bei mir beichtet gerade einer, dass er gewildert hat. Was soll ich dem geben?" - „Auf keinen Fall mehr als drei € fürs Pfund", sagt der Pfarrer.

Mehr als über ihre eigenen Sünden klagte eine Frau über die Fehler ihres Mannes. Der Beichtvater hörte sie geduldig an, forderte sie dann auf, zur Buße für ihre eigenen Sünden drei Ave Maria, für die Besserung ihres Mannes jedoch drei Rosenkränze zu beten. Von da an beichtete die Frau nur noch ihre eigenen Sünden.

In der Beichte bekennt ein Mann seine Sünden: „Ich habe viel geflucht, aber dafür viel gebetet, das gleicht sich aus. Ich habe viel gesoffen, dafür aber oft gefastet. Das gleicht sich aus. - Ich habe viel gestohlen, aber dafür viel verschenkt. Das gleicht sich aus." „Mein Lieber", sagt der Geistliche, „Ihr Fall ist ganz einfach. Gott hat Sie geschaffen. Der Teufel wird sie holen. Das gleicht sich aus!"

Ein Kaplan bekennt in der Beichte, er habe ein Mädchen umarmt. Der Beichtvater gibt ihm zur Buße auf, seine Arme im Weihwasserbecken zu baden. Während er diese Prozedur vornimmt, hört er drüben beim anderen Weihwasserbecken ein sonderbares Geräusch. Er dreht sich um, und siehe: Dort steht sein eigener Pfarrer und gurgelt mit Weihwasser.

Ein nicht unerfahrenes Mädchen bekennt im Beichtstuhl freimütig seine Fehltritte. „Weißt du eigentlich, was du mit diesen vielen Sünden verdienen würdest?", fragt der Beichtvater entrüstet. „So ungefähr", antwortet das Mädchen sachlich, aber mir ist es nicht ums Geld."

19

DIE ÖKUMENISCHEN HUNDE
UND ANDERE VIECHEREIEN

Als Hansjörg die alten Sprachen in einem theologischen Vorkurs nachholen musste, da hatte der unterrichtende Professor N., für den Sokrates und Aristoteles „die Heiligen der Antike" waren, auf deren Bekanntschaft im Himmel er sich jetzt schon freute, einen Dackel. Dieser hörte nur auf altgriechische Kommandos. Auch die brave Haushälterin musste „Komm!", „Sitz!", „Platz!", „Pfui!" und anderes in der Sprache der Hellenen lernen, um sich mit dem vierbeinigen Hausgenossen verständigen zu können. Und wenn der mollige Krummbein über den Hof der Internatsschule wackelte, sagten die Sextaner ehrfürchtig zueinander: „Des isch im N. sin Dackel, der kaa Griechisch!"

Hansjörg wohnte in diesem Jahr in einem Weindorf oberhalb des Schulortes. Dort war ein Pfarrer, der einen Schäferhund besaß, der ihm schon ein paarmal das Leben gerettet hatte. Er sagte zu seiner Haushälterin, wenn sie einmal ohne den Hund nach Hause käme, sei sie fristlos entlassen.

Nun war da ein Bauer, ein Pole, der nach dem Krieg die Tochter des Hofes geheiratet hatte, auf dem er als verschleppter Zwangsarbeiter schaffen musste. Dort war eine läufige Hündin, und der Rüde des Pfarrers riss sich aus Liebessehnsucht beim Spaziergang von der Haushälterin los und eilte zu der Dame seines Herzens. Der Landwirt aber holte sein Gewehr, erschoss den Schäferhund und warf den Kadaver auf den Misthaufen.

Die Haushälterin musste gehen - später durfte sie wieder zurückkommen -und der Pfarrer schloss sich tagelang in seinem Zimmer ein und war für niemanden mehr zu sprechen.

In der zweiten Kaplansstelle beschloss Hansjörgs Chef, sich einen Hund anzuschaffen und entschied sich für einen schwarzen Mischling, den er Purzel nannte, obwohl es sich herausstellte, dass es ein Weibchen war. Aber der Name blieb. Hansjörg ist heute davon überzeugt, dass es einen „Hundeführerschein" geben müsste für Leute, die sich so ein Tier ins Haus holen, das ja viele Jahre mit ihnen leben soll. Auch der gute Pfarrer hatte wirklich keine Ahnung von richtiger Hundehaltung, geschweige denn von Kastration und ähnlichem, so unwahrscheinlich es klingt. Die Haushälterin kam vom Land und wusste ein wenig mehr. Purzel hatte ein beeindruckendes Gebiss und obwohl er (sie) sich von jedem Kindergartenkind streicheln und kraulen ließ, empfing er mit wütendem Gebell und gefletschten Zähnen jeden Besucher, der einen Todesfall melden oder jedes alte Weiblein, das eine Messe bestellen wollte. Kein sehr freundlicher Empfang für Menschen, die sonst vielleicht nicht oft den Weg zur Kirche oder ins Pfarrhaus finden .

Sehr bald wurde Purzel läufig, die Haushälterin kaufte „Hau ab!-Salbe" und rieb damit seine Hinterfront ein, was aber die Rüden der ganzen Nachbarschaft nicht davon abhielt, sich vor der Türe zu versammeln und ihr geiles Geheul anzustimmen.

Schräg gegenüber stand das evangelische Dekanat. Dort hatten sie auch einen Hund, und eines Tages rief die Pfarrersfrau an und fragte Hansjörg, der am Telefon war: „Sagen Sie, Herr Kaplan, hat es Ihr Fräulein Anna nicht so gern, wenn unser Joggi mit Ihrem Purzel spielt?" „Wenn Sie die Alimente bezahlen wollen", antwortete Hansjörg.

Nach kurzer Zeit war es soweit. Purzel verkroch sich mit Vorliebe unter des Kaplans Bett, das hinter einem Vorhang stand. Ihr Bauch wurde dicker, und Hansjörg fürchtete schon, die Welpenkinderstube unter seine Schlafstätte zu bekommen. Doch eines Sonntagsmorgens verschwand Purzel unter der Eckbank in der Wohnküche. Bald hörte man von dort ein Fiepen und Wimmern. Anna wollte nachprüfen, wurde aber mit warnendem Knurren zurückgewiesen. Erst als die frisch gebackene Mama mal dringend ihr Geschäft erledigen musste, konnte die Küchentür geschlossen und die Höhle unter der Bank erforscht werden. Anna zog einen Welpen nach dem andern ans Tageslicht, zehn an der Zahl, zwei waren tot. Alle aber, und das ist Tatsache, waren schwarz und hatten einen weißen Kragen. Hansjörg rief im evangelischen Dekanat an, hatte zwei der Kleinen auf der Hand, ließ sie in den Hörer winseln und sagte: „Frau Dekan, wir gratulieren herzlich! Ihr Joggi ist Vater geworden!"

Hansjörg wusste bisher auch nicht, dass die Hundemama alles „Pipi" aufleckt und alle Häufchen auffrisst, solange die Kleinen von ihr gesäugt werden. Als die Augen der Welpen dann offen waren und sie feste Nahrung bekamen, wurde der große Korb von der Küche ins Treppenhaus versetzt. Der Chef verschanzte sich hinter seiner ledergepolsterten Tür, und nur der Kaplan hörte es , wenn nachts ein Junges herauspurzelte, stand dann auf, trug den Ausreißer zurück und beseitigte auch unangenehme Spuren.

„Die ökumenischen Hunde" ergaben dann an Fasnacht einen eigenen Wagen beim Umzug. Und da sie unmöglich alle im Pfarrhaus bleiben konnten, erzählte Hansjörg in der Schule von dem Segen. Denn der Pfarrer hatte gesagt, wenn er sie nicht abgeben könne, müssten sie eingeschläfert werden. Warum er nicht an ein Tierheim dachte, weiß Hansjörg heute nicht mehr.

Jetzt folgte eine kleine Prozession von Schulkindern zum Pfarrhaus. Ein Junge fragte die Haushälterin: „Sinn Sie des wo die Dackel dotmache wellet?" Ein Mädchen fing an zu heulen: „D Mamme het gsait, e Wiible derfs nit sii!" Und die zwei Rüden waren schon weg. Eine Schülerin Hansjörgs, ein bildschönes Mädchen mit langen blonden Haaren, hatte sich einen jungen Hund geholt. Er wurde auch bildschön, hatte die langen Beine des evangelischen Vaters und das schwarzseidene Fell der katholischen Mutter - und natürlich den weißen Kragen.

Als Purzel noch zweimal schwanger und mehrfache Mutter wurde, ließ der Pfarrer sie samt ihren Jungen einschläfern. Warum machte das ein Tierarzt mit gesunden Tieren? Hansjörg konnte nichts dagegen tun. Aber wie gesagt: Hundeführerschein auch für Diener der Kirche!

Hansjörgs Beichtvater sollte vom Odenwald in die schöne Stadt Konstanz am Bodensee versetzt werden. Nicht nur während des Konzils, das von 1414-1418 dort als Kirchen- und Reichsversammlung tagte, boten Hunderte von Dirnen ihre Dienste an. (Damals wurde das abendländische Schisma beendet, die drei bisherigen Päpste wurden abgesetzt und man wählte Martin V., Hus verurteilte man als Ketzer zum Feuertod). Weil auch heute dort „großstädtisches" Treiben herrscht, weigerte sich die Haushälterin, ohne einen großen, ausgebildeten Wachhund mitzugehen.

Kurz und gut: da der Pfarrer seine Perle nicht verlieren wollte, (die mit der Kakteenzucht und den aufgelösten Haaren), kam ein deutscher Schäferhund ins Haus. Dieser aber packte zum Abschied von der bisherigen Pfarrei den Mops einer eifrigen Kirchgängerin im Genick und schüttelte ihn zu Tode.

Als Kaplan Kindler als Jugendseelsorger mit seiner Haushälterin zu einem Jugendtreffen auf die Insel Reichenau kam, wollte er den väterlichen Freund in seiner neuen Pfarrei besuchen und kündigte sich telefonisch an.

Die nun hundebeschützte Perle in der Konzilsstadt fragte, ob die Kollegin Tiere möge. Nun hatte Verena, wie schon bemerkt, drei große Brüder, die der kleinen Schwester manche Streiche spielten, ihr abgehackte Hasenpfoten in die Strümpfe oder unter die Bettdecke steckten; und sie reagierte allergisch, wenn ihr ein lebendes Fell etwas zu nahe kam.

Als Hansjörg und Verena nun in der Konstanzer Pfarrei zum Abendessen erschienen, wurden sie an der Haustür beruhigt, dass Tayo sie nur kurz beschnuppern und begrüßen und dann ruhig in seiner Ecke liegen würde. Allerdings wurden die Gäste gebeten, es vorher anzumelden, wenn sie z.B. auf die Toilette müssten. Ein befreundeter Architekt war ein paar Tage zuvor dagewesen, und als dieser mit einem Korkenzieher in der Hand auf den Pfarrer zuging, um eine neue Flasche Wein aufzumachen, hatte Tayo einen gewaltigen Sprung aus seiner Ecke gemacht, das Handgelenk des Architekten gepackt, und die potentielle Waffe war in hohem Bogen weggeflogen.

Der Pfarrer berichtete auch, dass die Putzfrau immer vor ihm in ein Zimmer gehen müsse. Eine Person, die hinter dem Herrchen stünde und ihm eventuell gefährlich werden könne, dulde Tayo nicht. „Was aber geschieht, wenn ihr beiden mal aufeinander losgeht?", fragte Hansjörg. „Wir haben es zum Scherz mal versucht. Da hat er sich zwischen uns gestellt."

Der Pfarrer pflegte nach der Abendandacht noch ein Brot mit kaltem Braten zu essen, das die Haushälterin auf den Kühlschrank legte. Bis zur Pfarrhaustüre führte ein langer Gang. Draußen war eine Anlage mit Kastanienbäumen, wo Tayo sein Geschäft verrichtete. Eines Abends winselte er: „Ich muss dringend!" Die Haushälterin ging mit ihm zur Türe, öffnete sie, und er sprintete in langen Sätzen zurück und schnappte sich Herrchens Bratenbrot in der Küche.

Der Pfarrer hatte auch ein Hobby, er sammelte Steine, vor allem Halbedelsteine ,und hatte die in seinem Zimmer oben in Glaskästen ausgestellt. Er wollte Hansjörg und Verena stolz seine Sammlung zeigen, und damit sie nicht gestört würden, sperrte man Tayo in die Küche.

Die Gäste standen bewundernd vor den bunten Schätzen, da hörte man das Schnappen einer Türklinke, aufgeregtes Schnaufen und Hecheln, ein Tapp – Tapp - Tapp auf den Treppenstufen, und der Hausherr sagte: „Bleibt ganz ruhig stehen, dann passiert euch nichts!" Hansjörg, der ebenso wie Verena zur Salzsäule erstarrt war, konnte nur noch flüstern: „Es ist so wahnsinnig gemütlich bei euch!"

Als Hansjörg selbst Pfarrer wurde, hatte er, wie auch schon berichtet, viel Grüngelände um seine Kirche herum. Da es immer schwerer wurde, jemanden zu finden, der die Wiesen mähte, beschloss er, zwei Schafe als Rasenmäher anzuschaffen.

Er bekam von einem Schäfer eine Mutter und deren Adoptivtochter. Das eigene Lämmchen war ihr nämlich gestorben, da hatte man das Fell des toten dem fremden übergestreift, und so wurde es angenommen. Hansjörg nannte die beiden Bella und Linda in Erinnerung an Schwester Christine, die als Zauberassistentin Bellinda hieß.

Der Schäfer hatte ihm gesagt, dass seine Schafe bei jedem Wetter draußen seien. Neugeborene Lämmer hatte er, weil es ihm zu kalt schien, mit heim genommen, wo sie eingegangen seien. In der Herde, von den andern Tieren gewärmt, hätten sie sicher überlebt.

Aber Hansjörg hatte vor, ihnen einen Unterstand bauen zu lassen. Doch jetzt standen sie erstmal im Regen und genossen ihn. Das sah aber eine Nachbarin, die nicht zur Gemeinde gehörte. Sie war bekannt wegen ihres überfütterten Hundes , dessen Bäuchlein fast auf dem Boden schleifte. Sie zeigte den Pfarrer an wegen Tierquälerei, und die beiden Beamten, die dann im Pfarrhaus erschienen, um die Sache zu untersuchen, schmunzelten nur und schüttelten den Kopf.

Es gab ein Hallo bei den Kindergartenkindern, den Ministranten und eigentlich bei allen Kirchenbesuchern. Die Wiese mit Bella und Linda wurde zu einem Mini - Streichelzoo. Doch Hansjörg musste natürlich einen Elektrozaun um das Gelände ziehen.

Er dachte auch an den Ausspruch eines frommen Christen, der meinte, wir alle seien wie die Schäflein, die bei der Katakombe der Heiligen Agnes in Rom gehalten werden: „Man segnet uns und man schert uns!" (Von ihrer Wolle wird das Pallium gewoben, das Zeichen der Erzbischöfe, das der Papst ihnen verleiht.)

Hansjörg hatte nicht mit der Rafinesse der Dame Bella gerechnet. Sie brachte es fertig, sich unter dem Elektrozaun durchzubuddeln. So kamen die Minis an einem Sonntagmorgen aufgeregt ins Pfarrhaus: „Die Bella ist abgehauen!" Sie war noch im Bereich der Kirche, ließ sich aber von niemandem festhalten. Es herrschte leichter Nieselregen. Hansjörg, schon in Soutane kurz vor dem Hauptgottesdienst, näherte sich ihr vorsichtig mit ein paar harten Brotbrocken in der Hand, lockte sie freundlich, sie schoss plötzlich nach vorne, schnappte sich das Brot und zog sich wieder blitzartig zurück. Doch Hansjörg setzte nach, klammerte sich unter dem Beifall des Spaliers der Gläubigen ins feuchte Schaffell und transportierte die Mutter zurück zu ihrer Tochter.

Einmal kam sogar ein Anruf von auswärts: „Herr Pfarrer, Ihre beiden Schafe wandern auf der Bundesstraße". Sie wurden eingefangen, und es war gottseidank noch kein Unfall passiert.

Als Hansjörg dann später die Gemeinde verließ, wollte diese die Verantwortung nicht mehr tragen, und der Kirchenchor veranstaltete ein großes Schafsessen.

Einmal hatte Hansjörg einen Wellensittich, den er Hexi nannte. Er durfte frei in der Wohnung herumfliegen. Eigentlich sollten diese Vögel nicht allein leben, obwohl sie ohne Gefährten nicht sprechen lernen. Aber ein Spiegelchen ist ja kein Ersatz für einen Freund oder ein Weibchen. Eines Tages wurde Hansjörg von Verena empfangen, die ihren Schrubber mit ihrer schwarzen Strickweste als Trauerflagge darüber in der Hand hielt. Sie hatte beim Putzen nicht aufgepasst, und Hexi war entflogen. Hansjörg schaffte den Vogelkäfig in den Keller und wollte keinen andern Wellensittich mehr. Es ging ihm wie dem kleinen Prinzen von Antoine de Saint- Exupery, für den sein Fuchs auch der einzige Fuchs auf der Welt wurde, weil er ihn „gezähmt" hatte.

Doch einen Wellensittich sah Hansjörg noch in einem Pfarrhaus bei einem Dekan, der 100 Jahre alt wurde. Der Dekan, nicht der Vogel.

Dieser saß beim Essen dem Hausherrn auf dem Kopf und pickte sich immer wieder ein paar Krümel von seinen Lippen. Dann ruhte er sich auf dem Goldrahmen eines Bildes aus, welches das Jüngste Gericht darstellte. Dieses hätte wieder einmal dringend der Reinigung bedurft.

Einmal konnte Hansjörg im Geräteschuppen seines Pfarrhofes eine Igelfamilie begrüßen und hatte mit vielen Besuchern seine Freude daran, wenn die Mama mit ihren Kleinen im Gänsemarsch durch die Wiese wanderte . Sogar Haushälterin Verena nahm den stacheligen Gesellen mal einen Augenblick auf den Schoß .

Später war Hansjörg Kindler öfter am Tag der Offenen Tür in verschiedenen Tierheimen. Es gab Tiersegnungen, aber auch Zaubervorstellungen, um Besucher anzulocken, die bereit waren zu spenden.

Es gab allerdings in Hansjörgs Leben noch einmal eine Bella und eine Linda, zwei mongolische Wüstenrennmäuse , eine graue und eine schwarze.

Man gibt den possierlichen Tierchen meist zwei Jahre; bei ihm lebten sie vier und machten ihm viel Freude. Sie waren sehr zutraulich und hörten auf seine Stimme .

Dann aber kam Rani, die kleine braune Hündin, die er von einem schweren Schicksal bei einem Verrückten erlöste. Sie war zuerst so verschüchtert, dass sie vor Angst auf dem Boden kroch, wenn ein Mensch sich ihr näherte. Diese entzückende Mischung aus Ratte und Fledermaus mit großen dunklen Augen und einem Knickohr entwickelte sich zu einem so liebenswerten treuen Geschöpf, dass alle sagten, sie sei ein Hundeengel. Rani lebt noch und ist nach Hansjörgs Meinung der gescheiteste Hund der Welt, der jedes Wort versteht, von jedem geliebt wird und dem, wenn man so sagen will, nur die Sprache fehlt. Aber er spricht ja mit Gesten, mit seinen Augen, mit seinem Schwänzchen. Hansjörg nennt Rani seine verzauberte Prinzessin. Seitdem teilt er auch die Meinung des bekannten Theologen Dr. Eugen Drewermann über die Unsterblichkeit der Tiere und die Hoffnung für die leidende Kreatur .

Hansjörg glaubt zwar nicht wie Drewermann, dass eigentlich alle Menschen Vegetarier sein müssten und dass Jesus sicher kein Osterlamm gegessen hatte, weil er beim Letzten Abendmahl schon vom Hohen Rat exkommuniziert, d.h. aus der Gemeinschaft der gläubigen Juden ausgestoßen war.

Aber er hofft und glaubt, dass wir die Tiere, zu denen wir ein besonderes persönliches Verhältnis hatten, in der Ewigkeit wiedersehen werden. Ja, dass es auf einer neuen Erde auch wieder Pflanzen und Tiere geben wird. Sie sind als Geschöpfe Gottes unsere Brüder und Schwestern. Sicher hat sich auch der Mensch aus dem Tierleib entwickelt. Darum ist Hansjörg gegen Tierversuche jeder Art, gegen Quälerei und unnatürliche Tierhaltung vom Hühnerhof bis zum Zoo. Er bewundert den Angehörigen eines Naturvolkes, der ein Tier um Verzeihung bittet, wenn er es töten muss, um Nahrung für sich und die Seinen zu haben und für seine Seele betet. Denn dass Tiere eine Seele haben, durchaus keine Sache oder Ware sind, wie es staatliche Gesetze manchmal formulieren, davon ist er fest überzeugt. Diese Seele erkennt er täglich durch die Liebe und dankbare Anhänglichkeit seiner Rani. Dass unzählige Tierarten schon ausgerottet sind und täglich ein paar mehr verschwinden, ist eine Tragödie ohnegleichen.

Das „Raubtier" Mensch lässt ihnen nicht mehr genügend Lebensraum oder verfolgt und jagt sie gnadenlos, wofür meist kein Grund besteht. Kommende Generationen werden es bitter büßen müssen, wenn die Wälder und Savannen öde und die Meere leergefischt sind und kein Vogel mehr in den Bäumen zwitschert. Viele Tiere wird man dann nur noch ausgestopft im Museum sehen können.

Wenn Hansjörg die Tiere am Franziskusfest segnete, trug er immer das Gedicht des von ihm verehrten großen baltischen Dichters Werner Bergengruen vor, den er als Student noch kennengelernt hatte. Seine Tochter, Frau Dr. L. H., die das Erbe ihres berühmten Vaters verwaltet und die selbst das kleine Mädchen in dem Gedicht war, erteilte dem Autor die Erlaubnis, es in diesem Buch abzudrucken:

DER HUND IN DER KIRCHE

Wie gedacht' ich jenes Tags der Worte,
die das Weib aus Kanaan gesprochen:
„Fressen doch die Hündlein von den Brocken,
die von ihrer Herren Tische fallen!"

In der dörflich bunten, halbgefüllten,
in der sommerlich geschmückten Kirche
betete der Priester am Altare:
„Dieses reine, unbefleckte Opfer,
milder Vater, wollest Du gesegnen !"

Durch die Stille, die der Bitte folgte,
klang ein dünnes, trippelndes Bewegen
von der Tür, im Rücken der Gemeinde,
zaghaft erst, verlegen, dann geschwinder.
Viele Augen wandten sich zur Seite.
Manche Fromme runzelte die Stirne,
gern bereit, ein Ärgernis zu nehmen.

Auf den schwarz und weiß geschachten Fliesen
kam ein kleiner Hund auf kurzen Beinen
flink den Mittelgang entlanggelaufen,
ohne Abkunft, bäuerlicher Artung,
missgefärbt und haarig wie ein Wollknäul,
aber drollig, jung und voller Neugier.

Tief am Boden lag die schwarze Nase,
witternd, schnuppernd suchte er die Richtung.
Er verhielt, er hob die rechte Pfote
eingewinkelt an, er hob die Ohren,
und mit freudigem Kläffen schoss er schräge
ganz nach vorne zu den linken Bänken,
wo gedrängt die kleinen Mädchen knieten.

Ihrer eine, sonntäglich gekleidet,
siebenjährig, schlank und schmalgesichtig,
ward von jäher Röte überflutet,
und behend den dunkelbraunen Scheitel
neigte tief sie über ihr Gebetbuch.

Doch nun stießen sie die Nachbarinnen
kichernd an, voll Eifer und nicht ohne
eine kleine heilige Schadenfreude.
Selig, dass die Herrin er gefunden,
mit dem Stummelschwänzchen munter wedelnd,
suchte durchs Gewirr der Kinderfüße
sich der Hund zu ihr hindurchzuzwängen.

Kein Verleugnen half mehr, und die Kleine,
zitternd fast und nicht mehr fern den Tränen,
schnellte auf und schob sich widerwillig
durch die Reihe, schon den Hund im Arme,
knickste in des Hochaltares Richtung

und begann geschwind zur Tür zu flüchten
auf den schwarz und weiß geschachten Fliesen.
Und ein Sonnenstrahl fiel durch das bunte
Fenster und beglänzte ihre Haare
und das rote, glühende Gesichtchen.

Doch noch war der Ausgang nicht gewonnen,
als das Glöckchen hell zur Wandlung schellte,
alle knieten. Und das Kind hielt inne,
wandte sich und mit gesenktem Scheitel
ging es hurtig in die Knie nieder.

Sorglich mit der Linken hielt die Kleine
eng den Hund gepreßt an ihre Brüstchen
und bekreuzte gläubig mit der Rechten sich und ihn.
Da lächelte am Pfeiler fromm der Löwe Hieronymi.
Das Getier der heiligen Geschichten,

dieses schneller, jenes erst mit Zögern,
schwer verstehend, wie es manches Art ist,
tat´s ihm nach auf Bildern und Altären
überall. Es hoben an zu lächeln
Ochs´ und Esel und der Fisch des Jonas,

Lucä Stier und des Johannes Adler,
Hund und Hirsch des heiligen Hubertus,
Martins Pferd und des Georgius Streithengst,
Lamm und Taube, endlich die gekrümmte
Schlange unterm Fuß der Gottesmutter.

Aus der Orgel aber stieg verstohlen
silberhell ein winziges Gelächter,
tropfte, perlte, wenigen vernehmlich.
Doch dann schwoll sie auf und rief mit Jauchzen:
„Lobt Ihn, alle Kreatur!"

KURZE NACHLESE

Kinderbrief: „Lieber Gott, lass Hunde doch genau so alt werden wie uns Menschen!" Silvio

Treffen sich zwei Gänse. Die eine Gans zur anderen: „Du, spiel mir das Lied vom Tod!" Darauf stimmt die andere Gans an: „St. Martin, St. Martin …"

Rupert kommt von der Schule nach Hause. „Papa, der Biolehrer hat heut gesagt, dass wir alle vom Affen abstammen. Glaubst du das?" „So ein Blödsinn! Das gilt vielleicht für dich, aber nicht für mich."

Rani, die verzauberte Prinzessin

Hansjörg konnte sie von einem schlimmen Schicksal befreien. Ein Verrückter hatte 15 kleine Hunde in der Küche angebunden, sie wurden geschlagen, konnten kaum Gassi gehen und bekamen fast nichts zu fressen. Er wurde beim Tierschutz angezeigt. Rani ist jetzt das dankbarste und treueste Tier.

ESPERANTO
DAS NEUE LATEIN DER KIRCHE

Hansjörg Kindler hatte, wie wir gesehen haben, schon in der Schule viel Freude an Fremdsprachen. Seine Schwester Christine wurde akademische Übersetzerin und kam als Frau eines Mitarbeiters des Auswärtigen Amtes in viele Länder.

Neben Englisch und Französisch gefiel ihm besonders Italienisch, und obwohl er diese Sprache nicht perfekt lernte, verkündete er später in seinen Gottesdiensten doch die Lesung und das Evangelium für die anwesenden Gastarbeiter auch in der Sprache Dantes.

Dann aber entdeckte er während eines mehrtägigen Aufenthalts im Krankenquartier seines Internats Schloss Salem ein Grammatikbuch für Esperanto. Er studierte es mit Begeisterung, und schon nach ein paar Tagen las er das erste Buch in dieser Sprache. Er musste kaum ein paar Wörter nachschlagen. Er hörte später, dass der russische Dichter Tolstoi Esperanto übers Wochenende gelernt hatte. Aber was ist denn nun dieses Esperanto?

Unter den etwa tausend Plansprachenprojekten, die bis heute vorgeschlagen wurden, hat sich Esperanto als einziges zu einer Kultursprache entwickelt. 1887 wurde Esperanto erstmals vorgestellt und hat seitdem eine weltweit wachsende Zahl von Nutzern gefunden. Auch Wissenschaftler und Schriftsteller schätzen die Vorzüge dieser unkomplizierten Sprache im internationalen Austausch. Sie ist die letzte lebende Sprache der Welt geworden, niemand kann sie mehr „künstlich" nennen. Alles wird so geschrieben wie es gesprochen wird. Esperanto ist einfach in der Struktur, aber stark im Ausdruck: Mit einer Reihe von Wortbildungssilben lassen sich eine Vielzahl nuancierter Begriffe eigenständig bilden. Es ist auch deshalb leicht zu lernen, weil die Grammatikregeln kaum Ausnahmen kennen. Esperanto verwendet Prinzipien, die in vielen Sprachen bereits bekannt sind. Dies erleichtert den Zugang zu Esperanto, auch bei unterschiedlichen Muttersprachen. Es gibt Esperanto - Sprecher in fast allen Ländern der Erde. Internationale Treffen und ein Reisedienst schaffen den direkten Kontakt zu Esperantisten aus aller Welt. An jedem Tag des Jahres findet irgendwo auf der Welt ein internationales Treffen mit Esperanto statt.

Die größte Veranstaltung ist der jährlich stattfindende Weltkongress mit bis zu 5000 Teilnehmern. Esperanto ist regelmäßiger und daher leichter zu lernen als andere Sprachen. Es ist gerechter, da es nicht die Hauptsprache einer bestimmten Nation ist. Somit gehen alle Nutzer des Esperanto einen gemeinsamen Schritt aufeinander zu, da jeder diese Sprache zusätzlich zu seiner Landessprache erlernt. Daher „Weltbrückensprache" genannt! Es gibt über zwanzigtausend Buchtitel in Esperanto, sowohl Originalliteratur als auch Übersetzungen. Die Schriftstellervereinigung PEN hat es als Literatursprache anerkannt. Es gibt Zeitschriften, Radiosendungen, Konzerte und Theaterstücke und vieles mehr. Esperanto verbindet nicht nur die Kulturen der Welt, es hat auch eine eigene Kultur entwickelt. Wer sich weiter informieren möchte, schaue bei GOOGLE im Internet nach! Hansjörg Kindler - Trixini wurde von Anfang an ein überzeugter Werber für die Internationale Sprache. Jeder behalte seine Muttersprache, auch seinen Heimatdialekt, und lerne so viele Nationalsprachen wie er will! Aber jeder Europäer und möglichst jeder Mensch auf dieser Erde, der Lesen und Schreiben lernt, sollte zusätzlich Esperanto als geniale Brückensprache beherrschen!

Aber Esperanto in der Kirche? Die hat doch das Latein! Braucht sie eine andere internationale Sprache? Sie braucht sie noch viel dringender als Europa. Niemand hat etwas dagegen, Latein zu lernen und auch nichts gegen eine lateinische Liturgie, dort wo sie verlangt wird. Aber die außereuropäischen Sprachen haben stark an Bedeutung gewonnen. Latein kann fast niemand mehr. Selbst Bischöfe sind nicht mehr in der Lage, sich auf Lateinisch zu unterhalten. Der verstorbene polnische Papst schrieb als Erzbischof von Krakau bei einem katholischen Esperanto - Kongress in Tschenstochau: „Wir brauchen dringend in der Kirche eine übernationale Sprache. Esperanto kann diese Aufgabe erfüllen." Auch der Erzbischof von Alba Julia in Rumänien schlug schon mehrmals offiziell in Rom vor, Latein durch Esperanto zu ersetzen, zumal das Lateinische nur in der Westkirche die liturgische Sprache ist. Johannes Paul II. sprach bei seinen Weihnachts- und Osterbotschaften als drittletzte Sprache immer Esperanto ‚auch bei manchen anderen Gelegenheiten, zum Beispiel beim Weltjugendtag. Benedikt XVI., obwohl er ein Förderer des Latein ist, kann nicht umhin, „international" zu grüßen, wenn italienische Katholiken an diesen Feiertagen große Tafeln mit der Aufschrift „Esperanto" über der Menschenmenge auf dem Petersplatz schweben lassen und die Fernsehstationen das weltweit zeigen.

Hansjörg besuchte einmal den Vortrag eines Professors der Münchener Universität, der mit „Zauber des Lateinischen" angekündigt war. Doch da die These vertreten wurde, dass die Sprache der alten Römer die Europasprache und Weltsprache nicht nur für eine kleine Elite, sondern für alle werden sollte, bekannte er sich bei der Diskussion als „Schmalstspurlateiner" , Esperanto - Sprecher und -Lehrer. Ein Pfarrer nannte einmal alle Mitbrüder, die erst nach dem Abitur im Schnellverfahren Latein, Griechisch und Hebräisch gelernt hatten (wie Kindler!), „uneheliche Kinder der heiligen Theologie".

Hansjörg brachte den Teilnehmern der Diskussion einige Beispiele moderner Ausdrücke in Latein und Esperanto.

Autoradio: in Latein: capsela radiophonica autocinetica;
In Esperanto: autoradio;

Düsenflugzeug: in Latein: aeronavis retroversus impulsa;
In Esperanto: jeto;

Gitarrenspieler: in Latein: citharae hispanicae pulsator;
In Esperanto: gitaristo;

Diskothek: in Latein: taberna orbium phonographicum;
In Esperanto; diskoteko;

Bikini: in Latein: vesticula balnearis biciniana;
In Esperanto: bikino;

Es kamen keine Gegenargumente der Lateinfreunde, man ging schweigend darüber hinweg.

Radio Vatikan sendet regelmäßig in Esperanto, auch Hansjörg konnte dort schon zweimal sprechen. Er schilderte die sprachlichen Probleme in einer europäischen Pfarrgemeinde und berichtete über das Leben der ersten Heiligen des Neuen Jahrtausends: der heiligen Crescentia von Kaufbeuren. Esperanto wurde offiziell als Liturgiesprache genehmigt. Das war nicht selbstverständlich, denn das zweite Vatikanische Konzil hatte zwar den Gebrauch der Muttersprache in der Messe erlaubt, aber Esperanto will ja ausdrücklich niemandes Muttersprache sein. Es erschien das Messbuch mit Lektionar für die Sonn- und Feiertage des Jahres. Selbstverständlich gibt es die Bibel in Esperanto. Die christlichen Aktionen sind immer ökumenisch ausgerichtet. Das Gottesdienstbuch ADORU erhielt einen internationalen Kulturpreis. Es finden Esperantomessen nicht nur bei Kongressen statt, sondern monatlich auch in Kathedralen wie dem Dom zu Speyer oder im Freiburger Münster. Auch bei Katholikentagen ist man präsent. In der Kirche sollte die Erkenntnis wachsen, dass Esperanto die Rolle des Lateins übernehmen könnte, wie es das weitverbreitete Buch von Dr. Ulrich Matthias „Esperanto das neue Latein der Kirche." zeigt. Wer sich über Esperanto abfällig äußern möchte, sollte sich zuvor informieren. Der berühmte italienische Schriftsteller Umberto Eco sagte in einem Interview: „Früher pfiff ich auf Esperanto. Aber ich muss sagen, kaum dass ich angefangen hatte, mich aus wissenschaftlichen

Gründen ein wenig mit Esperanto zu beschäftigen, änderte ich meinen Standpunkt."

Ein Beispiel aus der Europäischen Pfarrei in Luxemburg aus dem Jahr 1977, als es in der EU noch sechs offizielle Sprachen gab; heute sind es 23, deren Übersetzung den Steuerzahler Milliarden kostet. Bei einem ökumenischen Gottesdienst, in dem der Widerstand gegen das „katholische Latein" gespürt wurde, dauerte die Vorbereitung sechs Stunden, die eigentlich nur aus der Lösung von Sprachproblemen bestand. Die Epistel wurde in zwei, das Evangelium in zwei anderen Sprachen vorgetragen, gepredigt wurde dreisprachig, das gleiche Lied hatte Strofen in vier verschiedenen Sprachen, die Fürbitten wurden in sieben Sprachen gebetet, man hatte Letzebuergesch noch dazugenommen, eine Art Hochgebet wurde schriftlich in alle Sprachen der Beteiligten übersetzt, und das Vaterunser betete jeder gleichzeitig in seiner Muttersprache. Einige kamen trotzdem zu kurz, z.B. die Italiener.

Das Ganze dauerte eineinhalb Stunden, der Turm von Babel stand fest gemauert. Später kamen ja die Griechen, Portugiesen und Spanier noch dazu. Und die EU wuchs und wächst weiter. Es besteht keinerlei Aussicht, dass man sich für eine Nationalsprache (Englisch oder Französisch) als offizielle Zweitsprache in Europa entscheidet. Obwohl Paris seinen EU-Mitarbeitern in Brüssel, Straßburg und Luxemburg befohlen hat, unter allen Umständen nur Französisch zu sprechen und sie bestrafen will, wenn sie sich nicht daran halten. Die Finnen wollten während ihrer Ratspräsidentschaft Deutsch entfernen und Finnisch, das mit Ungarisch zu den schwersten Sprachen Europas gehört, als Arbeitssprache durchsetzen. Bis der deutsche Kanzler und sein Außenminister in Brüssel auf den Tisch hauten und sich für die deutsche Sprache einsetzten. Schweden hat seine EU-Beamten angewiesen, nur Schwedisch zu sprechen, um nicht von Englisch verdrängt zu werden, und die Spanier fordern gar vier Arbeitssprachen: Kastilisch, Katalanisch, Baskisch und Galizisch.

Welch anderes Bild beim Esperanto-Weltkongress in Stockholm, den Hansjörg Kindler miterlebte. In der lutherischen Bischofskirche, wo zum ersten Mal seit der Reformation auch Katholiken einen Gottesdienst feierten, beteten, sangen und hörten Christen aus vielen Nationen die Predigt. Jeder verstand jedes Wort, brauchte nicht einmal zu wissen, woher der Nachbar kam. Liturgie in der neuen wunderbaren Kirchensprache Esperanto!

Als Hansjörg Kindler seinem Erzbischof mitteilte, dass er noch mehr für Esperanto tun wolle, z.B. ein Zentrum gründen und einen katholischen Kongress mit mehr als zwanzig Nationen organisieren u.a., wurde er zu ihm bestellt. Nach einem zweistündigen Gespräch sagte der Oberhirte: „Fangen Sie an, und schicken Sie mir ein Lehrbuch!" Als Hansjörg noch bemerkte, dass viele Mitbrüder ihn sicher für einen Spinner halten würden, der einer Utopie nachlaufe, sagte der Bischof: „Das müssen Sie ertragen! Jede große Idee braucht Pioniere. Und Sie sind ein Pionier." Einiges konnte er verwirklichen, und andere idealistische Priester tragen die Fackel weiter.

Während eines europäischen Esperanto - Kongresses in Paderborn, bei dem Hansjörg Kindler vor der Festhalle den Gottesdienst in der Internationalen Sprache hielt, erschien ein Grußwort des dortigen Erzbischofs. Hansjörg sollte es für ihn aufsetzen, und der gab es für seines aus, ohne nur ein Wort zu verändern. So schrieb also Hansjörg den „einzigen Hirtenbrief seines Lebens":

Als Erzbischof von Paderborn begrüße ich herzlich die Freunde der Internationalen Sprache aus verschiedenen Ländern in der Jubiläumsstadt.

Die Christen bemühen sich immer wieder, selber mitzuwirken, damit sich die Bitte ihres Herrn erfülle, die er in seiner Abschiedsrede ausgesprochen hat: Ut omnes unum sint ! – Damit alle eins seien! .Auch wenn sie wissen, dass ihnen die letzte Einheit nur von oben geschenkt werden kann.

Eine gemeinsame Zweitsprache für jedermann kann die Menschen einander näher bringen. Jahrhunderte lang hatte das Latein in der Kirche diese Aufgabe und hat sie teilweise auch noch heute. Doch die Kirche verschließt sich dem Fortschritt nicht.

Esperanto könnte das Latein für a l l e sein, und es hat bewiesen, dass es lebt. Darum freue ich mich besonders, dass während dieses europäischen Pfingstkongresses in unserer Bischofsstadt die Christen Gott auch in dieser einen gemeinsamen Sprache loben, dass sie zusammen Eucharistie feiern, beten und singen und ihre brüderliche Verbundenheit zeigen mit allen, die guten Willens sind, im Gespräch von Mensch zu Mensch.

„Prüfet alles, das Gute behaltet!", sagt der heilige Paulus im ersten Thessalonicherbrief (1 Thess 5,21). Immer mehr Verantwortliche in der Kirche sagen: Esperanto ist eine gute Sache!

Ich wünsche dem Kongress viel Erfolg und der Internationalen Sprache weitere Verbreitung.

† Johannes Joachim
Erzbischof von Paderborn

Hansjörg Kindler wurde im Vatikan von dem australischen Kardinal empfangen, der für die Liturgie zuständig war. Er durfte auf der Titelseite der Zeitschrift „Gottesdienst", der Information der liturgischen Institute für Deutschland, Österreich und die Schweiz, den Artikel veröffentlichen „Gott versteht auch Esperanto". Er konnte auf vielen Kongressen in der ganzen Welt zusammen mit Priestern anderer Nationen und auch in Anwesenheit von Bischöfen und mit deren Segen die Messe feiern und predigen in „seiner Sprache". Während des Balkankrieges konnte er mit Hilfe von kroatischen Esperantofreunden ein Werk für Behinderte beginnen. Er gewann Freunde mit Esperanto in der ganzen Welt.

Er ist der festen Überzeugung, dass die Kirche (und damit meint er nicht nur die römisch - katholische), wieder einmal dabei ist, einen wichtigen Anschluss zu verpassen. Vor 120 Jahren ist Esperanto entstanden. Keine lange Zeit in der Weltgeschichte. Auch andere große Ideen brauchten lange bis sie sich durchsetzten, die Abschaffung der Sklaverei zum Beispiel oder die Heilung der Lepra.

Sein Professor für das Alte Testament und Hebräischlehrer an der Uni sagte seinen Studenten einmal scherzhaft, sie müssten so lange ins Fegefeuer, bis sie perfekt Hebräisch sprächen, denn im Himmel würde Hebräisch gesprochen. Hansjörg Kindler zitierte dies bei einer Veranstaltung in einem jüdischen Zentrum in Zagreb und äußerte die Überzeugung , dass dies nicht mehr nötig sei. Denn Lazarus Ludwig Zamenhof, der jüdische Begründer der genialen Internationalen Sprache, hätte sicher schon längst Esperanto dort eingeführt, und alle, die sie lernten und anwendeten, hätten auch eine Chance.

Einem jeden, der ihn fragt: „Was ist Esperanto?" antwortet Hansjörg kurz und bündig: „Die Leichtigkeit des Englischen, die Gedankentiefe des Deutschen, die Eleganz des Französischen und die Musikalität des Italienischen, das ist Esperanto." Nur viel, viel leichter!

DAS VATERUNSER IN ESPERANTO

Patro nia, kiu estas en la ĉielo, sanktigata estu via nomo. Venu via regno. Fariĝu via volo, kiel en la ĉielo, tiel ankaŭ sur la tero. Nian panon ĉiutagan donu al ni hodiaŭ. Kaj pardonu al ni niajn ŝuldojn, kiel ankaŭ ni pardonas al niaj ŝuldantoj. Kaj ne konduku nin en tenton, sed liberigu nin de la malbono. Ĉar via estas la regno kaj la potenco kaj la gloro eterne. Amen.

APOSTELGESCHICHTE 2, 1–4. DAS SPRACHWUNDER AN PFINGSTEN

Kaj kiam venis la Pentekosta tago, ili ĉiuj estis unuanime en unu loko. Kaj subite venis el la ĉielo sono kvazaŭ blovego de forta vento, kaj ĝi plenigis la tutan domon, kie ili sidis. Kaj al ili aperis disirantaj langoj kvazaŭ el fajro, kaj sidiĝis sur ĉiun el ili. Kaj ĉiuj plenigis de la Sankta Spirito, kaj komencis paroli aliajn lingvojn, kiel la Spirito donis al ili parolpovon.

Hansjörgs ÜBERSETZUNG DES KIRCHENLIEDES „Nun danket all …"

Honorigante danku nun,
vi homoj en la mond',
Di' estas la justeca sun',
kunkantu en la rond'!

Ĉiela paco sur la ter'
fariĝu, bona Di',
feliĉo kiel la roser'
falu sur nin de vi!

Gajegan koron la Sinjor'
donacu do al ni;
neniu timo kaj dolor'
plu restu tie ĉi!

Auf eine Schallplattenhülle, mit fünf von ihm übersetzten Gotteslob - Liedern druckte er den Satz:

Dio komprenas ankaŭ Esperanton! Lernu, parolu, kantu kaj disvastigu la internacian lingvon en la eklezio! - Gott versteht auch Esperanto! Lerne, sprich, singe und verbreite die Internationale Sprache in der Kirche!

ETWAS ZUM NACHDENKEN

Wer unbedacht ein Fremdwort wählt
und deutsches Wort für ihn nicht zählt,
wer primetime sagt statt Hauptprogramm,
scheint auf dem Weg zum Ami - Wahn,
wer happy sagt und glücklich meint,
und sunshine, wenn die Sonne scheint,
wer hot gebraucht anstelle heiß,
Know - how benutzt, wenn er was weiß,
wer sich mit sorry cool verneigt
und Shows abzieht, wenn er was zeigt,
wer shopping geht statt einzukaufen,
und Jogging sagt zum Dauerlaufen,
wer Kids gar unsere Kinder nennt,
Madonna, doch nicht Goethe kennt,
der ist zwar „in", doch merkt zu spät,
dass er kein Wort mehr Deutsch versteht!

Kurt Heinz, Wien

Als die deutsche Sprachschützerin Irene Liefländer gefragt wurde, welche „denglischen" Wörter ihr am meisten in der Seele weh täten, da führte sie, die Mitglied eines Kirchenchors ist, an : E – Fun – Gelisch, Markus – Singers, und Open –air – Gottesdienst.

Englisch ist, so sagt man, die Weltsprache - und gerade darum zerfällt es.

Die Wahrnehmung des Englischen in Deutschland ist sehr beschränkt. In Großbritannien und den Vereinigten Staaten sind längst drei Thesen über die Weltsprache Englisch Allgemeinwissen. Englisch muss gar nicht zwangsläufig Weltsprache werden. Eine Weltsprache wird in jedem Land anders gesprochen und verstanden. Und jene Abart, die international einheitlich verwendet wird, hat nichts mit dem Englischen zu tun - ihr Zeichenvorrat reicht kaum zu mehr als zur Bestellung eines Burgers.

Englisch soll keine Weltsprache werden? Ist es denn nicht bereits eine? Natürlich. Aber schaut man sich die Gründe dafür an, muss das nicht unbedingt so bleiben. „Diese Sprache hat nichts, was sie als Weltsprache prädestiniert oder besonders nützlich macht - außer dem politischen und wirtschaftlichen Einfluss der Vereinigten Staaten", erklärte eine Professorin, die in Oxford Sprache und Kommunikation lehrt, bei einer Konferenz über die Zukunft des Englischen. Zahlreiche Innovationen und wissenschaftliche Entdeckungen stammen aus englischsprachigen Staaten. Im Umkehrschluss bedeutet dies, dass ein weiteres wirtschaftliches Erstarken Südostasiens, Chinas oder Lateinamerikas andere Sprachen zur Weltgeltung bringen könnte.

Tatsache ist, dass heute Englisch weltweit als Verkehrssprache dient, dass 80 Prozent der internationalen Organisationen Englisch als Arbeitssprache benutzen, dass sogar 80 Prozent der Seiten im Internet in Englisch geschrieben sind.

Welche Sprache wird hier unter dem Begriff Englisch überhaupt erfasst? Weltweit gibt es 375 Millionen englische Muttersprachler. Hinzu kommen 375 Millionen Menschen, für die Englisch zweite Landessprache ist. Weitere Millionen Menschen kennen das Englische allein als Fremdsprache. Es gibt Mischungen wie z.B. das „Singlish" in Singapur. Dieses Englisch entsteht heute auf die selbe Art, wie im Mittelalter das Deutsche als eine Mischung des Lateinischen mit lokalen Sprachen geschaffen wurde.

Es gibt nicht mehr d a s Englisch - es gibt viele Abarten davon. Es ist längst eine Tatsache, dass die englischsprachigen Staaten den Besitz der englischen Sprache aufgegeben haben. Das ist der Preis dafür, Weltsprache zu sein - sie gerät außer Kontrolle. Sprachen wie Singlish könnten sich zu neuen Nationalsprachen entwickeln.

Jenes Englisch, das die meisten Weltbewohner verstehen, verliert daher seine Ähnlichkeit mit dem, was Briten sprechen. Es ist ungleich simpler. – „Eigentliche" Sprachen müssen deshalb weiterhin gelernt werden.

Professor Heiner Eichner, Sprachwissenschaftler an der Universität Wien, wurde gefragt , ob eine Plansprache überhaupt noch eine Chance gegen das übermächtige Englisch habe. Er sagt, es sei noch nicht zu spät und erklärt: „Die Stärke einer internationalen Plansprache liegt in ihrer relativen Neutralität. Sobald wir das schätzen lernen, vielleicht schon in ein paar Jahren, haben Plansprachen glänzende Aussichten." Englischsprachige Mächte, die sich unbeliebt machten, beschleunigen diesen Prozess. Einmal offiziell eingeführt, hätte so eine versteckte Perle – sei es Esperanto, Ido oder Interlingua – ausgezeichnete Karten: „Wenn nur e i n e überregionale Institution – etwa die Europäische Union, die k a t h o - l i s c h e   K i r c h e oder ein Konzern – ein Pilotprojekt mit einer Plansprache unter wissenschaftlicher Leitung starten würde, könnte eine Wende eintreten.

Hansjörg Kindler - Trixini kann nur aus ganzem Herzen bejahen, was ihm ein belgischer Professor sagte, der in der EU arbeitete und zwölf Sprachen beherrschte: „Die Lösung ist ESPERANTO!" Auch ein bekannter holländischer Ministerpräsident kam zu der selben Überzeugung und fügte hinzu: „Es gibt keine Alternative!"

„Utopio estas la prepara fazo de granda realigo." (Eine Träumerei, ein Hirngespinst, ist die vorbereitende Entwicklungsstufe einer großen Verwirklichung.)   Ernest Solvay

KURZE NACHLESE

Der langjährige Bundeskanzler Helmut Kohl, bekannt für seine „Sprachkenntnisse", soll einmal beleidigt gesagt haben: „Die glauben mir einfach nicht, dass ich perfekt Esperanto spreche, wo ich doch drei Jahre drüben war!"

Es gibt tausende Sprachen in der Welt, aber nur eine ist die Brücke zu all ihren Sprechern.

Die internationale Sprache

ESPERANTO

La lingvo internacia

Ekzistas miloj da lingvoj en la tuta mondo, sed nur unu estas la ponto al ĉiuj iliaj parolantoj.

2008 - Internacia Jaro de Lingvoj

Informationen erhalten Sie im Internet unter:
www.esperanto.de

EIN SCHWARZER UNTER ROTEN

Ein Internatsschüler sah eine Zaubervorstellung Trixinis, als dieser den theologischen Vorkurs besuchte. Er bat ihn, ihm ein paar Zauberkunststücke beizubringen und wurde später selbst als Magier Francesco Altini bekannt. Noch bekannter wurde er nach dem Studium von Politischer Wissenschaft, Geschichte, Philosophie und Theologie und seiner Doktorarbeit über die Kanzlerschaft Konrad Adenauers als Moderator des politischen Fernsehmagazins Report und anderer wichtiger Sendungen im SWR und 3 Sat. Später wurde er Bestsellerautor, Verfechter einer weltweiten alternativen Energiepolitik und Freund des Dalai Lama.

Francesco Altini, hinter dem sich der bekannte Dr. Franz Alt verbirgt, lud Hansjörg Kindler ein, als dieser Kaplan in Schopfheim war, mit ihm für eine Woche nach Moskau zu fliegen. Sein Chef sagte: „Machen Sie das! Ich werde schon mal alleine fertig. Die Gelegenheit kommt für Sie so schnell nicht wieder." Es war noch zur Zeit des Kalten Krieges, und Moskau war die Hauptstadt der Sowjetunion. Hansjörg lag vor der Reise tagelang mit Grippe im Bett und nutzte die Zeit, um Bücher von deutschen Korrespondenten großer Zeitungen zu lesen und fühlte sich so bestens informiert für die Reise.

In Moskau drehte er dann einen Farbfilm von den Menschen auf der Straße, dem Roten Platz mit dem Lenin - Mausoleum, den Kirchen mit ihren goldenen Kuppeln und den Plakaten mit Sowjet-Parolen und zeigte ihn später daheim vor vollen Häusern zusammen mit einem Vortrag „Ein Schwarzer unter Roten". Eine Journalistin fragte in einem Zeitungsartikel: „Wie kann ein Mensch in einer Woche so viel erleben?"

Reporter Alt brachte die Redakteure der Prawda durch seine Fragen nach der Pressefreiheit in der UdSSR in Verlegenheit.

In der Redaktion der Komsomolskaja Prawda, der sowjetischen Jugendzeitschrift, fragte er z.B., warum diese nichts über den Aufstand polnischer Studenten berichtet habe. „Das ist eben der Unterschied zum Westen. Die kapitalistischen Medien berichten über etwas, ohne die Hintergründe zu kennen." „Aber wenn in Polen Massen von Studenten gegen den „Großen Bruder" auf die Straße gehen, protestieren und demonstrieren, kann das doch dem eigenen Volk durch eine kurze Nachricht bekanntgegeben werden. Jeder kann sich dann seine Gedanken machen und sich eine Meinung bilden. Der Hintergrundbericht darf ja folgen. Haben Sie übrigens über die Ermordung Martin Luther Kings geschrieben?" „Natürlich!" „Kennen Sie die Hintergründe?" Der Russe schwieg betroffen und bekam einen roten Kopf.

Hansjörg hatte zur Verwunderung der Mitreisenden hundert Päckchen Kaugummi und hundert Kugelschreiber mitgenommen. Davon hatte er in seinen Taschenbüchern gelesen. Das wurde als Währung lieber akzeptiert als Rubel, und Hansjörg bezahlte damit vor allem seine Taxifahrten. DM war natürlich auch erwünscht, aber keine DDR-Mark.

Die Intourist - Dolmetscherin Olga bekam bald heraus, dass Hansjörg katholischer Priester war. Von da ab nannte sie ihn „Heiliger Vater", und er konterte mit „Ehrwürdige Mutter". Einmal kaufte er von jungen Pionieren mit Hilfe seiner Kaugummiwährung ein paar Abzeichen. Die Jungen trugen ein rotes Halstuch und am Revers einen Anstecker mit dem Bild eines blonden Lockenköpfchens, das wie ein kitschiges Jesuskind aussah- es sollte aber den kleinen Lenin darstellen. Hansjörg heftete das Abzeichen des sowjetischen Jugendverbandes an seine schwarze Pelzmütze. Olga sah das und sagte: „Wenn Sie Komsomolze sind, müssen Sie aber Atheist werden!" Hansjörg entgegnete: „Das wäre mir zu schwer, da müsste ich zu viel glauben!" Die Fremdenführerin stutzte einen Augenblick, dann gab sie zu: „Keine schlechte Antwort!"

Hansjörg musste wie alle Ausländer seinen Pass im Hotel abgeben, wo er von einer Genossin Aufseherin, wie es sie in jedem Stockwerk gab, zurückbehalten wurde.

Es war Sonntagmorgen, und Hansjörg bat diese Dame, ihm ein Taxi zu bestellen. „Das ist nicht möglich, da müssen Sie warten, bis die Dolmetscherin von Intourist kommt!" Hansjörg meinte: „Es wird doch unter den Tausenden von Taxis in dieser Stadt auch eines für mich geben, und zwar jetzt!"

Er ging hinunter in die Hotelhalle und dann auf die Straße hinaus. Da standen drei schmutzige Taxis. Staatseigentum, und darum wusch sie keiner. Er stieg in das erste ein, sagte die Adresse „Malaja Lubjanka", und los ging die Fahrt zur einzigen römisch - katholischen Kirche gegenüber dem berüchtigten Gefängnis, wo die Sowjetgegner verhört, gefoltert, gefangengehalten und hingerichtet wurden.

Der Taxifahrer in seinem klapprigen Wolgawagen fiel seinem Fahrgast fast um den Hals, als dieser mit Kuli und Kaugummi bezahlte.

Der Pfarrer, der sich in der Sakristei wohnlich eingerichtet hatte, war etwas misstrauisch gegenüber dem angeblichen Mitbruder aus dem Westen, aber Hansjörgs Papiere überzeugten ihn, und er ließ ihn eine stille Messe zelebrieren. Die zumeist alten Frauen, die anwesend waren, begrüßten ihn, und er bedauerte, sich mit ihnen nicht verständigen zu können. Sie verbeugten sich tief, küssten ihm die Hände und zeigten mit lebhaften Gesten ihre Freude.

Später war Hansjörg einmal als Bordpfarrer während einer Kreuzfahrt auf dem sowjetischen Schiff „Taras Chevtschenko". Er sollte für die zumeist deutschen Passagiere am Heiligen Abend einen einzigen ökumenischen Gottesdienst in dem kleinen Kinoraum halten. Danach geschah ein kleines Wunder. In der Bordzeitung, die täglich erschien und jedem Kreuzfahrer unter der Kabinentür durchgeschoben wurde, stand am nächsten Tag : „Heilige Messe mit Pfarrer Kindler im großen Veranstaltungssaal." Das geschah nun täglich, der Besuch war bestens, und es gab manches gute geistliche Gespräch, nicht nur mit Katholiken.

In Moskau konnte Hansjörg nicht nur mit den „westlichen Dekadenzprodukten" Kugelschreiber und Kaugummi die Sowjetmenschen beglücken, sondern auch mit seiner kleinen Polaroidkamera, die ein Schwarz – Weiß - Bildchen hervorbrachte, das noch mit einem Schwämmchen fixiert werden musste. Der Sofortbild - Apparat war dort noch nicht bekannt.

„Momentan!?", fragten die Leute verwundert und stellten sich in Positur: die dicke Mama mit ihrem Töchterchen und seiner großen Haarschleife, der Sowjetsoldat auf dem Roten Platz, die Verkäuferin im Riesenkaufhaus GUM und die Kellnerin im usbekischen Restaurant Taschkent.

Am Leninmausoleum, wo der Leichnam des Gründers der Sowjetunion einbalsamiert und streng bewacht in seinem Glassarg liegt, wurde Hansjörg als Ausländer gleich vorgelassen und musste sich nicht in die endlose Warteschlange einreihen. Er war auch schon in Jerusalem und in der Grabeskirche gewesen.

Das Grab Jesu ist leer! Wie sagt uns der Völkerapostel Paulus?

„Gäbe es keine Auferstehung der Toten, so wäre auch Christus nicht auferweckt worden; wäre aber Christus nicht erweckt, so wäre ja unsere Verkündigung hinfällig, und hinfällig dann auch euer Glaube". (1 Kor 15 , 14/15).

Die Reiche dieser Welt vergehen alle, auch wenn man den Leichnam ihrer Gründer aufbewahrt oder ihr Andenken mit anderen Monumenten sichern will.

Auf dem Kiewer Bahnhof, wo es aussah wie im Film „Doktor Schiwago", unterhielt Trixini die Bauern mit einer Handpuppe und ein paar Zauberkunststücken und verursachte einen Menschenauflauf. Er musste eine schimpfende Bahnbeamtin beruhigen und ließ die Trillerpfeife eines Milizionärs magisch verschwinden.

Er erstand einen alten Abakus, eine russische Rechenmaschine, als Souvenir, und Zakir aus Taschkent, ein usbekischer Zauberkollege, tanzte für ihn und schenkte ihm seine Armbanduhr. Aber das ergäbe viele neue Geschichten.

Dann konnte Hansjörg drei Vorstellungen im Zentralen Staatlichen Moskauer Puppentheater von Sergei Obraszow besuchen und dort sogar filmen. Er lernte den weltberühmten großen Meister persönlich kennen und hatte ein langes Gespräch mit ihm . Die Intourist - Dolmetscherin war höchst verwundert. „Wir warten monatelang auf Eintrittskarten. Wie haben Sie das geschafft?" Hansjörg hatte eine Empfehlung der Hohnsteiner dabei, deren Gründer ‚Max Jacob, mit dem russischen Künstler befreundet war und eine rege Korrespondenz mit ihm unterhielt. Dieser Besuch war für Hansjörg, der selbst ein begeistertet Puppenspieler war, ein großes Erlebnis.

Auf Antrag der Kinder erhielt Obraszow die internationale Auszeichnung als „Kavalier des Ordens des Lächelns".

Als Hansjörg später seinen Vortrag in Bad Säckingen hielt, der Stadt, in der er Pfarrer werden sollte ,und die Presse berichtete, hörte ein ehemaliger Polizist davon. Man hatte ihn entlassen und bestraft, weil er nachts parkende Autos demoliert hatte. Er war ein Kommunistenfresser und kam zu dem Schluss: „Der Kindler ist ein Kommunist, weil er in Moskau war und davon erzählt." Er füllte einen Plastikeimer mit Benzin, stellte ihn auf Hansjörgs Auto, zündete ihn an, und der Wagen brannte völlig aus. Sein Pech und Hansjörgs Glück war es aber, dass er nicht dessen Renault erwischt hatte, sondern den VW des Kaplans der Münsterpfarrei.

Die Sowjetunion gibt es nicht mehr, stattdessen herrschen andere Diktaturen in dem riesigen Land, und Russland führt Krieg in Tschetschenien und im Kaukasus.
Aber es heißt nicht mehr so oft: „Diese Kirche arbeitet nicht mehr!", weil sie zum Beispiel zu einem Schwimmbad umgewandelt wurde. Hansjörg hatte Mühe, den Aufseher in der Tretjakowgalerie zu überzeugen, ihm den Ikonensaal zu öffnen, weil er keine Schinken mit Rotarmisten und Traktoren sehen wollte, sondern die heiligste Ikone Russlands, die Vladimirmadonna im Original, vor der einst schon der Mongolenfürst Tamerlan geflohen war. Hansjörg wollte vor ihr beten, denn er hatte eine Kopie in seiner Kaplansbude. Auch auf einem seiner Primizbildchen lächelte sie.
Die orthodoxen Gläubigen können wieder ihre Gottesdienste in Russland feiern, wenn auch manchmal der Verdacht besteht, dass

sich das Moskauer Patriarchat zu sehr mit der Politik verbündet. Junge Geistliche, wie sie Hansjörg im Kloster Sagorsk traf, sollen Seelsorge nach westlichem Muster versuchen mit Veranstaltungen auch außerhalb des Gotteshauses und mit Jugendarbeit. Manche nationalistischen Gläubigen wünschen sich die Monarchie mit einem Zaren zurück. Und von Zeit zu Zeit wird dem Vatikan vorgeworfen, Proselytenmacherei zu betreiben und orthodoxe Christen für Rom abzuwerben.

Moskau, quo vadis? Drittes Rom (nach Konstantinopel), wohin führt dein Weg in der Zukunft? Alles fließt!

Hansjörgs Sozi - Gedicht:

SOZIALISTISCHES PARADIES

Ja schon das erste Menschenpaar
das waren Sozialisten:
Adam und Eva, das ist wahr,
begannen nicht als Christen.

Das Obst war ihnen rationiert,
dem Staatsrat vorbehalten;
sie haben schrecklich sich geniert
als nackede Gestalten.

Sie hatten doch nichts anzuzieh'n
als dünne Feigenblätter.
So ein Designerkleid aus Wien
das fände Eva netter.

Sie wähnten sich im Paradies
wie alle Sozialisten.
Dabei ging's ihnen wirklich mies,
weil vieles sie vermissten.

PILGERFLUG MIT HINDERNISSEN

Hansjörgs zweiter Chef, der auch Dekan wurde, bekam das Angebot einer Schweizer Fluggesellschaft aus Basel, eine Pilgergruppe nach Lourdes, dem berühmten französischen Wallfahrtsort, zu begleiten. Er machte das auch mehrmals und fragte dann seinen Kaplan, ob er nicht Lust hätte, ihn einmal zu vertreten. Kindler war noch nie da gewesen und sagte gerne zu. Er freute sich darauf, dort einmal mit den Pilgern Gottesdienst zu feiern, wo seine geliebte Großmutter als junges Mädchen in einem Hotel gearbeitet und sich ihre Französischkenntnisse angeeignet hatte; diese taten ihr nach dem Krieg gute Dienste. Ihr eigenes Hotel wurde ,wie wir schon hörten, von den Franzosen beschlagnahmt, und dank ihres Französisch durfte sie - zwar praktisch auf dem Speicher -aber doch im eigenen Haus mit der ganzen Familie wohnen bleiben. Hansjörg sprach ja auch gut Französisch, das Pilgerbuch bekam er vom Büro der Fluglinie, und so war er bestens vorbereitet. Am Abflugtag muss te er sich in einem Hotel in Basel einfinden, von wo aus der Bus mit den Pilgern, die man ihm anvertraute, zum Flughafen starten sollte. Er wurde von den Managern empfangen, bekam einen Kaffee serviert, die Fluggäste saßen schon alle im Bus. Aber immer wieder wurde telefoniert und aufgeregt debattiert. Bis dann nach ziemlich langer Wartezeit verkündet wurde: das vorgesehene Flugzeug ist nicht einsatzbereit! Was tun? Die verantwortlichen Damen und Herren beschlossen, erst einmal mit allen Passagieren in den „Zolli" zu fahren, das ist der Basler Zoologische Garten. Dort gab es natürlich freien Eintritt. Hansjörg hatte dabei noch ein ernüchterndes Erlebnis. Voll Freude und Überraschung sah er in einem Gehege sein „Wappentier", einen schwarzen Panther. Bei seinem Indianerstamm, den Delaware, war er früher „Obermedizinmann Schwarzer Panther" gewesen. Eine herrliche Zeit in den Bubenjahren, wo sie das Wäldchen am Krebsgraben unsicher gemacht hatten. Seine Oma hatte ihm Vorhangfransen an die Sackhose nähen müssen, und er tanzte im Kreis der roten Brüder Listige Schlange, Fliegender Pfeil und Flinker Hirsch und Schwester Christine als Squaw Minnehaha = Lachendes Wasser den großen Regentanz am Lagerfeuer.

Nun stand er vor der Glastafel, die ihm zeigte, woher das stolze Raubtier kam. Und er las enttäuscht: „Ganz gewöhnlicher Schwärzling, wie er bei allen Tierarten manchmal vorkommt." Na ja, das würde mancher vielleicht auch von den Schwarzröcken der Mutter Kirche sagen.

Inzwischen wurde weiter hektisch telefoniert. Das Flugzeug war noch immer nicht startbereit, und es war noch früh am Tag. Da schlug der Manager vor, in den Marienwallfahrtsort Maria Stein zu fahren, wo Kaplan Kindler eine Andacht halten könnte. Was sollte er machen? Er musste nun bei seiner Pilgergruppe ausharren, ob im Zolli oder in einer Kapelle. Diese war eine Grotte, in die viele Stufen hinab führten. Da war einmal ein Knabe hinuntergestürzt und auf wunderbare Weise gerettet worden. Hansjörg konnte jetzt die Mitreisenden endlich ein wenig einstimmen auf das eigentliche Ziel des Pilgerflugs. Aber dann ging es erst noch einmal in ein Landgasthaus, wo ein Abendessen für alle organisiert war, das natürlich die Fluggesellschaft spenden musste.

Erst als es dunkel wurde, hob das Ersatzflugzeug ab, nachdem Hansjörg den Reisesegen gesprochen hatte, bei dem er nicht so sehr den Fußgänger Christophorus anrief, sondern vor allem den Erzengel Raphael. Der schien ihm als fliegender Reisebegleiter doch etwas sicherer.

Die Crew entschuldigte sich für die Verspätung. Höhere Gewalt! Man war schon über Frankreich, da ertönte plötzlich die Stimme des Kapitäns durchs Bordmikrophon in klarem Schwiizerdütsch: „Mir sind e chli in e Gwitterfront inne cho - wir sind ein wenig in eine Gewitterfront hineingeraten."

Das hatte man auch gemerkt, und einige hatten schon die Spuck-
tüten vor dem Gesicht. Dann meldete ein Tower, dass an ein Landen
in Lourdes - Tarbes im Augenblick nicht zu denken sei. Es wurde
geraten, in Bordeaux eine Zwischenlandung einzulegen. Also ging
es hinunter, und die Pilger mussten durch strömenden Regen von
der Landebahn in die Wartehalle hetzen. Eine Dame, die Herzbe-
schwerden hatte, verkündete, dass keine zehn Pferde sie mehr in
dieses Flugzeug brächten. Die verzweifelten Überredungsversuche
ihres liebenden Mannes und das psychologische Geschick Hansjörgs
brachten es doch zusammen fertig: als der Himmel sich aufhellte
und der heftige Wind sich gelegt hatte, führten sie die Frau wieder
auf ihren Sitzplatz in der Maschine.

Es war schon dunkel, als die Pilgergruppe in Lourdes ankam. Die
Lichterprozession mit den Ave – Maria - Rufen, an der man ja teilnehmen wollte, war längst vorüber. So konnte man nur noch sein
Hotelzimmer aufsuchen und auf den nächsten Tag hoffen. Ein junger Mann, der Sohn der herzkranken Frau, verließ nochmals sein
Zimmer, um zu seinen Eltern zu gehen. Als er nach einer Stunde
zurückkam, lag ein anderer in seinem Bett. Hansjörg wurde geweckt
und musste vermitteln. „Für heute reicht's!", dachte der „Wall-
fahrtspfarrer" grimmig.
Es wurde dann alles doch noch schön und feierlich: die heilige
Messe an der Grotte, die Predigt Hansjörgs „Mit Maria zu Jesus!",
der Kreuzweg am Hügel mit den lebensgroßen Figuren, das Bad in
der Quelle, der Anblick der vielen tausend Kranken mit allen Ge-
brechen dieser Welt, die von Schwestern und freiwilligen jungen
Leuten aller Nationen getragen und gefahren wurden, der Segen
mit dem Allerheiligsten.
Man vergaß darüber fast den tausendfachen religiösen Kitsch, der
überall das Auge beleidigte: die Plastikmadonnen mit abschraub-
barer Krone zum Einfüllen des Lourdeswassers und unzählige ähnliche Geschmacklosigkeiten. Auch die frommen Namen, die sich die
Hotels gegeben hatten, wirkten nicht nur erbaulich. Jedes hatte
seinen eigenen Souvenirladen.
Hansjörg fand nur ein einziges Geschäft mit wirklich künstlerischen Andenken, die der Besitzer, ein Gold- und Silberschmied,
selbst angefertigt hatte. Der Kaplan erwarb ein Bronzemedaillon
mit dem Bild der Heiligen Verena für seine künftige Haushälterin,

die auch in der Gruppe dabei war und von der ja noch an anderer Stelle die Rede ist.

Beruhigend war es, dass im ganzen heiligen Bezirk um die Grotte und die drei übereinander liegenden (mit der gewaltigen unterirdischen Basilika) Kirchen kein Souvenirladen erlaubt war; nur Kerzen konnte man kaufen.

Die Pilger hatten Hansjörg Geld für Messstipendien gegeben, das er für sie an dem dafür vorgesehenen Schalter abliefern sollte. Als er aber sah, wie dort die Banknoten bündelweise über den Tisch gingen, dachte er sich etwas anderes aus. Er suchte auf dem Gelände einen französischen Landpfarrer und wurde auch fündig. Weil er wusste, dass diese Mitbrüder irgendwo in einem Bergdorf vom mageren Klingelbeutel lebten und manchmal sogar am Hungertuch nagten. (Eine französische Bekannte hatte ihm einmal beim Besuch ins Gästebuch geschrieben: „Les curés en Allemagne ont la bonne vie - die Pfarrer in Deutschland haben ein gutes Leben).

Das schlecht gekleidete Pfarrerlein mit der Baskenmütze strahlte, als Hansjörg ihn in seiner Muttersprache fragte, ob er bereit sei, für deutsche Pilger und ihre Anliegen Messen zu feiern, und trug alles sorgfältig in sein Notizbuch ein. Sein „Merci, mon confrère!" kam aus ehrlichem Herzen.

Als alle ins Hotel zurückkamen, fehlte eine Frau. Einer hatte sie zuletzt gesehen, wie sie mit ausgebreiteten Armen vor der Erscheinungsgrotte kniete und ausrief: „Hier bleibe und sterbe ich!" Der Mann hatte das natürlich nicht ernst genommen, und so marschierte Hansjörg nochmals los, um die Pilgerin, die glaubte, am Ziel ihres

Lebensweges angekommen zu sein, auf den Boden der Tatsachen zurückzuholen. Das gelang ihm nicht auf den ersten Anhieb. Aber dann waren doch wieder alle beisammen.

Ein Wort noch zu den „Heilungswundern" . Nur ganz wenige werden von der Kirche anerkannt, nachdem sie von einer internationalen Ärztegruppe, die nicht nur gläubige Mitglieder hat, geprüft wurden. Ein Fall z.B. ist eine Frau aus Tettnang am Bodensee, Thea Angele, die todkrank nach Lourdes kam, dort geheilt wurde, und zum Dank für das wiedergeschenkte Leben an Ort und Stelle in ein Kloster eintrat, um fortan Kranke zu pflegen.

Der Heimflug nach Basel verlief ohne Zwischenfälle.
Anderntags hatte der Gemeindealltag mit Frühmesse, Schule, Predigtvorbereitung, Vereinssitzungen und Gruppenstunden den Kaplan wieder voll vereinnahmt.

Aber manchmal, wenn er das Erinnerungsfoto seiner Pilgerreise anschaute, klang das „Ave, Ave, Ave Maria!" noch in ihm nach. Er dachte an das schwere Schicksal der armen kleinen Bernadette Soubirous, ihre Visionen, die Anfeindungen, die sie erdulden musste: auch der eigene Ortspfarrer hielt sie ja für verrückt. „Sie stellen mich zur Schau wie ein exotisches Tier". – Er dachte auch an ihren frühen Tod mit 35 Jahren im Kloster der Barmherzigen Schwestern in Nevers. Nie rühmte sie sich, betrachtete sich still als Werkzeug der Vorsehung. Sie starb an Knochentuberkulose. Ihr Leichnam war noch Jahre später unversehrt. 1933 wurde sie heilig gesprochen. Die „Dame" hatte ihr verheißen, sie erst in der anderen Welt glücklich zu machen.
Wer will über die Millionen spotten, die seither zu dieser Wallfahrt aufgebrochen sind?

Kaplan Hansjörg Kindler mit seiner Pilgergruppe im Wallfahrtsort Lourdes. Dabei waren auch zwei Schwestern seiner Mutter und sein ehemaliges Kindermädchen, (das damals vom Maler weggeheiratet wurde).

Nach der Rückkehr in die Heimat machte Hansjörg seinen Pilgern ein kleines Geschenk mit diesem Gedicht:

DAS WAHRE LOURDESWUNDER

Es war vor hundertfünfzig Jahren,
als in der Grotte Massabielle
das Mädchen Bernadette erfahren,
dass vor ihr aufbrach dieser Quell,

aus dem heut' Hunderttausend trinken,
Heilung erhoffen von dem Bad.
Die „schöne Dame" tat ihr winken,
erteilte manchen frommen Rat.

Doch muss ein Katholik das glauben?
Er darf es tun, 's ist kein Gebot.
So kann ein jeder sich erlauben,
dorthin zu wallen in der Not.

Das wahre Wunder dieser Stätte
ist Hilfe, die man jedem gibt.
Welch Wunder man erfahren hätte ?
Ja, dass man dort die Kranken liebt.

Wirft einer nicht weg seine Krücken,
bleibt einer blind und taub und stumm;
kann er sich nicht zum Rollstuhl bücken
und fragt sich weiter: „Ach, warum?"

Dann kann er wieder Kraft dort tanken,
wenn er das Leid der andern sieht.
Das wahre Wunder aller Kranken:
sie singen dort ihr Dankeslied.

 KURZE NACHLESE

Ein Antiquitätenhändler am Wallfahrtsort erwirbt vier Heiligenfi-
guren und stellt sie in sein Schaufenster mit der Bezeichnung: „Die
vier Evangelisten." Ein Kunde kommt, will jedoch nur eine Figur
erwerben. Nach getätigtem Kauf kommt ein neues Schild ins Fen-
ster: „Die Heiligen Drei Könige". Der Vorgang wiederholt sich. Neues
Schild im Fenster: „Die Apostelfürsten Petrus und Paulus." Als ein
weiterer Kunde wiederum nur eine Figur erwerben will, wird der
Händler ärgerlich, und beim Verpacken der vorletzten Figur stößt
er versehentlich an die letzte Statue. Diese fällt um, wobei der Kopf
zerbricht. Letztes Schild im Fenster: „Der Heilige Johannes der Täu-
fer nach seiner Enthauptung."

Die Grenzen in der EU waren noch nicht gefallen. Da kommt ein
Mütterchen nach der Lourdeswallfahrt zum deutschen Zoll und
wird gefragt, was es aus Frankreich mitbringe. „Nur heiliges Was-
ser von der Quelle der Muttergottes". Der misstrauische Zöllner öff-
net die Flasche und schnuppert daran. „Das ist alter Cognac."
Das Mütterchen schlägt die Hände zusammen. „Dank sei der Hei-
ligen Bernadette! Ein Wunder!"

Ein Ehepaar bekommt keine Kinder. Nachdem die beiden alles
Erdenkliche versucht haben, fragen sie den Pfarrer um Rat. Der
schlägt ihnen vor, eine Wallfahrt nach Lourdes zu machen und
dort eine Kerze anzuzünden. Danach wird der Pfarrer versetzt und
kommt erst nach Jahren wieder einmal in seine alte Pfarrei. Da es
ihn interessiert, was aus der Sache geworden ist, will er das Ehe-
paar besuchen. Er klingelt an der Tür, und es öffnet ihm ein Junge,
hinter dem sich noch vier, fünf andere Kinder drängeln. „Sind die
Eltern nicht zu Hause?" fragt der Pfarrer. „Nein", sagt der Junge,
„die sind auf einer Wallfahrt nach Lourdes." „Ja warum denn?"
fragt der Pfarrer erstaunt. „Sie haben gesagt, sie wollen dort eine
Kerze ausblasen."

HALBGÖTTER IN WEISS

Götter sind sie bestimmt keine, nicht einmal Halbgötter. Aber Hansjörg Kindler hat den Männern in den weißen und grünen Kitteln, aber auch verschiedenen Hausärzten, viel zu verdanken, sogar sein Leben. Doch er hat auch einige schlechte Erfahrungen gemacht, die sollen nicht verschwiegen werden.

Die älteste Erinnerung geht an den guten Hausarzt seiner Familie. Es war ein zweiter Weihnachtsfeiertag. Hansjörg hatte einige interessante Bücher zum Fest bekommen und lange geschmökert auf einem marokkanischen Sitzkissen, das der Vater einmal aus der Pariser Moschee mitgebracht hatte. Als er aufstand, zuckte er vor Bauchschmerzen zusammen. Der Papa meinte: „Du hast sicher zuviel Weihnachtsgebäck gefuttert. Geh jetzt schlafen, morgen ist dir wieder besser." Aber nachts wachte er auf, die Schmerzen waren heftiger geworden, und er kroch auf allen Vieren ins Wohnzimmer an Vaters großen Bücherschrank, holte sich den Brockhausband A - B heraus, schaute unter „Blinddarmentzündung" nach, erkannte die Symptome und informierte die Eltern, die gleich den lieben Doktor anriefen. Obwohl dieser gerade spät von einem Krankenbesuch heimgekommen war, erschien er schon nach kurzer Zeit. Nach der Untersuchung hieß es: „Morgen früh sofort ins Krankenhaus!" Und bald war Hansjörg im OP-Saal, über dessen Tür wie zum Hohn eine Tafel hing mit der Aufschrift „Fröhliche Weihnachten!"

In späteren Jahren war es dann ein Herzinfarkt, bei dem es wirklich um Minuten ging. Doch wir wollen etwas chronologisch vorgehen.

Kurz vor der Priesterweihe kam der Personalchef des Ordinariats ins Seminar und fragte die Kandidaten, ob sie besondere Wünsche für ihre spätere Arbeitsstelle hätten. Hansjörg hatte zwei: eine Gegend, die günstig für Asthmakranke ist und ein Krankenhaus. Denn Krankenseelsorge schien ihm doch sehr wichtig zu sein. Beim ersten Wunsch versagte das Personalbüro total. Hansjörg kam an die Bergstraße, deren subtropisches Klima nach Meinung der Fachleute Gift für Asthmakranke ist. So musste man den neuen Kaplan, der zu ersticken drohte, mit dem Sanka erst einmal in höhere Regionen schaffen.

Ein Krankenhaus gab es: die Mütter- und Frauenabteilung betreute der Chef; der Kaplan bekam die übrigen Stationen zugeteilt.

Aber noch einmal zurück zum Seminar. Ein Kursgenosse, wie man die Mitbrüder des gleichen Weihejahrgangs nannte, hatte schon länger Beschwerden. Der Regens, der Leiter des Priesterseminars, war mehrmals mit ihm beim ortsansässigen Landarzt gewesen, und der behandelte ihn auf Gelbsucht. Er überstand die Weihe. Aber in den acht Tagen, die man noch im Seminar blieb, bis die Primiz, die erste Messe, in der Heimatgemeinde gefeiert wurde, verschlimmerte sich sein Zustand. Der Regens ging wieder mit ihm zum Arzt und bezweifelte die Diagnose Gelbsucht. „Schauen Sie nur seine Augen an!" „Bleiben Sie bitte bei Ihrer Theologie, Herr Regens, und überlassen Sie mir die Medizin!", fuhr ihn der beleidigte Jünger des Hippokrates an. Da nahm der Regens den jungen Mann und fuhr mit ihm zur Universitätsklinik in der Bischofsstadt. Dort behielt man ihn gleich in der Isolierstation: Offene TB! Das hieß für ihn, Primiz abblasen und erst nach einem Jahr feiern. Einen zweiten Neupriester, der sich angesteckt hatte, traf das gleiche Schicksal. Und alle anderen mussten natürlich zur gründlichen Untersuchung im Gesundheitsamt antanzen, denn sie sollten ja bald mit Schulkindern, Kranken und vielen anderen Menschen Kontakt haben.

Hansjörg hat noch andere Fehldiagnosen erlebt. Die Großmutter väterlicherseits war von den Ärzten aufgegeben worden. Sie habe einen Tumor, müsse praktisch verhungern. Der Sohn wurde ans Krankenbett gerufen. Die Mutter musste plötzlich erbrechen, verlangte etwas zu essen, vom Tumor war nichts mehr zu sehen.

Diese plötzliche Heilung konnte keiner aufklären.

Der Vater selbst rief später einmal Hansjörg nach Hause, teilte ihm mit, dass er nur noch kurze Zeit zu leben habe, weil der Arzt Rücken markschwindsucht feststellte, und er wollte vor dem endgültigen Abschied alles ordnen. Hansjörg riet ihm, doch noch zu einem zweiten Arzt zu gehen. Der entdeckte dann, dass die Schmerzen von einem im Rückenwirbel eingeklemmten Nerv kamen und behob den Schaden.

Während Hansjörgs Asthmakur in Bad Reichenhall ließ ihn die Ärztin mehrmals die Treppen rauf und runter springen. Natürlich blieb ihm daraufhin die Luft weg. Nach dem EKG stellte sie dann fest, dass sein Herz kaputt sei, verordnete starke Spritzen - „ich würde das auch bei meinem eigenen Sohn machen" - und bezweifelte, ob er überhaupt weiterstudieren könne. Ein Heilpraktiker machte mit seinen homöopathischen Kügelchen die durch die starken Medikamente angegriffene Leber wieder gesund. Am Herzen war nichts, es hielt viele Jahre durch, bis es dann wegen Rauchen und Stress zum Kollaps kam.

Auf einer Schiffsreise wurde Hansjörg auf der griechischen Insel Rhodos von einem Auto auf dem Zebrastreifen angefahren. Der Schiffsarzt und zwei Ärzte daheim stellten fest: Bluterguss. Das Knie wurde nicht geröntgt, und zwei Monate lief Hansjörg mit Krücken und Schmerzen durch die Gegend. Bluterguss kann schmerzhafter sein als ein Bruch, und er schonte sich nicht. Als er dann doch ins Krankenhaus ging, um sich endlich röntgen zu lassen, war man entsetzt.

Der Arzt sagte vor dem entwickelten Bild: „Wenn ein Haus einstürzt, gibt es einen Schutthaufen, der eine gewisse Festigkeit hat; und auf diesem Schutthaufen sind Sie zwei Monate rumgelaufen. Der Tibiakopf am Knie ist gebrochen, und es ist für uns unerklärlich, wie Sie das so lange aushalten konnten. Wenn Sie sich nicht sofort operieren lassen, können Sie bald keinen Schritt mehr gehen." Also folgte eine fünfstündige schwierige Operation: Knochen aus der Hüfte wurden ins Knie verpflanzt. Dann viele Wochen Krankenhaus mit eingepacktem Bein, vier Wochen Rehaklinik, ein Jahr Krücken. Und als dann das Metall aus dem Bein unter Teilnarkose entfernt wurde, bekam er vom Chefarzt (Privatpatient!) einen langen Gummistrumpf verordnet, der natürlich keine neuen Muskeln erzeugte. Der Hausarzt verschrieb ihm Massage und Gymnastik und sagte: „Dass Sie wieder so gut gehen können, haben Sie zur Hälfte Ihrer

unbändigen Energie zu verdanken." Der schuldige griechische Autofahrer konnte nicht belangt werden, weil Kindler seine Adresse gar
nicht aufgeschrieben hatte.

Aber nun wieder zurück zum Krankenhaus der ersten Kaplansstelle
an der Bergstraße. Als Hansjörg sich dem dortigen Chefarzt vorstell-
te, fragte der als erstes: „Waren Sie in einer Studentenverbindung?"
Da dies aus seiner vortheologischen Zeit nur der „Christophorus" war,
sank er gleich etwas in der Achtung des korporierten Mediziners. In
dieser Gemeinschaft durften nämlich auch Studentinnen sein, und
man trug selbstverständlich keine Farben und „Hochwasserstiefel".
Sehr gerne ging der neue Kaplan jede Woche einmal in die Klinik
und besuchte natürlich alle Kranken, gleich welcher Konfession. Es
gab immer gute Gespräche.
Wenn er mal seinen Chef auch auf der Mütterstation vertreten
durfte, konnte es passieren, dass er auf sein Klopfen an der Zimmertür ein fröhliches „Kommen Sie nur herein!" hörte und einer jungen
Frau gegenüberstand, die gerade ihre Milch abpumpte.
Man kann gegen eine spezielle Priesterkleidung sagen, was man
will, aber im Krankenhaus hatte die Priesterkleidung mit dem Römerkragen den Vorteil, dass Hansjörg nicht erst erklären musste, wer er
war.
Es war wieder vor Ostern, da kam er in einen Saal mit sechs Frauen,
von denen nur eine katholisch war. Diese hatte einen Oberschenkel-
halsbruch und hing im Streckverband. Hansjörg lud sie zur Kommuni-
onfeier am nächsten Tag ein. „Nein, nein, das brauche ich nicht! Aber
die Muttergottes wird mir schon wieder helfen." Hansjörg wollte nicht

wissen, was die fünf evangelischen Mitbewohnerinnen dachten.

Dass auch bei der feierlichsten religiösen Zeremonie Lächerliches passieren kann, haben wir schon bei den Taufen, Trauungen und Beerdigungen gesehen. So musste sich Kaplan Kindler einmal sehr beherrschen, als er einer alten Frau die Krankensalbung spendete und sie gleichzeitig laut rief: „I muss uffs Häfele, i muss uffs Häfele!"

In einem Männersaal fand er sofort Kontakt und Aufmerksamkeit, wenn da ein Skat gedroschen wurde, und der schwarze Mann in einer Pause ein paar verblüffende Kartentricks vorführte. Dann hörten auch alle zu, wenn er am Schluss ein frei geformtes Gebet und den Segen sprach, vor allem, wenn am nächsten Tag einer unters Messer musste.

Apropos Messer! Hansjörg bat darum, auch bei einer Operation dabei sein zu dürfen. Die Erlaubnis der betreffenden Patienten holte er natürlich ein. So stand er denn eines Tages in Gummischuhen, grünem Mantel und mit Mundschutz auf einem Schemel hinter dem OP - Team, sah, wie die alte Frau aufgeschnitten und ein Stück des total verkrebsten Gewebes entfernt wurde. „Nichts mehr zu machen", zuckte der Operateur mit den Schultern. Als aber bei einem Mann ein Abszess aufgeschnitten wurde und das Blut neben Hansjörg auf den Arzt und an die Wand spritzte, wurde ihm flau im Magen. Unter dem Grinsen der Assistenzärzte und Schwestern machte er sich leise davon.

Einmal wurde er zu einer Frau gerufen, die angeblich im Koma lag. Man hatte ihr Bett hinter einen Plastikvorhang im Treppenhaus geschoben - manchmal ist es auch das Badezimmer. Es soll ja möglichst niemand das Sterben mitbekommen. Hansjörg kannte die Kranke nicht, sie war nicht aus seiner Pfarrei. Sie war bewusstlos, und er konnte nur beten und ihr die Krankensalbung geben. Diese Gebete sind eigentlich als Bitte um Gesundung gedacht. Nur bei einem heißt es: „Herr, wenn es Dir gefällt, sie heimzuholen ..." Hansjörg fragte den Stationsarzt, wie lange die Frau noch zu leben habe. „Ein bis zwei Stunden höchstens", war die Antwort. Nach ein paar Tagen kam Hansjörg wieder auf diese Station und fragte die -evangelische - Schwester: „Wann ist denn die Frau gestorben?" „Da kommt sie; sie wird heute entlassen. Nachdem Sie bei ihr waren, schlug sie die Augen auf, aß, und nun ist sie wieder gesund". Hansjörg begrüßte sie, und auch andere Krankenseelsorger können von ähnlichen Erlebnissen berichten.

Es gab in jeder Gemeinde natürlich auch Hauskranke. In Hansjörgs eigener Pfarrei war eine achtzigjährige Krankenschwester, eine Nonne, die täglich vom Mutterhaus in der Stadt mit dem Fahrrad auf der viel befahrenen Bundesstraße zu ihren Krankenbesuchen fuhr. Hansjörg meinte, dass für Schwester Richildis jeden Morgen vom himmlischen Thron sechs Schutzengel abkommandiert würden: zwei auf der Lenkstange, zwei auf dem Gepäckträger und je einer links und rechts nebenher fliegend.

Sie begleitete einmal im Monat den Pfarrer zu den Kranken, die sie auf den Empfang der heiligen Kommunion vorbereitet hatte. Obwohl er die Hostie direkt vor das Gesicht des bettlägerigen Patienten hielt, wenn dieser sein dreimaliges „Herr, ich bin nicht würdig..," sprach, griff die Schwester jedesmal in die tiefe Tasche ihres Ordenskleides und holte ein Silberglöckchen hervor, mit dem sie dreimal klingeling machte. Im Kirchenraum, in dem nicht alle Blick auf den Priester am Altar haben, macht das Läuten mehr Sinn.

Da war eine schwerhörige, fast taube Frau, und Hansjörg musste sehr laut sprechen, fast brüllen, um ihr klar zu machen, wer er sei und warum er hier sei.

Bei der nächsten Kranken geschah es dann, dass ihm gesagt wurde: „Herr Pfarrer, Sie müssen nicht so laut sprechen. Ich höre noch gut. Ich hab es an den Füßen."

Einmal wollte Schwester Richildis einen schwerkranken Mann auf den Empfang der Sterbesakramente vorbereiten, der sich als zäher Brocken erwies. Sie hatte aber doch Erfolg. Er war in seinem Leben mehr in Wirtshäusern als in der Kirche gewesen. Seine Frau hatte auch manches zu leiden gehabt. Pfarrer Kindler ging beim Versehgang immer zu Fuß, die Pfarrei war ja überschaubar. Die Wegzehrung hatte er in einer goldenen Pyxis, in deren Deckel Herz und Kreuz aus Email eingelassen waren, das Zeichen der Kleinen Brüder Jesu von Charles de Foucauld. Zwölf kleine Bergkristalle symbolisierten die Jünger beim Abendmahl. Das kleine Kunstwerk , geschaffen von einem Würzburger Goldschmied, war ein Primizgeschenk . Auf dem Weg zu dem Kranken sagte Schwester Richildis plötzlich : „Beichten kann der nicht mehr. Dem seine Sünden sage ich Ihnen!"

Sie bekam noch das Bundesverdienstkreuz und starb hochbetagt in einem Altersheim für Nonnen. Hansjörg hat ihren Satz nie vergessen.

Von einer andern Ordensschwester in einer Klinik wurde berichtet, dass man sie auf der Männerstation nur „Robusta" nannte. Sie konnte sich Respekt verschaffen. Einmal hatte sie einen Patienten, der sterbenskrank war. Er war aus der Kirche ausgetreten und weigerte sich standhaft, einen Pfarrer zu rufen. „Ein Gespräch mit dem Krankenhausgeistlichen kann doch nicht schaden!" Die Antwort des Todeskandidaten: „Schwester, Sie sind mir lieb und wert, aber mit den Pfaffen will ich nichts zu tun haben." Die Schwester ahnte, dass dies seine letzte Nacht sein würde, holte ihr Strickzeug und setzte sich neben das Bett. „Ich kann doch klingeln, wenn ich was brauche, Schwester, Sie können ruhig gehen." Aber Schwester Robusta holte tief Luft und sagte: „Nein, ich bleibe. Jetzt möchte ich einmal erleben, wie einen der Teufel holt!" Der Schock wirkte. Der Pfarrer wurde gerufen, der Mann wurde wieder in die Kirche aufgenommen und starb im Frieden, versehen mit den heiligen Sterbesakramenten. Die Methode ist aber nicht unbedingt weiterzuempfehlen.

Einen seiner Kolpingsöhne hatte Hansjörg zu heftigem Protest veranlasst. Er hatte gepredigt, dass man doch bei Besuchen im Krankenhaus auch an die geplagten überlasteten Schwestern denken solle. Jeden Abend müssten sie die vielen Blumenvasen aus den Zimmern in den Flur schaffen. Ein heiteres Buch, ein Fläschchen Kölnisch Wasser, ein paar hübsche Taschentücher seien doch auch Mitbringsel, die erfreuten.

„Geschäftsschädigung" wurde Hansjörg vorgeworfen. Der Kolpingsohn war Friedhofsgärtner und hatte einen Blumenladen in Kliniknähe. Hansjörg sagte ihm, er solle sich beruhigen, denn er dürfe doch alle Fehler der Ärzte mit seinen Pflanzen zudecken.

Ja, Fehler! Einem höheren städtischen Beamten riet Hansjörg beim Besuch im Krankenhaus dringend, doch mit seinem kaputten Bein in die Uniklinik zu gehen. Das Bein war gebrochen, wuchs nach einer missglückten Operation falsch zusammen und musste noch einmal gebrochen werden. Der Chefarzt, der dafür verantwortlich war, war zwar ein Chirurg, aber kein Orthopäde. Doch der Beamte traute sich nicht, da er meinte, er würde später wieder diesem Chefarzt bei zahlreichen städtischen Empfängen begegnen, und der würde ihm sein „Fremdgehen" nie verzeihen. „Es ist Ihre Gesundheit", konnte ihm Hansjörg nur entgegnen.

Meine Damen und Herren Ärzte, manchmal wird auch von Halbgöttern etwas mehr Demut und Bescheidenheit verlangt. Keiner kann alles. Genies sind dünn gesät. Und es gibt Spezialisten.

In der Antike und auch noch im Mittelalter waren der Magier, der Priester und der Arzt in einer Person vereinigt. Heute sind sie schon lange getrennt. Oder doch nicht immer? Hansjörg kennt einen hochbegabten Arzt, der gleichzeitig ein großer Theologe ist. Den Doktor hat er auf beiden Gebieten. Er wollte Priester werden, aber auch Arzt bleiben. Von oben herunter sagte man ihm: „Entweder - oder!" Heute ist er Chefarzt in einer großen Klinik, schreibt aber auch theologische Bücher. Die Amtskirche hat ihn vor die Türe gesetzt -wahrscheinlich ein Kardinalfehler!

Mit Magier sind natürlich auf keinen Fall die unsäglichen Ratgeber des Astro - TV gemeint, umgeben von Engels- und Madonnenstatuen, die nicht nur die Karten in Beziehungsproblemen befragen, sondern auch Gesundheitsratschläge geben, die weitreichende negative Folgen haben können. Unsere seltsame Demokratie verhindert es ja, dass so etwas verboten und bestraft gehört. An anderer Stelle mehr davon.

Jeder wahre Heiler hat auch den Herrn, als großes Vorbild, den göttlichen Arzt des Leibes und der Seele. Wir werden in dieser Welt nie alle Krankheiten besiegen können. Aber die Zeichen, die Jesus gesetzt hat, weisen schon auf jene himmlische Stadt hin, in der wirklich die Lahmen springen, die Tauben hören, die Stummen reden und die Blinden sehen werden.

Ist es Fügung? Als diese Zeilen niedergeschrieben waren, kamen deutsche Ärzte mit einem Buch an die Öffentlichkeit und bekannten in ihm und vielen Medien zum ersten Mal begangene Kunstfehler. Nicht alle Kollegen waren begeistert. Bisher hackte keine Krähe der anderen ein Auge aus. Man schwieg und nahm das eben so hin. Aber manchen ließ sein Gewissen nicht in Ruhe.

Hansjörg ist auch der Überzeugung, dass Ärzte nicht genügend ausgebildet sind, um Patienten Schmerzen zu ersparen. Da müsste noch sehr viel mehr getan werden.

Die geplante Gesundheitsreform bereitet den Ärzten große Sorgen. Künftig sollen Hausärzte verschwinden, Patienten in Versorgungszentren von wechselnden Ärzten behandelt werden. Insbesondere warnen die Ärzte auch vor der Einführung der elektronischen Chipkarte für Patienten. Zum einen trauen sie der Datensicherheit nicht, zum andern vermuten sie auch dahinter Geschäftemacherei einiger Konzerne.

„Warum immer wir Ärzte?", beschwerte sich der Chefarzt des Krankenhauses bei Kaplan Kindler über das im Pfarrblatt veröffentlichte Gedicht. Hansjörg der Reimer antwortete ihm, dass es natürlich auch der Fabrikant oder der Rechtsanwalt sein könnte. Er hatte ja nicht „Dr. med." geschrieben:

HEILIGE ZEICHEN

Im Grundstein, ganz fest eingelassen,
von des Herrn Doktors neuem Haus,
ruht, echt, drauf kannst du dich verlassen,
ein Haar vom Heil'gen Bruder Klaus.

Ein Rosenkranz aus Ölbaumholze
hängt an Herrn Doktors dickem Safe.
Lourdeswasser stellt mit großem Stolze
Frau Doktor nebens Aftershave.

Die Hausbar schmückt, ´s ist kaum zu glauben,
ein Heiliger Sebastian.
Herr Doktor tat ihn nirgends rauben,
er schmierte nur nen Bauern an.

So hat die Villa ihren Segen.
Wenn Doktors nie zur Kirche gehn,
braucht man sich doch nicht aufzuregen,
die Frömmigkeit kann jeder seh'n!

 KURZE NACHLESE

Die alte Mutter des Tankstellenbesitzers wird versehen. Am nächsten Tag erzählt der Enkel Mathias stolz in der Schule: „Gestern war der Pfarrer bei uns und hat der Oma den letzten Ölwechsel gemacht."

Ein abgerissener Stadtstreicher wird schwer blessiert ins katholische Krankenhaus eingeliefert. „Haben Sie denn niemand, der sich um Sie kümmert?", fragt die mitleidige Pflegerin. „Ich habe nur eine Schwester, aber die ist auch arm, die ist Nonne." „Eine Nonne ist nicht arm", ruft die empörte Ordensfrau, „sie ist doch mit dem Herrn Jesus vermählt!" „In Ordnung", haucht der Schwerkranke, „dann legen Sie mich auf die Privatstation , und schicken Sie die Rechnung meinem Schwager!"

Das bekannte Gemeindemitglied kommt zum Arzt. „Herr Doktor, ich habe immer so furchtbare Kopfschmerzen." –Doktor: „Rauchen Sie?" - Gemeindechrist: „Aber nein!" Doktor: „Wie steht's mit dem Alkohol?" Gemeindechrist: „ Nur ab und zu in Gesellschaft notgedrungen ein Gläschen." Doktor: „Und was ist mit Sex?" Gemeindechrist: „Da tut sich gar nichts mehr, ich lebe absolut enthaltsam." - Doktor: „Diagnose eindeutig: Ihr Heiligenschein sitzt zu eng."

Bei der Visite in der Nervenklinik fährt der Patient den Arzt an: „Nennen Sie mich gefälligst ,Sire', ich bin Ludwig der Vierzehnte!" - „Wer hat Ihnen denn das gesagt?" - „Der Erzengel Gabriel." - Stimme aus dem Nachbarbett: „Ist gar nicht wahr, ich war es nicht!"

Petrus vermisst bei einem Neuankömmling den Totenschein. Darauf erklärt dieser lakonisch: „Ich bin ohne ärztliche Hilfe gestorben."

Ein Mann meldet sich an der Himmelstür. „Name?", fragt Petrus. „Dr. Friedhelm Mittelzwerch." „Beruf?" „Praktischer Arzt." - „Bitte zum Hintertor: Eingang für Lieferanten!"

276

UND FREITAGS WIRD GEDRUCKT

D_a gab es einmal zwei helle Köpfe in Aachen, die gemeinsam eine Idee hatten: einen Verlagskaufmann und einen Journalisten und Publizisten. Sie waren wie Hansjörg Kindler der Meinung, dass man nicht schon an der schlechten Qualität eines Schreibens erkennen sollte, dass es vom Pfarramt kommt. Sie beschlossen, in einem Hobbykeller monatlich einen Materialdienst zusammenzustellen mit Texten und Zeichnungen, die es einem katholischen Pfarrer erlauben sollten, sein Pfarrblatt etwas „aufzupeppen". Hansjörg entdeckte dieses „image - das Bild unserer Pfarrei". Später wurde ein großer Verlag daraus mit vielen weiteren auch ökumenischen Materialdiensten. Pfarrer Kindler war begeistert. Nur störte es ihn, dass die Blätter, die man abonnieren konnte, zweiseitig bedruckt waren. Nicht jeder hatte einen Kopierer zur Verfügung, Copyshops gab's noch nicht. Deshalb schlug er vor, den Materialdienst einseitig zu bedrucken, damit nicht beim Schnippeln etwas auf der Rückseite zerstört wurde, was auch noch zu verwenden wäre.

Die Herausgeber baten Hansjörg, ihnen seine Pfarrbriefe zu schicken, um zu sehen, wie ihre graphische Hilfe in der Praxis ankam. Bald wurden Seiten von seinem wöchentlich erscheinenden „Im Blickpunkt" als Anregung für andere in „image" abgedruckt. Eines Tages bekam er einen Preis als bestes unter 3000 Pfarrblättern.

Heute stehen ja in den meisten Pfarrbüros Computer, die graphischen Möglichkeiten sind unendlich groß geworden. Doch die

Materialdienste sind trotzdem unentbehrlich. Den beiden Gründern des „image – Verlages" ist es erfolgreich gelungen, den Familienbetrieb in ein mittelständisches Unternehmen zu überführen und einen konfessionellen Verlag in einer Zeit zu etablieren, in der die konfessionelle publizistische Tätigkeit immer schwerer und anspruchsvoller wurde.

Dieser Artikel erschien in „image":

Die Pfarrdruckerei Sankt Martin
Er führt einen Künstlernamen, weil er zur Gilde der Zauberer gehört.
Doch der Pfarrer beherrscht nicht nur den Trick, weiße Hasen aus leeren Zylinderhüten zu ziehen. Er zeigt ebenso große Fertigkeit bei Zauberkunststücken mit der Druckerschwärze. Wir stellten schon einige Seiten aus seinem Pfarrbrief „Im Blickpunkt" vor und prämierten das Blatt wegen seiner bemerkenswerten technischen Perfektion. Gleichzeitig baten wir den Pfarrer, den Abonnenten von „image" in einem Erfahrungsbericht zu verraten, wie seine Pfarrdruckerei arbeitet. Dem folgenden Beitrag stellt er die Hoffnung voran, „dass einige Anregungen von anderen Pfarreien aufgegriffen werden und für sie nützlich sein können" Wir teilen diese Erwartung.

„Zunächst einmal muss ich die Leser enttäuschen. Es existiert kein gut funktionierendes Redaktionsteam, bei dem der Pfarrer nicht nötig ist. Bei uns macht es der Pfarrer allein mit der Haushälterin. Ich halte aber trotzdem die Anregung von „image" für sehr wichtig, auf solche Teamarbeit hinzuzielen, vor allem in größeren Pfarreien und dort, wo der Pfarrer für die Gestaltung eines Pfarrblatts (graphisch, technisch usw.) einfach keine Begabung mitbringt. Warum es bei uns anders ist? Einmal, weil dem Pfarrer die Druckerei Spaß macht. Zweitens, weil er vom Generalvikar einen inoffiziellen Auftrag hat, in Sachen Technik im Pfarrbüro - Modernisierung, Organisation und kirchliche Werbung - ein wenig zu experimentieren, um Mitbrüder beraten zu können. Drittens, weil oft noch kurzfristig aktuelle Dinge anfallen, die vielleicht eine „Nachtschicht" erfordern, um für den Sonntag noch etwas ins Pfarrblatt zu bringen oder ein Flugblatt herzustellen. Ein Team von freiwilligen Mitarbeitern aus der Pfarrei wäre hier zu schwerfällig, um rasch reagieren zu können.

Wie fing es an? Als Kaplan habe ich mich geärgert, dass der Chef am Dienstagmorgen das Pfarrblatt fertig haben musste, damit es am Freitagabend von der Druckerei geliefert werden konnte. Außerdem stiegen dauernd die Druckkosten. Da überzeugte ich den Pfarrer, dass sich ein guter Vervielfältiger und ein Elektronen - Brenngerät für insgesamt 10000.- DM bald amortisieren würden. Es wurde nicht nur das Pfarrblatt abgezogen, sondern wir stellten ebenfalls viele andere Drucksachen selbst her. Außerdem erhöhten sich mit Hilfe von Flugblättern die Besucherzahlen bei kirchlichen Veranstaltungen sprunghaft und ebenso die Kollektenergebnisse. Darum war die Kalkulation richtig.

Als ich Pfarrer wurde, gab ich ebenfalls bald ein eigenes Pfarrblatt heraus; in meiner Gemeinde war bisher noch gar nichts da. Ich begann mit einem Vervielfältiger und brannte die Schablonen bei einem Mitbruder in der Nachbarschaft. Da ich höhere Ansprüche stellte, war ich nicht mehr zufrieden mit der Wiedergabe von Fotos, dunklen Flächen u.a. Die Blätter klebten an der Walze, der Zwischenleger (Fließblätter, mit denen das Druckpapier durchschossen wird) sagte mir auch nicht zu, und so entschloss ich mich, eine Kleinoffsetmaschine mit Plattenmacher anzuschaffen - und jetzt haute es hin.

Freitag ist Drucktag im Pfarrhaus Sankt Martin. Im gut beleuchteten Druckereiraum steht ein kleiner Schreibtisch aus Stapelordnern, Plastikkästen mit Schubfächern, in denen Material für die Vorlagen aufbewahrt wird. Jede Zeitung wird mit der Schere gelesen, und dann werden die Ausschnitte geordnet aufbewahrt nach den Stichworten „Liturgie und Kirchenjahr", „allgemeine Illustrationen", „Überschriften", „Pfarrkino", „Erwachsenenbildung", „Altennachmittage", „Jugend" usw. Eine gute Hilfe ist eine Platte mit Klemmleiste und Winkel, die es ermöglicht, Schriften und anderes gerade auf das Blatt zu kleben. Manche Schriften werden selbst geschrieben oder mit Reibebuchstaben „gesetzt", dunkle Flächen werden mit Kleberaster aufgerastert. Selbstverständlich steht ein großes Regal da mit Vorräten an weißem und farbigem Papier, ein Trockenkopiergerät mit Papierspender, eine gute Schneidemaschine, ein automatischer Papierrüttler und ein automatischer Heftklammernapparat.

Die Hauptsache ist die Druckmaschine mit dem Plattenmacher. Meine Haushälterin Verena G., die technisch sehr begabt ist, (kochen kann sie aber auch!), ließ sich ein paar Tage bei einer Firma in Hamburg ausbilden. Sie fertigt mit viel Fingerspitzengefühl die Leichtmetallplatten von den Vorlagen an. Papierplatten verwenden wir selten wegen der schlechteren Qualität. Am Fenster hängt eine Perlon-Wäscheleine mit Plastikklammern, an denen zunächst einmal alle Offsetplatten zum Trocknen aufgehängt werden. Dann wird gedruckt, was nun alles gebraucht wird: Pfarrblätter, Flugblätter, Arbeitsblätter für die Schule usw. Für manchen Pfarrer drucken wir den Kopf seines Pfarrblatts. Dafür hat sich besonders weiße Abzugspost 80 g bewährt. Sie läuft auf der Offsetmaschine so gut wie im Vervielfältiger.

Sonderblätter für Adveniat, Mission u.a. drucken wir ebenfalls für andere Pfarreien mit. Wird ein gutes Foto mit Text gedruckt, geschieht dies in zwei Arbeitsgängen bzw. mit zwei Platten.

Wird ein Sonderblatt an das Pfarrblatt angeheftet, von uns gedruckt oder von irgendwelchen Stellen geliefert (Welt-Lepratag, Misereor u.a.), kommen am Samstagnachmittag zwei junge Mädchen, die mit Freuden helfen. Bei Flugblättern ist die untere Hälfte der DIN A 4-Seite für zwei Annoncen reserviert, und damit sind auch die Kosten gedeckt. Die Annoncen stellen wir ebenfalls selbst zusammen. Manche Geschäftsleute sind so begeistert, dass sie für ein oder zwei Jahre monatlich eine Anzeige im Voraus bezahlen. Die Pfarrangehörigen geben 10 Pfennige für das Pfarrblatt, das am Samstagabend aufliegt und von Ministranten in die Familien gebracht wird. Es wird auch an die Presse und alle Pfarreien der Stadt, auch der anderen Konfessionen versandt. Dafür hatten wir eine Adressier- und Frankiermaschine angeschafft."

Heute haben viele Pfarreien ihre eigene Homepage, und man kann sich dort über Gottesdienstzeiten, Veranstaltungen usw. informieren. Aber so, wie es immer noch genügend Menschen gibt, die gerne ein Buch in die Hand nehmen, anstatt den Text auf dem Bildschirm zu lesen, so ist auch ein gut gestaltetes Pfarrblatt nicht überflüssig geworden. Wenn Pfarrer Kindlers „Im Blickpunkt" in den Familien ankam, (und das geschah die ganzen Jahre hindurch jede Woche), blieb die Hausarbeit erst einmal liegen. Von der Witzseite hinten bis zur Betrachtung über das Sonntagsevangelium vorne wurde alles durchgelesen; die Illustrationen und Fotos wurden meist schmunzelnd betrachtet. Manche Familien besorgten sich zwei Exemplare, damit es keinen Streit darüber gab, wer zuerst lesen durfte. Bald gab es auch eine Kinderseite, welche die Buben und Mädchen mit ihren Beiträgen mitgestalteten.

Die Technik ist auch in der Kirche nicht aufzuhalten. Aber Hansjörg Kindler glaubt, dass er doch ein wenig Pionierarbeit geleistet hat. Er hofft, dass trotz Laptop und Superhandy das Herz nicht zu kurz kommt.

Da Hansjörg in seiner Pfarrei ein ungeordnetes Archiv vorfand, beauftragte er einen Fachmann, das, was sich in hundert Jahren angesammelt hatte, in Reih und Glied zu bringen. Als der Heimatforscher für seine Arbeit ein Gastzimmer im Pfarrhaus bezog, brachte er am ersten Tag ein Buch mit, das er auf dem Speicher des städtischen Münsters gefunden hatte; es gehört aber der Pfarrei Sankt Martin. Die früheren Pfarrer hatten auf Pergament notiert, was ihnen wichtig erschien. Dieses Jahrzeitbuch wurde schon im 15. Jahrhundert angelegt und enthält in sehr schöner Schrift viele für die Kirchen- und Ortsgeschichte interessante Einträge bis ins 19. Jahrhundert.

Ein paar Rosinen sollen hier herausgepickt werden:

1706, Mai 12: Sonnenfinsternis
Eodem die Rogationum Anno 1706 war ein solche finsternus an der sonnen, das die selbe völlig bedeckt, also zwar, das man die Sternen an dem himmel gugen und ein liecht vonnöthen gehabt

hette zu lesen, als man in dem zu ruehker war von der procession; hoc ad perpetuam rei memoriam, so bei keines menschen gedenken noch geschehen ist.

Ende des 15. Jahrhunderts: Einladung des Sigristen zu Hochzeiten
Auch ist man eins worden, das man sol den kuester und siegrist, wo man vermüglich, bei einer hochzeit gast zu halten.

1823, Mai 22. Großbrand in einer Filialgemeinde
Den 22. Mai nachmittags 2 Uhr schlug der Blitz ein, entzündete 6 Häuser, worin 11 Familien mit 75 Seelen wohnten. Durch tätige Beihilfe aller Fremden wurde das übrige Dorf gerettet. Alle Habschaft wurde ein Raub der Flammen, worunter 2 Stück Vieh, 7 Schweine, zwei Geissen. Nur die Wirthin wurde beschädigt. Der Blitz fuhr beim Bette einer kranken Frau absich, sie stunde auf und eilte noch fort.

Da hatte der Staat doch einige kirchliche Feiertage glücklich abgeschafft, aber das christliche Volk hielt sich nicht daran, sondern feierte weiter. Und die Pfarrer unterstützten das noch, verlängerten den Gottesdienst, setzten Andachten an usw. Dagegen musste natürlich eingeschritten werden. Auch der Pfarrer von Sankt Martin erhielt 1781 diesen Schrieb:

An hiesig Bischöfliches Ordinariat hat eine Hochansehnlich Kais. Königl. Erblandesfürstl. Regierung und Kammer eine dahin geschehene Anzeige des Lauts vernachrichtet: die Geistlichkeit trage nicht wenig bey, daß an den abgesetzten Feyertägen nichts gearbeitet, sondern vielmehr dem Müßiggang nachgehangen, und so alsdann vielfältig geschwelget werde: da jene Geistlichkeit zwar den Gottesdienst, wie an Werktagen, doch mit auf diese Tage geflissener Uebersetzung besonderer willkürlicher Andachten und Jahrstägen halte, auch dem Volk beyzubringen trachte, daß man es eben nicht zwingen könne, selbe Tage zu arbeiten; wodurch junge Leute, Dienstboten und Handwerkspursche samt denen Hausvättern und Hausmüttern selbst zum kommlichen freyen Veranlaß: Vernünftige aber durch das Schimpfen der andern dazu gezwungen würden. Deßwegen das Bischöfliche Ordinariat von belobter Hochansehnlich Kaiserl. Königl. Regierung angelegnest ersucht worden ist, den gesamten Clerum Saecularem, und Regularem in den Oesterreichischen Vorlanden dahin anzuweisen, daß selber durch Verlängerung des Gottesdienst an abgestellten Feyertägen das Volk in seinem Irrwahn nicht unterstützen, sondern vielmehr durch eigenes Beyspiel zu Erreichung der Allerhöchsten Absicht mitwirken, und dem gemeinen Mann in den Predigten, und Christenlehren über den Gegenstand gelegenheitlich das Jahr hindurch mehrmal gründlichen Unterricht geben solle.

Da nun sothanes Ansuchen denen nach der Allerhöchsten Willensmeinung Sr. Päbstlichen Heiligkeit, und ergangenen Bischöflichen Verordnungen durchaus angemessen ist; so wird hiemit Eingangs gemelter Clerus zur hinkünftigen genauen Befolgung ernstlich angewiesen.

Hochfürstlich Bischöfliche General-Vikariat Amtskanzley

Die Pfarrei Sankt Martin gehörte damals zu Vorderösterreich.

Ein Erlaß des Erzbischofs während des Österreichisch-italienischen Krieges 1859, der auch dem damaligen Vorgänger Hansjörg Kindlers zugestellt wurde:

Es ist der Wunsch Ihrer Königlichen Hoheit der durchlauchtigsten Frau Großherzogin, daß sich durch das ganze Land Vereine von Frauen bilden, welche sich bei der mannigfachen schon jetzt über das Land gebrachten Noth das Helfen, und im Hinblick auf eine schwere Zukunft die Vorbereitung auf Hülfe zur Aufgabe machen. Diesem wahrhaft landesmütterlichen edeln Wunsche werden die christlichen Frauen von allen Seiten um so freudiger entgegenkommen, als sich im Lande bereits Frauenvereine zur Unterstützung der österreichischen Krieger gebildet haben und es billig ist, daß über der Theilnahme und Sorge für das Gesamtvaterland das zunächstliegende engere Vaterland nicht vergessen werde...

Vom 8. Dezember 1895 fand sich die Rechnung eines Gärtnermeisters im Pfarrarchiv für „Abführen des Unkrautes auf dem Gottesackerweg, Herstellung desselben sowie für Aufführen von Kies auf denselbigen". Die Summe betrug vier Mark und 50 Pfennige. Der Pfarrer bezahlte sie aus der „Gottesackerkasse".

Das waren noch Zeiten!

Nachdem es 1902 in einer Filialgemeinde mit einem Hauptlehrer anscheinend ernste Auseinandersetzungen gegeben hatte, in die sich auch das Großherzogliche Bezirksamt einschaltete, ließ sich der Lehrer versetzen. Dies ist das Bewerbungsschreiben um die freigewordene Stelle :

Geehrter Herr Bürgermeister!

Als ich die Schulstelle bei ihnen ausgeschrieben sah, freute ich mich sehr, denn es war schon lange mein Wunsch wieder dorthin zu kommen, wo ich vor 4 Jahren so gerne gewesen bin. Ich habe sofort darum eingegeben , werde jedoch auf der Bewerberliste noch etwas zurückstehen. Ich weiß, sie sind dort oben auf dem schönen Schwarzwald ein recht friedliebendes Völkchen und auch durch mein Dortsein kam ja wieder Friede zu Euch. Auch ich liebe ja den Frieden u. bin gerne bei braven guten Leuten, wie ich sie dort gefunden habe und darum möchte ich wieder hinziehen zu Euch. Wenn Sie nun Herr Bürgermeister mit dem Gemeinderat sich beim Oberschulrat um mich bewerben würde, könnte ich die Stelle bekommen, denn ich habe jetzt bald 7 Dienstjahre und begründen Sie warum Sie mich gerne dort hätten und dann geht es schon. Schildern Sie mich auch dem Herrn Pfarrer und er dürfe sich auch herzhaft beim hiesigen Pfarramt über mich erkundigen. Ich bin zwar noch ledig, aber die Wirtin muss mir halt wieder kochen, bis ich eine Frau habe, lange dauern wirds ja nicht.

Wenn Sie also so gut sein wollten und sich um mich verwenden, so daß ich bald mit Freude wieder bei Euch einziehen könnte wäre ich Ihnen sehr dankbar. Sind Sie so gut u. schreiben mir gleich, der wie vielte ich auf der Liste bin. Sie und alle Dorfbewohner recht herzlich grüßend verbleibe ich

Ihr ergebenster M.K., Lehrer

Das sind zwei Briefe des Erzbischöflichen Ordinariats an den damaligen Pfarrer von Sankt Martin. Der erste stammt vom 31. Mai 1929, der zweite vom 11.Juni 1929. Wie schön wäre es, wenn auch heute ein Auto schon einen Kaplan ersetzen könnte:

Die Kirchensteuervertretung hat in der diesjährigen Sitzung den Beschluß gefaßt, daß Unterstützungen für die Autohaltung durch Geistliche nur in dem Falle gegeben werden dürfen, daß durch die Benützung des Autos durch den Pfarrer ein Vikar eingespart wird. Da dies für Ihre Pfarrei nicht zutrifft, können wir Ihrem Antrage nicht entsprechen. Wir bemerken, daß Sie der Verpflichtung, nachträglich für die Beschaffung des Autos bei uns einzuholen, nicht nachgekommen sind.

Der Generalvikar

Wir erteilen nachträglich die Erlaubnis zur Anschaffung Ihres Autos und erwarten von Ihnen, daß Sie dasselbe nicht zu Vergnügungsreisen und Ausflügen, sondern nur für dienstliche Zwecke verwenden werden.

Der Generalvikar

Ausschnitt aus einem Brief des Bürgermeisters einer Filialgemeinde vom Oktober 1949, als die Ortskapelle renoviert wurde.

„Besonderer Dank gebührt den Jungfrauen, welche das Abwaschen der alten Farben an Holzwerk und Wänden vorgenommen haben. Ebenso haben die Jungfrauen nach beendeter Arbeit das Aufwaschen und Reinigen der ganzen Kirche besorgt.
Möge diese edle Opfergesinnung der Nachwelt als Vorbild dienen und mögen unsere Nachkommen mit demselben Eifer bestrebt sein, für ihr Gotteshaus Opfer zu bringen wie die Männer und Jungfrauen unseres Dorfes heute."

Hiermit schließen wir das Pfarrarchiv und bitten den geneigten Leser, manche „Rosinen" statt der Witze zu akzeptieren.

Trixini in seinem Puppentheater

Als Straßenzauberer auf der Insel Kreta

SEID IHR ALLE DA?

Eine der größten Freuden in Hansjörgs Jugendzeit war es, mit Schwester Christine im alten kleinen Flohkino „Union" einen Märchenfilm zu besuchen. Aber das Wichtigste dabei war das Vorprogramm: ein Film mit dem Hohnsteiner Kasper. Mit Soldaten spielte er nie, auch dem Fußballspiel konnte er nichts abgewinnen; er hatte auch keine Burg und keine Eisenbahn, dafür las er viel und hatte einen Zauberkasten und Handpuppen. Mit denen durfte er zusammen mit einem Klassenkameraden manchmal hinter der hochgeklappten Schultafel spielen. Sein Traum war: das mache ich einmal, wenn ich erwachsen bin.

Der Krieg zerschlug zunächst diese Träume; die Puppen und die Zauberutensilien gingen verloren. Als der Krieg zu Ende war, der Vater aus der Gefangenschaft zurückkehrte und sein Modegeschäft wieder eröffnete, durfte der Sohn einmal mit zur Frankfurter Mode - Messe. Dort kam er von einem Stand nicht mehr weg. „Papa, Handpuppen! Richtige!" Es waren aus Lindenholz handgeschnitzte Figuren des Bad Cannstatter Künstlers Fritz Herbert Bross. Aber der Vater deutete auf die Preise, sagte Nein und zog den widerstrebenden Sohn mit sich fort. Heimlich aber hatte er sich die Adresse des Holzbildhauers mitgenommen. Und dann lagen die ersten Puppen unter dem Christbaum. Welche Freude! Zum Geburtstag und anderen Festen kamen weitere dazu, manche auch nach Hansjörgs eigenen Entwürfen, da er ganz dringend noch einen bösen Hofmarschall oder einen Chinesen brauchte. So wuchs das Ensemble. Aber jetzt musste auch einmal öffentlich gespielt werden. Es war wieder Advent geworden. An einem Nachmittag verfasste Hansjörg sein Stück „Kasper kauft ein" in Reimen, was eigentlich nicht dem Handpuppenspiel entspricht. Denn die Handpuppe muss spontan agieren, sie ist keine Puppe, sondern der verkleidete Arm des Spielers, also ein Stück von ihm selbst. Er muss Schauspieler sein, ist der Kasper, die Prinzessin, die Hexe und der Hund.

Der Vater hatte die Rückwand seines Schaufensters als Guckkastenbühne gestaltet. Autoverkehr gab es fast noch keinen. So konnten zehn Tage vor Weihnachten jeden Abend drei Vorstellungen à zwanzig Minuten gegeben werden - mit Lautsprecherübertragung auf die Straße. Schon Stunden vorher standen die Kinder dick vermummt (es war ja Schwarzwälder Winter) vor dem Geschäft, obwohl das Kaspertheater erst um 19.00 Uhr anfing.

Am zweiten Tag musste der Vater eine dicke Eisenstange vor dem Fenster anbringen lassen, sonst wäre die Scheibe eingedrückt worden. Die Mutter holte immer wieder eine Gruppe Kinder, die auch eine Brotzeit dabei hatten, zum Aufwärmen in den Laden herein. Schwester Christine und ein paar Freunde waren die Mitspieler, es gab auch Musik, und die Menschen standen bis auf die andere Straßenseite. Mütter protestierten, da die Kinder nicht mehr beim Abendessen zu halten waren. Die Presse berichtete. Ein alter Mann stand jeden Abend bei allen drei Vorführungen da und sagte: „So ebbes Schäns han i mi Läbe lang no nit gsäh" – (So etwas Schönes habe ich mein Leben lang noch nicht gesehen!)

Trotz der Reimerei war die Geschichte vom Räuber Kilian, der Gretls Weihnachtseinkäufe stiehlt und von Kaspers Hund erwischt wird, ein voller Erfolg. Und vor allem der Puppentanz am Schluss wurde immer laut beklatscht. Die Polizei sperrte die Hauptstraße ab, damit den Zuschauern nichts passierte.

Hansjörg hatte jetzt wieder richtig Feuer gefangen, und als er kurze Zeit darauf ins Internat kam, wohin ihm Christine bald folgte, mussten die Puppen natürlich mit. Hansjörg war der erste Schüler, der eine „Innung" leiten durfte. So hießen dort die handwerklichen und künstlerischen Arbeitsgemeinschaften. Es war selbstverständlich eine Puppenspielerinnung, und die Teilnehmer bastelten nicht nur eigene Kasperfiguren aus Pappmaché, sondern führten auch Stücke auf. Während einer Skifreizeit zeigten sie sogar in einer Allgäuer Hütte ein Stegreifpuppenspiel mit Kochlöffeln, Haarbürsten und Hausschuhen.

Schwester Christine hatte bei einem Aufsatzwettbewerb der Deutschen Bundesbahn 200 km Freifahrt im D - Zug gewonnen. Der Bruder überredete sie, in den Ferien einen Kurs für Handpuppenspiel bei der bekannten Hohnsteiner Bühne in Haus Altenberg bei Köln zu besuchen. Sie fuhr hin und kam begeistert zurück, sagte aber: „Hansjörg, wir haben bisher alles falsch gemacht!" Das war hart, und darum fuhr der Bruder selbst zum nächsten Kurs. Danach sollte der Kontakt mit dieser Bühne nicht mehr abreißen. Sie kam zu Gastspielen in die Schule und auch in Hansjörgs Heimatstadt. Jetzt wurde sein Wunsch übermächtig: „Nach dem Abitur werde ich Puppenspieler!" Der Vater war entsetzt. „Zuerst eine berühmte Schule, und dann auf den Jahrmarkt zum fahrenden Volk!"

Als künstlerische Arbeit, die für die Prüfung verlangt wurde, verfasste Hansjörg einen „Wegweiser zum Handpuppenspiel", der in der Miniaturbücherei in Hildesheim erschien. Ein bekannter Fotograf am Bodensee, der Schulkamerad des Vaters gewesen war, lieferte dazu ein paar Bilder von Hansjörgs Puppen. „Bezahlen Sie, wenn's gedruckt wird!"

Der Vater erlebte einige Aufführungen des Hohnsteiner Kaspers. Dieser spielte ja nicht nur für Kinder, sondern auch anspruchsvolle Stücke für Erwachsene- wie den Faust, den Eulenspiegel oder eine Hollywood – Persiflage. Kasper wurde auch als künstlerischer Botschafter von der Bundesregierung z.B. nach Schweden geschickt, um dort in den Schulen im Rahmen des Deutschunterrichts zu spielen. Nun stimmte der Vater zu. Hansjörg wollte ja auch nach einem Praktikum bei der Bühne in Hamburg zunächst einmal Germanistik und Theaterwissenschaft studieren, da das Puppenspiel in Deutschland noch nicht den selben Stellenwert hatte wie in den Ostblockländern, wo es gleichberechtigt neben dem großen Theater existierte.

Es waren wundervolle und glückliche Monate für Hansjörg in der Hansestadt, in denen er ins „Himmelreich" geführt wurde, wie man das Puppentheater im Mittelalter nannte. Das wurde nur möglich, weil ein anderer Spieler wegen Krankheit für immer ausfiel.

Friedrich Arndt, der Bühnenleiter, wurde Hansjörgs großes Vorbild und sein Freund. Auch Max Jacob, den Gründer der Hohnsteiner, dessen Stimme ihm von den Kasperfilmen her vertraut war, durfte er persönlich kennenlernen.

Die Bühne reiste durch die ganze Bundesrepublik, gab auch acht-tägige Kurse an Heimvolkshochschulen und drehte Puppenfilme in einem Hamburger Kriegsbunker.

Abends wurde immer viel erzählt und gelacht, wenn man bei einem Lehrgang zusammensaß.

Hansjörg war der einzige Katholik unter den Spielern, und der Chef gab ihm immer die Gelegenheit, am Sonntag eine Messe zu besu-chen. Später erzählte er: „Der hat ja vorher keine Puppe angerührt."

Tief betroffen war Hansjörg, als man feststellte, dass er einen krum-men Zeigefinger hatte. Denn der gehörte in den Kopf der Puppe. Aber er hat es trotzdem geschafft, sie richtig zu führen. Die Kollegen wollten Hansjörg immer einen Platz freihalten, damit er in den Se-mesterferien mitspielen konnte. Später sollte er vielleicht selbst eine Bühne übernehmen.

Doch dann kam alles ganz anders. Hansjörg wollte den Menschen noch mehr geben als gelöstes Lachen durch Vermittlung der Holz-köpfe, und er wurde Priester. Friedrich Arndt akzeptierte diesen Ent-schluss, wenn auch nicht leichten Herzens. Später wurde Hansjörg doch noch eine Zeitlang Arndts Nachfolger als Puppenspielfachbera-ter beim NDR, wo er die Schauspieler für die „Sesamstraße" mit aus-bildete. Der Bühnenleiter und Autor der Hohnsteiner war da schon vom Krebs gezeichnet.

Mit dem Vater überwarf sich Hansjörg,wie schon erwähnt wurde, denn der war mit dem Theologiestudium gar nicht einverstanden und verweigerte dem Sohn jede finanzielle Unterstützung, wollte ihn auch nicht mehr zu Hause sehen. So verdiente er sich sein Studiengeld als Trixini mit Zaubern und Puppenspiel. Doch bis zur Priesterweihe versöhnten sich Vater und Sohn wieder. Zur Primiz, zur ersten feier-lichen Messe des Neupriesters, kam Friedrich Arndt mit der ganzen Bühne, und es wird wohl nicht noch einmal ein religiöses Fest ge-geben haben, an dem für die zweihundert Gäste ein eigens dafür verfasstes heiteres Puppenspiel aufgeführt wurde. Der neugebacke-ne „Pfarrer" bekam den von Frau Arndt liebevoll gefertigten weißen Struppihund, und in den ganzen Jahren des priesterlichen Wirkens blieben die beiden Steckenpferde, heute sagt man Hobbys dazu, Pup-penspiel und Zauberkunst lebendig. Ein großherziger Erzbischof ließ ihn weiterspielen, „denn", so meinte er, „in den Stunden, in denen die Menschen vor Ihrer Bühne sitzen, tun sie nichts Böses!" Viel Freude konnte er die ganzen Jahre über Kindern und Erwachsenen bringen, wenn er auch als Priester in die Puppenrollen hineinschlüpfte und seine Pfarrkinder in eine Märchenwelt entführte. Auch Haushälterin Verena machte einen Kurs bei den Hohnsteinern mit und konnte ihm auch auf diesem Gebiet helfen.

Während des Studiums hatte er einmal im Priesterseminar Bamberg einen Kurs für Hand- und Stegreifpuppenspiel gegeben. Ein Mitbruder, der früher Schneider gewesen war und darum Puppenkleider nähen konnte, half ihm dabei.

Danach gingen die Diakone jeden Sonntag aufs Land, gestalteten den Gottesdienst in einer Gemeinde, ließen nachmittags die Puppen tanzen und gewannen so die Herzen der Kinder und der Eltern .

Missionare verwenden Handpuppen, Schattenfiguren und Marionetten auch für die Verkündigung des Evangeliums. Marionette heißt ja „Kleine Maria", und der Name kommt von den Mysterienspielen früherer Zeit.

Ein Bischof hat das leider nicht begriffen. Als ein junger Puppenspieler, der ein erfolgreiches Theater im Rheinland betrieb, sich entschloss, noch Theologie zu studieren, sagte ihm die Exzellenz: „Wenn Sie Priester werden wollen, müssen Sie aber endgültig Abschied von Ihren Puppen nehmen!"

Drei Jahre hat der junge Mann das Mobbing im Seminar ausgehalten und Hansjörg sein Herz ausgeschüttet. Aber diese Forderung konnte er nicht verstehen. Er verließ das Seminar, und jetzt führt er ein größeres Theater und gibt erfolgreiche Gastspiele in ganz Deutschland, auch bei religiösen Veranstaltungen, wozu ihn verständnisvollere Geistliche einladen.

Dass Hansjörg später auch den Weg wieder zurückgegangen ist zum künstlerischen Beruf, hatte andere Gründe und ergäbe ein eigenes Buch .

Sein Primizprediger Professor Dr. A. schrieb ihm, als er ihm den abermaligen Berufswechsel mitteilte: „Ich bin sicher, dass Sie in jedem Beruf ein Mittler kultivierter Menschlichkeit sind und dass es sich dabei immer -ob impliziert oder expliziert- um christlich verstandene Menschlichkeit handelt."

Einmal schrieb Hansjörg Kindler einen Artikel für eine Tageszeitung und verteilte ihn auch bei den Besuchern seiner Puppenspiele. Hier die Hauptsätze daraus:

NEHMT DEN KINDERN DEN KASPER NICHT!

Der Hohnsteiner Stil, den auch Trixini pflegt, verbannte Gewalt aus dem Handpuppenspiel.

Es gibt immer noch Leute, die das Kasper - Theater als pädagogisch vollkommen untauglich ablehnen. Als ob es nur das Jahrmarktstheater gäbe, in dem Kasper seine Feinde mit Prügel und Bratpfanne reihenweise umlegt.

Heute ist Kasper ein fröhlicher Bursche, der mit Humor und Mutterwitz über seine Widersacher siegt.

Was der Kasper sagt, ist für die Kinder unbedingt wahr, auch wenn es in Wirklichkeit schlecht ist oder die Vorurteile der Erwachsenenwelt wiedergibt.

Darum hat der Puppenspieler eine große Verantwortung. Wenn dem Kasperspiel vorgeworfen wird, dass es eine heile Welt vorgaukle, sollte man bedenken, dass Kinder beides brauchen: die Hinführung zur Welt wie sie ist und das Schöne, Gute und einen Freund, in dem sie sich wiederfinden.

Nicht nur einmal durfte Hansjörg Kindler von begeisterten Eltern hören: „Das war das Beste, was wir seit langem mit unsern Kindern erlebt haben" Ganz besonders freute er sich, wenn eine Kindergärtnerin oder ein Lehrer fragten : „Wie viele Spieler waren hinter de Bühne?" Sie wollten nicht glauben, dass er allein alle Figuren gesprochen und geführt hatte. Das war eben Hohnsteiner Schule!

DAS GROSSE PUPPENSPIEL

Das Leben ist ein Puppenspiel,
die ganze Welt die Kiste;
der Kasper und das Krokodil
steh'n auf der Spielerliste.

Die Guten und die Bösen sind
auf Tuchfühlung beisammen;
das Teufelchen, das Sternenkind,
vom gleichen Schnitzer stammen.

Und was der Große Spieler plant,
das können wir nicht ahnen.
Auch wenn uns manchmal etwas schwant
auf unsern Lebensbahnen.

Doch hängen wir am Faden nicht
wie eine Marionette.
Der Held und auch der Bösewicht
sind frei von jeder Kette.

Nur das Gewissen zeigt den Weg
in unserm Miteinander.
Das ist des Menschen Privileg:
sein Weg ist ein Mäander.

In Schlangenlinien geht er halt,
im Licht und mal im Schatten.
Bald ist es heiß, dann ist es kalt,
gilt Hungrigen und Satten.

So spielen wir das große Spiel
und geben keine Ruhe.
Doch wenn's dem Meister wird zu viel,
schließt er die Puppentruhe.

Die Batik, die auf Trixinis Wunsch von der inzwischen verstorbenen Künstlerin Tony Bachem-Heinen angefertigt wurde, zeigt Sankt Johannes Bosco, den Patron der Artisten und Zauberkünstler inmitten von Gassenkindern in Turin. Das Kunstwerk wurde auch auf einem Magierkongress vorgestellt und ging als Grusskarte in die ganze Welt. Heute hängt es in der Don Bosco Schule in Marktoberdorf.

SCHWARZE UND WEISSE MAGIE

Wie wir gesehen haben, konnte Hansjörg Kindler mit Hilfe seines zweiten Hobbys, der Zauberkunst, sein gesamtes Studium finanzieren. Während seiner Jahre als Kaplan und Pfarrer durfte er damit viele Menschen erfreuen, Kinder, Jugendliche und Erwachsene. Auch konnte er manches für die Pfarrei und die Mission anschaffen, wofür sonst kein Geld dagewesen wäre.

Er schrieb sogar ein Buch über seine Erlebnisse als Zauberkünstler „Der Magier mit dem Blauen Stein". Es erschien im Bleicher-Verlag in Gerlingen, ist heute vergriffen ,und nur ab und zu ist ein Exemplar bei Ebay zu bekommen aus Erbschaften oder aufgelösten Bücherein.

Nun fragt sich bestimmt mancher, wie das zusammenpasst, Priester und Zauberer. Früh schon wurde er Mitglied im MZvD, im Magischen Zirkel von Deutschland, dem Zusammenschluss von Amateuren und Berufsmagiern. Dort fand er eine ganze Reihe Kollegen im schwarzen Rock vom Circuspater bis zum „Missionarr", der auch oft im Fernsehen zu sehen war. Die „Magie", das Vereinsorgan, brachte sogar einmal ein Sonderheft über zaubernde Pfarrer heraus.

In der Ehrenordnung des MZvD heißt es:

„Das Mitglied des Magischen Zirkels von Deutschland e.V. muss sich bewusst sein, dass es sich einer Kunst verschrieben hat, die sich auf eine jahrhundertelange Tradition gründet und deren Anfänge sich im Dunkel der Menschheitsgeschichte verlieren. Diente sie einmal der Beschwörung von Dämonen, der Heilung von Krankheiten oder auch der Belustigung des Volkes auf den Märkten, so hat sie heute in der Reihe artistischer Künste die Rangordnung einer hochentwickelten Unterhaltungskunst, die sich weit verbreiteter Beliebtheit erfreut."

Und weiter:

„Der MZvD distanziert sich grundsätzlich von Aberglauben und Okkultismus und beobachtet sogenannte parapsychologische Phänomene mit äußerster Kritik. Daher erwartet er, dass auch bei Darbietungen, die okkultistische Vorgänge nachahmen, der Eindruck vermieden wird, als bediene sich der Vorführende allen Ernstes übernatürlicher Kräfte oder übersinnlicher Wahrnehmungen."

Hansjörg sah das Zaubern immer auch als eine Art Seelsorge an, vor allem, wenn er vor Alten, Kranken, Behinderten oder Gefangenen auftrat.

Lange wagten viele Zauberkünstler nicht, vor Kindern aufzutreten mit dem Argument „Kinder sind kein interessantes Publikum, sie können nicht staunen und möchten immer gleich wissen, wie es geht." Das ist einesteils richtig. Aber Hansjörg hat ja auch als Puppenspieler Kinder erlebt und ihre unendliche Phantasie, die sich alles vorstellen kann. Für die es kein Problem ist, wenn ein Staubwedel eine Palme darstellt, wenn Kasper in einem Kochtopf mit dem Regenschirm als Ruder eine Bootspartie aus Großmutters Küche unternimmt oder wenn Blumen und Tiere sprechen können. Aber man muss Kinder mögen, wenn man mit ihnen zaubern will. Und sie dann einbeziehen in das zauberhafte Spiel. So wurde Trixini einer der ersten Kinderzauberer und hat seither für Tausende von Mädchen und Jungen seine Kunststücke vorgeführt in Kindergärten, Schulen und Heimen, auch für Sterbenskranke. Später zeigte er seine Kunst auch in vielen andern Ländern: sowohl vor kleinen Indern, Tibetern und Chinesen wie auch vor Finnen und Isländern.

Sankt Johannes Bosco, genannt Don Bosco, Patron der Zauberkünstler, war sein großes Vorbild. In einem Kongressheft schrieb er darum folgenden Beitrag:

„Am 31. Januar 1888 starb in Turin Giovanni Bosco, einer der größten und beliebtesten Heiligen der Katholischen Kirche. 1815 als Kind armer Eltern geboren hatte er eine recht harte Jugend, dafür aber eine umso bessere Erziehung durch seine Mutter, die ‚Mamma Margherita'. 1841 wurde er zum Priester geweiht. Bald sammelte er die verwahrlosten Gassenjungen von Turin um sich, und mit einem nimmermüden Eifer und einem unbegrenzten Vertrauen auf Gottes Hilfe baute er Heime, Schulen und Werkstätten für sie und gab ihnen ein wirkliches Zuhause.

Johannes Bosco ist das Ideal des modernen Priesters, ein hinreißender Jugendapostel. Unter den Pädagogen des 19. Jahrhunderts behauptete er einen ersten Rang als anziehende, herzensgütige Erzieherpersönlichkeit. Klugen Verstand vereinigte er mit riesiger Arbeitskraft. Der von ihm gegründete Orden der Salesianer, der sich hauptsächlich der Jugendseelsorge widmete, wurde die drittgrößte Ordensgemeinschaft der Welt. Alle Schwierigkeiten, die sich ihm entgegenstellten, konnten ihn nicht entmutigen. Einmal hatte man sogar Mörder gedungen, die ihn umbringen sollten, weil er manchen Leuten zu unbequem wurde. Die Regierung versuchte, seine Schulen zu schließen. Auch geistliche Mitbrüder waren ihm nicht nur freundlich gesinnt. Aber er ließ sich nicht beirren.

Sein Humor half ihm über vieles hinweg, und wer in diese gütigen Augen blickt - es gibt Fotos von ihm - der versteht, dass er die struppigsten widerspenstigsten Lausbuben für sich und den Glauben gewann und dass er selbst verstockten Zuchthäuslern das Herz zu erschließen wusste. Am bekanntesten ist ja sein Wort: ‚Fröhlich sein, Gutes tun und die Spatzen pfeifen lassen!'

Es ist auch gar nicht so ungewöhnlich, dass ihn die Artisten und Zauberkünstler zu ihrem Patron erwählt haben. Seiltanzen, Zaubern und ähnliche Künste beherrschte er meisterlich und begeisterte die Jugend damit, die ihm dann auch zuhörte, wenn er das Evangelium verkündete. An Ostern 1934 wurde er heilig gesprochen.

Heilige sind Menschen wie wir, und auch Don Bosco hatte hart zu ringen, bis er diese Größe erreichte, zu der wir heute bewundernd aufschauen. Viele Bücher erzählen sein Leben, ein ungewöhnlich reiches und gesegnetes Leben. Man kann es zusammenfassen in einem Vers aus der Liturgie seines Festes: ‚Gott gab ihm Weisheit und Einsicht in Überfülle und eine Weite des Herzens gleich dem Sand am Gestade des Meeres.'"

Natürlich freute sich auch Hansjörg wie jeder Künstler über begeisterte Dankschreiben und Zeitungskritiken, die inzwischen viele Ordner füllen.

So hieß es einmal: „Man weiß nicht, was nachhaltiger wirkte, seine verblüffenden Tricks, sein schauspielerisches Können oder sein vortrefflicher Witz. Ein pfiffiger Meister der Gemütsmassage. Jedem zu empfehlen, der an Kreislaufstörungen der Seele leidet, ein wahrer Seelsorger."

Einmal wurde Kaplan Kindler zu einer Fernsehsendung eingeladen. Als ihm dort die intelligente Frage gestellt wurde: „Was machen Sie, wenn Sie zaubern?", antwortete er: „Wenn ich mache, als ob ich mache, dann mache ich nicht. Wenn ich mache, als ob ich nicht mache, dann habe ich schon gemacht."

Heute hat man ja mehr als früher erkannt, dass Lachen gesund ist. Clowns werden in Kliniken geschickt. Das Lachen wird für die Therapie und Völkerverständigung genutzt, und der Arzt, Kabarettist und Autor Eckhard von Hirschhausen referiert als „Doktor Spaß" über die ungebremste Heilkraft des Lachens.

Im Kapitel über die „Christlichen Narren" wurde auch schon einiges darüber gesagt. Hansjörg praktizierte das schon lange, nicht nur bei seinen Zauberdarbietungen, sondern auch bei der Predigt und in seinem Pfarrbrief. Er war glücklich, wenn ihm ein Chefarzt nach seiner Vorstellung sagte: „Ich kenne meine Patienten nicht mehr."

Er hielt sich an die Worte des belgischen Priesters Phil Bosmans, den er persönlich kennenlernen durfte und der in seinem berühmten Buch „Vergiss die Freude nicht!" schreibt:

„Lachen ist gesund. Du hast Lachen nötig. Humor ist gesund. Ob du an diese Seite deiner Gesundheit wohl genug denkst? Durch deine ganzen Sorgen machst du dir Falten in dein Herz, und schnell hast du dann auch Falten im Gesicht. Lachen befreit. Humor entspannt. Lachen kann dich erlösen vom falschen Ernst. Lachen ist die beste Kosmetik fürs Äußere und die beste Medizin fürs Innere. Regelmäßig die Lachmuskeln betätigen - das ist gut für die Verdauung, der Appetit kommt in Gang, und der Blutdruck bleibt stabil.

Humor gibt dir ein Gespür für die Dinge, wie sie sich zueinander verhalten und wieviel Gewicht ihnen zukommt. Lachen und Humor wirken sich aus nicht nur auf den Stoffwechsel, sondern auch auf deine Umgebung.

Lachen und Humor entlasten. Sie verringern Spannungen und Tränen. Sie befreien vom bedrückenden Ernst der bleiernen Probleme, von der erstickenden Luft des Alltags. Lachen und Humor - das beste Mittel gegen Vergiftung von Geist und Herz. Lachen und Humor machen den Weg frei zu ungeahnter Lebensfreude. Was ist ein verlorener Tag? Ein Tag, an dem du nicht gelacht hast."

Und Trixini sagte sich: „Was ist eine verlorene Zaubervorstellung? Eine Vorstellung, in der nicht lange und herzhaft gelacht wurde." Wirklich, er kann sich an keine einzige erinnern, wo das nicht geschehen wäre.

Einmal wurde er zu einem Betriebsausflug des Erzbischöflichen Ordinariats eingeladen. Als er unterwegs auf einer Gasthofbühne zaubern durfte, sagte man ihm hinterher: „Sie haben Ihr größtes Zauberkunststück fertiggebracht. Unser strenger und meist sehr ernster Erzbischof hat eine Stunde lang wie ein Schulbub gelacht und sich auf die Schenkel geklopft."

Während eines Jubiläumskongresses des MZvD in Hamburg durfte Hansjörg in der Bischofskirche Sankt Georg die Predigt für die Teilnehmer halten. Zweitausend Magier aus über vierzig Nationen waren zusammengekommen , natürlich waren nicht alle im Gottesdienst. Er wollte über die Freude sprechen und über Don Bosco. So hatte er die Schriftlesungen des Sonntags gar nicht angeschaut und trug mit kräftiger Stimme die Lesung aus dem 5. Kapitel des Galaterbriefes den erschrockenen Zuhörern vor:

„Offenkundig sind die Werke des Fleisches, nämlich Unzucht, Unlauterkeit, Ausschweifung, Götzendienst, ZAUBEREI, Feindschaft, Zank, Eifersucht, Zorn, Hader, Zwistigkeiten, Parteiungen, Neid, Mord, Trunkenheit, Schlemmerei und dergleichen."

Er beeilte sich zu erklären, dass der Heilige Paulus „uns harmlose Taschenspieler" ganz bestimmt nicht gemeint haben könnte.

Allerdings gibt es auch in unserer aufgeklärten Zeit noch Menschen, die den Zauberkünstler mit dem Teufel im Bund wähnen, nicht nur Baptisten aus Russland oder manche Zeugen Jehovas. So wurde auch Hansjörg schon gefragt, ob er mit Toten in Verbindung treten könne oder ein Mittel gegen böse Nachbarn oder neidische Konkurrenten habe.

Es finden auch heute noch Hexenprozesse statt, und das alttestamentliche Wort „Ihr sollt die Zauberer nicht leben lassen!" verführt manchen dazu, Unterhaltungskunst mit schwarzer Magie zu verwechseln.

So ist Trixini absolut dagegen, dass so etwas wie die Uri – Geller - Schau im Fernsehen gezeigt wird, wo übernatürliche Kräfte vorgegaukelt werden. Das verbietet auch der Magische Zirkel. Es ist bedauerlich, dass es in unserer Demokratie anscheinend nicht möglich ist, solche „Astro - Sendungen" zu verbieten, in denen naiven Gemütern anhand von Skat- und Tarotkarten, Knochen oder Kaffeesatz Voraussagen für Beziehungen und Gesundheit gegeben werden.

Natürlich kann man nicht leugnen, dass es Menschen mit einem sogenannten sechsten Sinn gibt. Hansjörg hat sie selbst mehrmals erlebt. Sie nahmen ihre besondere Gabe ernst und verabscheuten Scharlatanerie. Auch Hypnose gehört nicht auf die Bühne, sondern höchstens ins Behandlungszimmer des Arztes.

Hansjörg Kindler hat noch die Exorzistenweihe empfangen. Diese Fähigkeit, „Teufel auszutreiben", darf aber von einem gewöhnlichen Priester ohne bischöfliche Erlaubnis nicht ausgeübt werden. Die päpstliche Universität „Regina Apostolorum" bietet Seminare zu den Themen Exorzismus und Satanismus an. Natürlich gibt es Satanssekten, schwarze Messen und widergöttliche Praktiken, denen oft gerade Jugendliche verfallen .

Von Jesus und den Aposteln wird berichtet, dass sie Dämonen ausgetrieben haben. Aber was in früherer Zeit oft als Besessenheit bezeichnet wurde, waren meist Geisteskrankheiten oder Epilepsie, die längst besser erforscht sind.

Hansjörg kann und will es absolut nicht verstehen und gutheißen, wenn Papst Benedikt XVI. dreitausend neue Exorzisten ausbilden lassen will,- sofern die Nachricht der Wahrheit entspricht.

Das gerät wirklich in die Nähe schwarzer Magie, was da in Italien hinter verschlossenen Türen geschieht, wo Besessene angeblich Nägel, Rasierklingen und Figuren ausspucken. Pater Gabriele Amorth, der bekannteste Dämonenaustreiber der katholischen Kirche,hat schon siebzigtausend Exorzismen durchgeführt!!!

Auch die orthodoxe Kirche hat eine eigene Tradition des Exorzismus: Erschreckend ist der Fall der 28jährigen Nonne Maricica Irina Cornici, die im Juni 2005 im rumänischen Kloster Tanacu im Rahmen eines exorzistischen Rituals an ein Kreuz gebunden wurde und an den Folgen starb.

Es ist unglaublich, dass jetzt auch Nachrichten aus einigen deutschen Diözesen (Paderborn, Eichstätt und Augsburg) kommen, in denen „Teufelsaustreibungen" erfolgten.

Das Böse gibt es zweifellos, ob wir es personifizieren oder nicht. Aber solche fragwürdigen Praktiken beweisen nach Trixinis Meinung zu wenig Gottvertrauen, und er muss sie deshalb entschieden ablehnen.

Wie wäre es denn, wenn wir den Widersacher öfter mal auslachen würden? Dazu ein weiteres Wort Don Boscos: „Der Teufel hat Angst vor fröhlichen Menschen."

Der „Donaugoethe", der Dichter, Schriftsteller, Übersetzer und Musikfreund Max Rieple aus Donaueschingen sah eine Vorstellung Trixinis und schickte ihm hinterher ein Glückwunschschreiben mit folgendem Gedicht:

Der Zauberkünstler

Heb die Hand ich, wird verwandelt
Sein in Schein und Schein in Sein,
fang mit spielerischem Griffe
eine Wunderwelt mir ein.

Hier die Kugel, erdgebunden
rollt sie auf dem Boden hin,
seht, jetzt schwebt sie, und ein Hauch nur
lässt sie eurem Blick entflieh'n.

Blumen lass aus Stein ich blühen,
Tauben, flügelnd, lebenswarm,
berge ich aus totem Holze,
rauschend weht um mich der Schwarm.

Eine Schnur, von mir durchschnitten,
wieder ganz macht sie ein Strich.
Aus dem Glase, klar und trocken,
schütte Wein in Strömen ich.

Hier das Tuch, ihr fühlt's in Händen,
Seide, knisternd wie Papier,
deck' ich's über diese Schale,
wächst daraus ein Bäumchen mir.

In der leeren Hände Fläche
schmiegt sich mir des Eies Rund,
Bänder, grüne, blaue, rote,
zieh' ich lächelnd aus dem Mund. —

Zweifelt ihr an meinen Künsten,
nennt sie eitle Gaukelei? —
Was ihr grübelnd wollt ergründen,
nehmt's, als ob es wirklich sei.

Glaubt ja gerne auch dem Leben,
das euch kecker noch belügt,
wenn es Sein mit Schein vertauschend,
euch mit Flittergold betrügt.

Doch dem Stein, den es euch hinreicht,
werden Blumen nie entblühn,
in dem Glas, zum Trank geboten
wird nie roter Wein erglühn.

Und wenn es ein Seidentüchlein
über leere Schale deckt,
ist dort statt des Früchtebäumchens
meist ein Wespennest versteckt.

Nie wird in die leeren Hände
euch gelegt ein rundes Ei,
und getrennt bleibt unerbittlich,
was das Leben schnitt entzwei.

Mir nur tauscht sich wie im Märchen
magisch Sein zu holdem Schein –,
wenn ihr's nehmt, wie's euch geboten,
wird als Dank euch: Schein zum Sein.

Max Rieple

 KURZE NACHLESE

Ein Ehepaar, beide sechzig, begegnen einem Zauberer. Der sagt zu dem Mann: „Du hast einen Wunsch frei." Der leise: „Ich wünsche mir eine dreissig Jahre jüngere Frau." „Es sei! Abracadabra!", sagt der Magier. Und der Mann ist neunzig.

Staunend erlebte der Schotte, wie der Zauberkünstler seine Assistentin in einen Kasten sperrte - einen Spruch murmelte - und statt der Frau einen Kanarienvogel herausbrachte. Nach der Vorstellung bat der Schotte den Artisten auf ein Wort ins Foyer und fragte: „Wäre es Ihnen möglich, den Trick auch einmal mit meiner Frau zu machen?" - „Wieso? Sie wollen sie wohl los sein?" lachte der Magier. „Das auch" gestand der Schotte. „Aber außerdem habe ich meinem Jungen seit langem einen Vogel versprochen."

„Ihr Beruf?" fragt der Arzt sachlich.- „Ich bin Zauberkünstler." „So, was ist denn Ihr größter Trick?" - „Ich zersäge ein Mädchen." „Ist das sehr schwer?" - „Überhaupt nicht, ich habe es schon als Kind gekonnt." „Haben Sie Geschwister?" - „Ja, sieben Halbschwestern, Herr Doktor!"

Der Agent erkundigt sich beim Zauberkünstler: „Was ist eigentlich aus Ihrer hübschen jungen Assistentin geworden, die Sie im letzten Jahr auf der Bühne zersägten?" „Wir haben uns leider getrennt. Sie wohnt jetzt in München und Hamburg."

Der Zauberer: „Meine Damen und Herren, ich zeige Ihnen nun noch die magischen Kräfte meiner Hände. Ich werde Tische und Stühle mit Leichtigkeit hochheben und an andere Orte versetzen." Zuruf aus dem Publikum: „Kann ich Ihre Adresse haben? Ich ziehe nächste Woche um."

Der Zauberkünstler zu einem freiwilligen Assistenten aus dem Zuschauerraum : „Öffnen Sie die Hand, mein Herr. Ihr Taschenmesser hat sich in eine goldene Uhr verwandelt. Und jetzt verwandle ich sie wieder zurück..." „Nee, lassen Sie mal, mir is es so lieber!"

27

AUSBLICK ODER „ES MENSCHELET BIS ZUM THRONE GOTTES"

Das war Pfarrer Kindlers Abschiedsbrief:

„Partir, c'est toujours mourir un peu - Fortgehen, das heißt immer ein wenig sterben."

Fünf Jahre bedeuten in einer tausendjährigen Pfarrei nicht viel. Aber wenn es die erste Pfarrstelle eines jungen Priesters war, wenn er seine Kräfte einsetzte und die Freude erlebte, schon ein paar Früchte von dem ernten zu dürfen, was ausgesät wurde, dann sind fünf Jahre schon etwas. Von Erfolg und Misserfolg in der Seelsorge zu sprechen, ist allerdings nicht ganz angebracht. Was letztlich Bestand hat, entscheiden nicht wir, das entscheidet der Herr von seinem Richterstuhl aus. Und manches, was wir für wichtig hielten, wird dann verworfen werden - von uns als nebensächlich und zweitrangig Angesehenes wird dagegen ewig dauern.

Meine liebe Pfarrgemeinde - zum letzten Mal darf ich diese Anrede gebrauchen - ich danke allen für diese fünf Jahre, in denen ich Pfarrer von Sankt Martin sein durfte. Ich danke denen, die „mitgemacht" haben, das heißt allen, die gebetet haben, die Sakramente empfangen und die Gottesdienste mitgefeiert haben, allen, die sich aktiv beteiligt haben bei den verschiedensten Diensten für die Pfarrei und bei den Veranstaltungen außerhalb des Gotteshauses. Viele

viele Namen wären zu nennen, auch von Menschen in dieser Stadt, in diesem Dekanat und darüber hinaus. Einer kennt sie alle. Ich danke auch denen, die abseits standen, die den Pfarrer kritisierten oder angriffen und ihn nicht annahmen. Das Auge des Feindes sieht schärfer als das des Freundes. Solche Menschen helfen uns, immer wieder unser Gewissen zu prüfen und unsere Arbeit und unsern Standpunkt zu überdenken. Ich bitte auch alle um Verzeihung, denen ich vielleicht in irgendeiner Weise Unrecht getan habe. Jeder macht Fehler. Gott verzeiht uns aber immer wieder, und darum sollten auch wir einander verzeihen .

„Überall, wo wir Abschied nehmen, bleibt ein Stück unseres Herzens zurück. Und es wird einmal keine der geringsten Freuden im Himmel sein, alle diese Stücke wieder einzusammeln." Ein großes Stück bleibt in Sankt Martin zurück, das kann ich ehrlich sagen. Mein Wunsch für Sie alle: Zeigen Sie, dass Sie mündige Christen sind und dass Sie die Zeichen der Zeit verstanden haben! Vieles, was wir miteinander begonnen haben, muss weitergehen, sonst habe ich schlecht gearbeitet. Noch mehr freiwillige Mitarbeiter sollten das Leben der Pfarrei tragen und gestalten. Das Wohl der Gemeinde sollte vor Gruppen- und Vereinsinteressen stehen. Oft habe ich Ihnen gesagt, dass wahrscheinlich noch schwere Zeiten kommen werden, in denen sich unser Glaube bewähren muss. Rüsten Sie sich rechtzeitig dafür.

Stehen Sie dem neuen jungen Pfarrer zur Seite, der voll guten Willens hierher kommt. Es ist nicht leicht, heute Christ zu sein, und es ist noch schwerer, heute Pfarrer zu sein. Es wird sicher manches anders werden, aber es braucht deshalb nicht schlechter zu sein. Viele Bau- und Verwaltungssorgen, die ich hatte, wird der neue Pfarrer nicht mehr haben. Er wird sich umso intensiver der Seelsorge widmen können.

Sagen wir Aufwiedersehen! Und das Wort „Beten wir füreinander!" sollte kein leeres Versprechen sein.

Es grüßt und segnet Sie alle von Herzen

Ihr Pfarrer Hansjörg Kindler

Wenn er die heilige Messe mit seiner neuen kleinen Gemeinde feierte, die er später neben seinem Einmanntheater leitete, oder als Gast in einer andern alt - katholischen Pfarrei, dann betete er auch für den Papst.

Aber nur als Bischof von Rom und Symbol der Einheit, nicht als obersten Priester, Richter und Lehrer. Die Alt - Katholiken in der Schweiz nennen sich Christkatholiken: Christus ist das Haupt der Kirche. Doch da katholisch nicht nur römisch heißt, galt das fürbittende Gebet neben dem eigenen Bischof auch dem Patriarchen von Konstantinopel, dem Erzbischof von Canterbury, dem Erzbischof von Utrecht und dem Ratsvorsitzenden der Evangelischen Kirche in Deutschland. Kirche als Einheit in der Vielfalt!

Hansjörg lehnte nun den Zölibat für sich ab und erfuhr Liebe und Freundschaft von Frauen, -auch eine große Enttäuschung. Eine Freundin hat ihm bei einem Herzinfarkt das Leben gerettet. Von einer glaubt er, dass sie bis zu seinem Tod zu ihm stehen wird. Vor dem Tod fürchtet er sich nicht, nicht einmal vor Schmerzen. Nur vor „unheilbar fortschreitender Demenz", wenn er nicht mehr wüsste, wer er ist, und die nicht mehr erkennen würde, die ihn lieben.

Kindler wusste natürlich, dass er sich von Seiten der Römischen Kirche automatisch eine Strafe zuziehen würde. Aber dass mit Gerichtsurteil die Suspension und Exkommunikation nicht nur ausgesprochen wurde wegen Zölibatsverweigerung und Übertritt zum Alt - Katholizismus, sondern auch wegen „seines hohen Bekanntheitsgrades", ehrte und verwunderte ihn zugleich. Doch dann wurde es lächerlich. Da ihm unglücklicherweise die Originalurkunde verloren ging, bat er beim Erzbischöflichen Ordinariat bzw. Offizialat (Gericht) um eine Zweitschrift. Dort wand man sich und windet man sich noch heute. Erzbischof, Weihbischof und Generalvikar fühlten sich plötzlich nicht mehr zuständig. Der Offizial sagte ihm, man habe keine „kopierfähige Vorlage" und es sei doch schon so lange her, wahrscheinlich sei er schon laisiert usw. Auf seine Anfrage hin, ob er denn nicht mehr unter der Strafe stünde - kein Priester dürfte ihm die Kommunion reichen oder ihn beerdigen- bekam er keine Antwort mehr. Da musste er einfach wieder lachen.

Hansjörg kam als Künstler in viele Länder, gewann viele Freunde auch aus andern Kulturkreisen und Religionen. Er sagt sich jeden Morgen: „Heute ist der erste Tag vom Rest meines Lebens!"

Und: „Carpe diem! - nütze den Tag!" Wenn er mit seiner Hündin Rani nach den Fernsehnachrichten den Morgenspaziergang macht, betet er vor dem Wegkreuz mit Blick auf die Alpen und die kleine schöne Magdalenen-Kapelle wie der Mann in der Bibel: „Herr, ich glaube, hilf meinem Unglauben!" Und hofft auf Gottes unendliche Barmherzigkeit. Er dankt dem Himmel, denn er weiß: wo andere Urlaub machen, da wohne ich; in Rieden am Forggensee.

Informationen über Rieden am Forggensee erhalten Sie, liebe Leser im Internet unter: www.rieden.de oder per Telefon: 08362/37025

Eines schon vorweg: Bei uns im Südlichen Allgäu können Sie Urlaub genießen wie ein König. Nach diesem Motto bieten wir in malerischer Landschaft alles, was das Urlaubsherz begehrt: Schlösser und Burgen, Museen und Kirchen, Naturdenkmäler und sonst noch allerhand Sehenswertes, wie die Segelschule, das Puppenmuseum und Sportmöglichkeiten in allen Formen.

Er selbst ist nicht aus der Kirche ausgetreten wie Dr. Eugen Drewermann, der durch sein Buch „Die Kleriker" weltbekannt wurde. Nach fünf Jahren als Pfarrer der Deutschsprachigen Gemeinde in der Europäischen Pfarrei in Luxemburg und Religionslehrer an der Europaschule, nach der Gründung eines Esperanto - Zentrums und der Organisation eines katholischen Esperanto - Kongresses mit Teilnehmern aus über zwanzig Nationen, hat er nur „die Diözese gewechselt". Er trat ein in das Bistum der Alt - katholischen Kirche in Deutschland und wurde dort als Priester im Nebenamt aufgenommen, denn inzwischen war er wieder zum Künstlerberuf als Zauberer und Puppenspieler zurückgekehrt. Diese Zweigleisigkeit ist dort möglich. (Der Heilige Paulus war Zeltmacher und blieb es auch als Apostel).

Die Alt - Katholiken sind eine staatlich und ökumenisch anerkannte katholische Kirche. Sie teilen den Glauben und die Tradition der Alten Kirche, wie sie gegründet ist von Jesus und seinen Aposteln. Wie die frühe ungeteilte Kirche beziehen sie sich auf Christus und das Evangelium. Seit 1870 sind sie eine Reformbewegung, die als Antwort auf totalitäre Beschlüsse des 1. Vatikanischen Konzils entstand. (Unfehlbarkeit und absolute Rechtshoheit des Papstes). Sie sehen sich als eine zeitnahe Kirche mit alten Werten, offen für Fragen, Zweifel, Ideen und Mitbestimmung. Sie haben Kirchengemeinschaft mit Anglikanern, Glaubenseinheit mit den orthodoxen Kirchen und pflegen eucharistische Gastfreundschaft mit evangelischen Christen. „Katholisch" heißt ja von der Grundbedeutung her „offen und weit - bezogen auf das Ganze". Die Alt - katholische Kirche ist aufgebaut auf dem Grundrecht der Selbst- und Mitbestimmung. Die wichtigsten Kennzeichen sind: Wahl der Pfarrer, Bischöfe und Laiengremien durch die Mitglieder. Gleiche Rechte für Frauen und Männer. Keine Verpflichtung zu Ohrenbeichte und Fasten. Gottesdienste persönlich und spirituell traditionsgebunden wie zeitgemäß. Abendmahl immer unter den beiden Gestalten von Brot und Wein. Keine Gebühren für Seelsorgsdienste. Freie Entscheidung der Amtsträger zwischen Zölibat und Ehe. Zulassung von Frauen zu allen Kirchenämtern. Raum für Geschiedene und Wiederverheiratete. Die Alt - Katholische Kirche will keine Verbote aussprechen, sondern aus christlicher Sicht Freude am Leben wecken.

Auch bei dieser „idealen Brückenkirche" gibt es natürlich Menschlich - Allzumenschliches, und Hansjörg Kindler hat nicht nur Erfreuliches erlebt mit Mitbrüdern und Gläubigen. Die Pfarrer sind meist ehemalige römisch - katholische Priester. Aber es weht doch ein freier Geist, und er fühlt sich daheim.

Es ist Vergangenheit, Kirchen- und Weltgeschichte: die Fälschung der Konstantinischen Schenkung aus dem 8. Jahrhundert, die den Primat des Papstes anerkannte und ihm und seinen Nachfolgern die Herrschaft über Rom und das weströmische Reich zusprach, ein Zeichen dafür die Tiara, die dreifache Krone, die erst Paul VI. in unserer Zeit ablegte, der jahrhundertelange Kampf zwischen Krone und Altar, die Bischöfe und Äbte als weltliche Fürsten, die Inquisition, die Verfolgung von „Hexen" und „Ketzern" mit den lodernden Scheiterhaufen, die Kreuzzüge und andere Kriege im Namen Gottes und Christi, die Vernichtung der Katharer und die Auslöschung des Templerordens, die Unterdrückung und Zwangschristianisierung von Naturvölkern, der Sittenverfall bei Welt- und Ordensklerus, Verbrecher wie der Borgia Alexander VI. auf dem Papstthron und was man sonst noch herausgreifen möchte bis zum Dogma der Unfehlbarkeit des Papstes in Glaubens- und Sittendingen beim 1. Vatikanum 1870.

Aber wir stehen auf den Schultern unserer Vorfahren, und ohne Kenntnis der Geschichte kann man die Gegenwart nicht verstehen. Doch haben wir wirklich aus ihr gelernt?

Können wir uns damit trösten, dass der Herr „das Unkraut mit dem Weizen wachsen lässt bis zum Tag der Ernte"? Um mit dem Unkraut nicht auch den Weizen auszureißen? Die Kirche ist nicht der Goldklumpen, aus dem aller Schmutz und alles Unedle schon herausgeschmolzen ist. Wo Menschen sind, „menschelet" es. Aber „Christ sein, heißt mittragen am Schicksal der ganzen Menschheit".
Soll einer Ja und Amen dazu sagen, wenn der verstorbene polnische Papst eine Inflation von Heiligsprechungen erzeugte, darunter so fragwürdige wie die des Gründers der kirchlichen Geheimorganisation Opus Dei, Escriva, die man schon in die Nähe der Mafia rücken kann? Hat Johannes Paul II. trotz seines Charismas die Kirche wirklich voran gebracht, und sind die Rufe seiner polnischen Verehrer „Santo subito!" berechtigt?
Benedikt XVI. ist ein großer Theologe, zweifellos. Aber wie kann er die Verurteilung von Priestern der Befreiungsbewegung in Latein-

amerika rechtfertigen, die er als Präfekt der Glaubenskongregation ausgesprochen hat? Ein Vatikanreporter sagte im Fernsehen: „Das war halt sein Job".

Italienische Zeitungen nennen ihn schon den „Retropapst" , weil er bei vielen Entscheidungen immer mehr rückwärts gewandt erscheint.

Die Gleichberechtigung der Frau liegt in der Kirche noch in weiter Ferne trotz frommer Worte und einiger Quotenfrauen in kirchlichen Gremien. Der Papst kann als „Popstar" Tausende auf die Beine bringen, aber folgt dem frenetischen Jubel auch die Umsetzung der christlichen Lehre im Alltag? Eine unrealistische Sexualmoral wird von alten Zölibatären verkündet. Allen christlichen Gemeinschaften außer Rom wird das wahre Kirchesein abgesprochen. Und die Karfreitagsfürbitte wird wieder abgeändert und um die Bekehrung der Juden gebetet. Wir wissen: zu unseren älteren Brüdern hat Gott zuerst gesprochen. Auch für uns heißt es: ohne Israel kein Heil! Die Wiedereinführung des Latein als Liturgiesprache birgt die Gefahr in sich, dass der Klerus sich wieder mehr von den Laien distanziert.
Christliche Politiker führen das Wort GOTT im Mund - und sie meinen ÖL. Hansjörg Kindler krampft es das Herz zusammen, wenn er sieht, wie der Graben zwischen Nord und Süd immer breiter und tiefer wird. Wie die Schere zwischen Arm und Reich immer weiter auseinanderklafft. Die Völkerwanderung der Hungernden in die reichen Länder hat schon längst begonnen. Es wird Kriege um das Wasser geben. Und das unbeschreibliche Elend bei den Naturkatastrofen wie Tsunami und Erdbeben mit Abertausenden von Toten ist oft hausgemacht wegen der Zerstörung der Umwelt.

Die Zoologische Gesellschaft Frankfurt hat ihre Freunde darauf aufmerksam gemacht, dass Leonardo da Vinci schon Ende des 15. Jahrhunderts die Entwicklung der Menschheit hin zu einer akuten Umweltbedrohung ahnte.
Er prophezeite damals: „Es wird keine Grenze geben für ihre Bosheit, und mit ihrer Wildheit werden sie die großen Bäume der Wälder dieser Erde zu Boden reißen. Dann, wenn sie satt sind, wird ihr Wunsch davon genährt sein, Tod zu geben, Ungemach, Krieg und Wut, ganz gleich auf wen und was da lebt... Nichts auf Erden, nichts

unter der Erde oder im Wasser wird es geben, das nicht verfolgt, aufgestöbert und verdorben wird und von dem einen Land ins andere versetzt."

Immer noch besitzen die Völker Waffen, mit denen sie die Erde mehrfach in die Luft sprengen könnten. Immer weiter wird aufgerüstet. Und da gibt es auch bei uns das Heer der Arbeitslosen und Armen auf der einen Seite und die Wirtschaftskapitäne und Bankmanager auf der andern, die sich maßlos bereichern. Die meisten Ehen zerbrechen, und die Abtreibungen werden trotz Pille und Kondom nicht weniger. Die Verbrechen , der Konsum von Alkohol und Drogen gerade auch unter Jugendlichen und sogar Kindern mehren sich. Dazu kommt die weltweite Bedrohung durch den gewaltbereiten Islamismus und auch durch die Links- und Rechtsextremisten.

Ist das ein Horrorgemälde oder doch die Wirklichkeit? Wird die Menschheit sich selbst vernichten, oder wird ein Rest einmal auswandern auf einen andern Stern und dort einen Neubeginn wagen? Kann man wirklich sagen, dass jedes Kind, das geboren wird, ein Zeichen Gottes ist, dass er die Welt noch nicht aufgegeben hat?

Da bittet der Papst in den USA, Australien und anderswo um Vergebung für den sexuellen Missbrauch von Tausenden von Kindern durch katholische Priester, und die Kirche bezahlt Millionen an Schmerzensgeld . „Der Stellvertreter Christi" spricht sogar mit einigen Opfern. Aber sagt er auch, dass ein Grund für die scheußlichen Verbrechen die erzwungene Ehelosigkeit des Klerus ist? Was soll das, wenn er die Taten nur „aufs Schärfste" verurteilt und Bestrafung fordert? Wo bleibt auch die Wachsamkeit im Umfeld des Pfarrers? Wird den Kindern solche Ehrfurcht vor dem hochwürdigen Herrn eingeimpft, dass sie jahrelang schweigen, durch Geschenke und Drohungen eingeschüchtert? Wo sind die kirchlichen Mitarbeiter und ihr Mut zur Wahrheit? Warum haben die Kinder so wenig Vertrauen zu ihren Eltern?

Unzählige Priester würden gerne weiter der Kirche im Amt dienen. Aber weil sie ein weiteres Sakrament für sich in Anspruch nahmen, nämlich die Ehe, werden sie vor die Türe gesetzt.

Wir schauen heute bewundernd auf zu einem „Löwen von Münster", dem Bischof Clemens August Graf von Galen, der sich mutig gegen die von den Nazis betriebene Euthanasie und die Beschlagnahme der Klöster wandte. Wo waren die Stimmen der andern Bischöfe im Dritten Reich, auch gegen den Holocaust?

Ja, nicht jeder ist zum Helden und Märtyrer geboren, auch nicht jeder Bischof.
Spät -aber immerhin doch- hat der langjährige Vorsitzende der Deutschen Bischofskonferenz, der Mainzer Kardinal, um Verzeihung gebeten, dass auch die Kirche in der Zeit des „Tausendjährigen Reiches" Sklavenarbeiter beschäftigte, von den braunen Machthabern aus vielen Ländern verschleppt.

Wie wird es also mit der Mutter Kirche weitergehen?
Hansjörg glaubt, dass die Kirche der Zukunft, wenn sie denn eine hat, Einheit in der Vielfalt sein wird.

Zu Ausführungen Benedikt XVI., dass es nur eine alleinseligmachende wahre Kirche gäbe, nämlich die römisch-katholische :

PONTIFEX MAXIMUS

Er ist der große Brückenbauer,
sein Thron steht überm Petrusgrab.
Doch wir empfinden tiefe Trauer,
denn manche Brücke reißt er ab.

Zu andern Kirchen frommer Christen
sagt er: „Ihr seid nicht mehr dabei!
Bei euch wir vieles halt vermissten,
statt sieben Sakramente zwei,

das ist doch falsch, das kann nicht gelten,
und Priester ist nicht ein Pastor.
Es tut mir Leid, da muss ich schelten,
verschlossen bleibt das Himmelstor.

Kommt alle heim zum Schoß der Mutter,
und das ist die Catholica!
Kein rechter Lehrer war der Luther,
und ich steh' unfehlbar doch da.

So lasst euch endlich mal bekehren,
wir beten stets 'Ut unum sint!'
Zwar e i n e n Gott wir ja verehren,
doch ist nicht jeder schon sein Kind.

Ich bin des Stifters Stellvertreter,
der Felsenmann im Vatikan;
hier ist das Grab doch von Sankt Peter,
drum bin nur ich der Steuermann,

der dieses Schiff lenkt durch die Zeiten,
wer draußen bleibt, treibt Häresie.
Nicht um die Wahrheit kann man streiten,
wer mir nicht folgt, erkennt sie nie.

Ja, Romas Bischof ist ein Zeichen
der Einheit für die Christenheit.
Doch können wir sie nicht erreichen
wenn nur bestimmt die Geistlichkeit

wer Kirche ist und wer Gemeinde,
die gar nicht voll dazu gehört.
Die Hände reiben sich die Feinde,
und manches Dogma uns doch stört.

Der HERR nur ist das Haupt der Glieder,
und ER bestimmt, wer Jünger ist.
Drum singt ihm eure Jubellieder:
wer Christus folgt, der ist ein Christ!"

Behalte niemals „um des lieben Friedens willen" deine
Lebenserfahrungen und Überzeugungen für dich!

Dag Hammarskjöld

Besuchen Sie doch mal unsere Homepage: www.verlag-bauer.de
Hier eine kleine Auswahl von Büchern, die Sie interessieren dürfte:

Claudia Mayr
Mein Glück liegt mir am Herzen
ISBN: 978-3-934509-65-8; 11,- €
Claudia ist 23 und leidet an der seltenen Stoffwechselkrankheit Morbus Pompe, die die Muskeln angreift. Doch Claudia kämpft und sie hat ihren Kampf aufgeschrieben. Ihr Glaube zu Gott bestärkt sie in allen Lebenslagen. Ein lebendiges, Mut machendes Buch.

Claudia Mayr
Lebe den Augenblick
ISBN: 978-3-934509-69-6; 11,- €
Das Leben geht immer weiter, trotz Krankheit, das ist die Botschaft von Claudias zweitem Buch. Sie schreibt über Buchpräsentationen, Lesungen und die persönliche Begegnung mit Xavier Naidoo und Christina Stürmer. Ausserdem hat sie sich verliebt.

Raimund Lidl
Zündfunken: Das Spiel mit dem Feuer
ISBN: 978-3-934509-40-5; 12,- €
Priorin Sr. Benedikta Hintersberger: Für mich ist dieses Buch eine kostbare Fundgrube für alle, denen eine kreative, nachhaltige Jugendkirche Anliegen ist. Eine ideale Anregung zur Meditation.

Charles Dickens
Das Leben unseres Herrn Jesus Christus
ISBN: 978-3-934509-70-2; 3,50 €
Überarbeitete Fassung mit kindgerechten Worten und anschaulichen Illustrationen. Meine lieben Kinder, es liegt mir sehr am Herzen, dass ihr etwas über das Leben Jesu wisst. So leitet der englische Schriftsteller seine Nacherzählung ein.

Küchenduft und Orgelklang Manching, ISBN: 978-3-930888-73-3; 12,-€
Menkinger Orgel-Symphonie Schwabm., ISBN:978-3-930888-58-0; 5,-€
Lust auf Kochen Bruchsal, ISBN: 978-3-934509-91-7; 12,-€

Resi Krimmer
Jedes Jahr ein Fest
ISBN: 978-3-941013-12-4; 8,- €
Dieser Geburtstagskalender mit saisonalen Kuchenrezepten soll Sie rund um das Jahr an die Geburtstage und Festtage Ihrer Lieben errinnern. Zwei Rezepte pro Monat.

Franz-Josef Körner
Das Gänsespiel
ISBN: 978-3-934509-76-4; 16,- €
Das Gänsespiel war das bekannteste Spiel im Mittelalter. Es ist - wie dieser Roman - ein Spiegel der Lebensumstände der damaligen Zeit. Der Autor berichtet von Patriziern, Handwerkern und Waisen und lässt die Leser die Bekanntschaft mit dem Kaufbeurer Scharfrichter machen.

Peter Fendt
Bayern kämpft für seinen Traum
ISBN: 978-3-934509-64-1; 8,-€
Der Nachfahre aus der Familie der traditionsreichen schwäbischen Traktorenhersteller hat seine Gedanken über seine bayerische Heimat als Satire zum Schmunzeln und zum Nachdenken zu Papier gebracht.

MURIEL

Bauer-Verlag, Thalhofen, Februar 2003
48 Seiten, 3 Euro, ISBN 3-934509-39-8

Muriel ist ein nettes Persönchen von fünf Jahren, mit zwei schwarzbraunen Knopfaugen, die munter und unternehmungslustig in die Welt schauen - Falkenaugen! Und mit zwei süßen rosa Öhrchen, die alles hören, vor allem das, was sie nicht hören sollen.

 Muriel ist ein Kind unserer Zeit und voll „aufgeklärt". So bringt sie auch oft ihre gar nicht zimperlichen Eltern in Verlegenheit.

Ein zauberhaftes Lesevergnügen, ein riesiger Lesespass für jung und alt. Stories von der Sorte „Lustiges aus Kindermund", die in jedem Elternmagazin einen Ehrenplatz beanspruchen könnten, witzige Tips für Eltern zum entspannten pädagogischen Handeln und viel, viel heile Welt wechseln einander ab. Sie sind herzlich eingeladen, Muriel ein wenig bei ihrer Endeckung der Welt zu begleiten.

QUELLENACHWEIS

1) „Allgäuer Zeitung" Füssen

2) „Christen heute", Zeitschrift der Alt-Katholiken für Christen heute

3) „Der Magier mit dem Blauen Stein - Erlebnisse eines Zauberkünstlers", Trixini. Bleicher-Verlag Gerungen 1978

4) „Der Spiegel". Nachrichtenmagazin

5) „Eine Primizpredigt". Professor Dr. Alfons Auer. Hansjörg Kindler. Müllerdruck Villingen 1962

6) „Esperanto, das neue Latein der Kirche". Fax-Korrespondenz 2/2004. Sonderdruck. Albrecht Kronenberger

7) „Esperanto-die Sprache im Überblick". Prospekt des Deutschen Esperantobundes e.V.2008. S.Kirf, A. Emmerich

8) „Ewald Huth-Widerstand aus religiösem Prinzip". G. Braun-Verlag 1972

9) „Gott versteht auch Esperanto". „Gottesdienst Nr. 4,11. Jahr, 1. Halbjahr 1977". Information und Handreichung der Liturgischen Institute Deutschlands, Österreichs und der Schweiz. Herder Freiburg und Wien, Benziger Einsiedeln. Hansjörg Kindler

10) „Image - das Bild unserer Pfarrei". Materialdienst. Bergmoser+Höller-Verlag Aachen

11) „Im Blickpunkt". Pfarrblatt der Deutschsprachigen Gemeinde in der Europäischen Pfarrei Luxemburg. Hansjörg Kindler

12) „Information". Pfarrblatt der Gemeinde Sankt Martin in Bad Säckingen/ Obersäckingen. Hansjörg Kindler

13) „Meines Vaters Haus". Gedichte. Werner Bergengruen. Arche Literaturverlag 1998

14) „Mitgliederverzeichnis". Magischer Zirkel von Deutschland e.V. MZvD

15) „Mitteilungsblatt der Vereinigung katholischer Priester und ihrer Frauen"

16) „Prospekt der alt-katholischen Kirche Rosenheim"

17) „Schule Schloss Salem". Ein Erinnerungsbuch. C.A. Kindler 1954

18) „Speculum pastorum". Verlag der J. J. Lentnerschen Buchhandlung. (E. Stahl) München 1859

19) „Süddeutsche Zeitung" München

20) „Was bedeutet dir Jesus Christus?" Eine Umfrage bei Schülern der Europaschule Luxemburg. Hansjörg Kindler

21) http://de.wikipedia.org